상하이의 낮과 밤

상하이의

박자영 지음

上海 × 晝夜

낮과 밤

현대성의 문화와 일상, 대중문화

그린비

차례

상하이의 낮과 밤

: 현대성의 문화와 일상, 대중문화

책머리에

1.

이십여 년 전 무더운 여름, 박사과정 과사무실을 찾아가기 위해 캐리어를 끌고 들어선 화둥(華東)사범대학 캠퍼스에서 눈에 띈 것은 야자수를 닮은 이국적인 종려나무였다. 이곳이 아열대 기후임을 알려주며 늘어서 있는 이 가로수는 내가 낯선 도시, 낯선 장소에 와 있다는 것을 실감하게 했다. 상하이의 문화를 공부하겠다는 생각으로 상하이에 유학을 왔지만 낯선 도시에서 낯선 사람들과 새로운 주제로 공부하게 되는데 그게 도대체 어떤 것일지 아직 감감할 때의 일이다. 이 감감한 느낌의 한 켠에는 부르주아와 중산계급의 도시로 알려진 20세기 초의 이 도시와 문화와 사람들을 과연 사랑할 수 있을까, 라는 질문노 자리하고 있었다. 공부감을 정하여 찾아간 도시와 학교였지만 여기에서 비판적인 시선을 넘어서서 우정과 연대의 거처를 발견할 수 있을지도 미지수였다.

그 도시에서 공부하고 오랜 시간을 오가며 적잖은 것을 많은 이들에게서 배웠다. 상하이시와 학교 도서관, 아카이브관에서 옛날 잡지와 책, 문서를 뒤적이면서 오래된 과거의 목소리를 발견하고 그들의 삶과 생각을 되짚어가며 도시와 주체의 이야기들을 귀담아 들으려 했다. 내가 공부했던 시대인 1920, 30년대에 상하이 사람들은 많은 자료를 남겼고 화려한 도시의 풍경 이면에는 합치되지 않은 웅성거리는 목소리와 다기한 행동, 해석을 기다리는 번잡한 계획들이 난무했다. 이들의 목소리의 향방과 행동의 의미를 파악하고 그 속에서 미세하게 변하는 사회의 형태에 촉각을 기울여서 새로운 주체의 출현과 사회변동의 윤곽을 파악하는 데 골몰했다. 마침 내가 공부한 화둥사범대학 중국현당대문학 전공은 중국에서 막 일어난 문화연구를 주도하는 곳 중 하나가 되고 있었다. 박사과정 동안 개방적이면서 비판적인 연구 풍토를 지닌 지도교수와 선후배들과 중국에서 문화연구의 길을 내는 과정에 함께할 수 있었던 것은 행운이었다.

중국문학과 문화의 수많은 토픽 가운데 왜 상하이 문화인가. 상하이 문화연구를 한다는 것은 무엇일까. 상하이 문화연구는 이제는 많은 이들이 연구하고 있는 영역 중 하나이지만 그때만 해도 상하이 연구도, 문화연구를 하는 이도 중문학계에 많지 않았다. 중문학계를 넘어 전체 학계를 돌아봤을 때도 문화연구는 시작한 지 오래지 않은 신흥학문이었고 모두 각자의 전공영역에서 미답의 길을 개척하는 중이었다. 더구나 문화연구가 도시와 랑데부를 한 연구 경향은 막 일어나고 있던 때였다.

왜 상하이인지, 상하이 문화연구인지에 대한 설명은, 지도교수와의 첫 만남에서 연구계획을 중국어로 더듬더듬 길게 설명했는데 한참 듣고 난 지도교수가 '그러니까 현대성에 대해 공부하겠다는 거구나'라고 한마디로 정리했을 때 고개를 끄덕거린 기억에서 이야기를 시작해야 할지 모르겠다. 그랬다. 대학원 공부를 시작했을 때 질문은 우리가 사는 세계와 체제가 어떻게 이뤄졌는지 파악하고 그 한계를 넘어서는 길은 무엇인지를 탐색하는 데 있었다. 중국 현대문학에 대한 공부는 이러한 질문에서 시작했고 당시 유행하던 현대성 연구를 통해 그 길을 찾아보기도 했다. 그런데 당시 현대성 연구는 이론적인 데 집중된 측면이 있었다. 문화연구도 일상과 현실생활로 하강하여 논의를 전개하기도 했지만 주요하게는 거시적인 현실 구조에 관심이 많았다. 그러나 현대성과 문화연구가 식민지시대 경성 등의 도시에 관심을 가지면서 두 연구는 본격적으로 조우했다. 이 화학적 결합으로 미시적인 일상과 주체의 경험 등이 주요한 문제로 부상하기 시작했다.

상하이 문화연구를 공부해 보기로 마음먹은 것은 우리 삶에 여전한 영향을 미치는 현대성의 자장 아래 형성된 일상을 파악하는 데 상하이의 역사적인 경험이 시금석이 되거나 시사점을 던져 주지 않을까 하는 궁금증이 일조했다. 국내의 관련 연구가 일국의 도시에 집중되어 있다고 한다면 연구지평을 중국으로 확장하여 지역을 가로질러 살펴볼 때 현대성과 문화연구가 제기하는 문제는 새롭게 배치되거나 재개념화될 가능성이 있지 않을까. 또한 일국을 넘는 교류가 횡행했던 국제적인 대도시였던 20세기 초 상하이는 도시 문화의 형성과 전개과정에 다종의 문제를 포진시키고 있었다. 여느 도시도 아닌 상하이가 연구대상이었던 이유는 이 책의 부제와도 관련된 현대성 연구와 문화연구의 교차적인 관심에서 비롯됐다. 더 나아가 대도시 상하이에 대한 문화연구를 통해 도시문화가 갖고 있는 매혹뿐만 아니라 그 속에서 비판적인 시선과 해방의 가능성으로 해석될 수 있는 다기한 문화적인 움직임과 시각을 발견하고 싶었다. 이 기획은 연구결과로 증명될 수 있을까.

2.

이 책은 그동안 20세기 초 상하이 문화를 중심으로 현대성과 일상, 대중문화에 대해 쓴 글들을 모으고 다듬어서 펴낸 것이다. 책에 실린 글들은 문화연구의 관점에서 이 문제를 검토하면서 이론적 색채가 강했던 현대성 논의에 일상과 문화, 대중문화라는 구체적이고 현실적인 육체를 덧입히고 그 속에서 주체의 목소리와 시선을 부상시키고자 한 연구의 결과들이다. '상하이의 낮과 밤'이라는 제목은 명징하게 대조적인 시간대를 병치함으로써 일상의 구체성을 상기시키기 위해 붙였다. 일상에 구체적인 시간대를 부여하여 상상하게 하는 것인데 상하이에는 낮의 일상이 있는가 하면 밤의 일상도 있다. 일상에 대해 구체적이면서도 온전한 관심을 갖는다는 의도를 표현한 것으로 읽어 주면 좋겠다. 다른 한편 이는 '상하이'라고 발음할 때 연상되는 상하이 밤의 세계에 대한 재고를 요청하는 제목이기도 하다. 상하이를 밤의 세계와 연관지어 상상할 때 상하이는 어둡고 퇴폐적이고 향락적이며 때로는 갱스터가 활개 치는 세계로 현현한다. 그러나 이러한 밤 세계의 수행자도 본문에서 언급했듯이 다르게 해석될 필요가 있거니와 낮과 밤을 병

럴한 제목은 상하이를 밤의 세계로만 상상하는 방식에서 벗어나 한낮과 밤의 평범한 일상 세계로 회복시켜 상상할 것을 제안한 것이다.

무엇보다 제목에서 상하이의 도시 성격 일단을 담아내고자 했다. 상하이의 도시문화현실은 스테레오타입화된 상하이 상상처럼 단일하거나 매끈하게 균질하지 않다. 이는 복합적이고 다층적인 세계이며 이질적인 것이 약진하는 세계이자 이를 평균화하고 합리화하려는 권력과 이념이 대치하는 세계이다. 책에서 드러내고자 하는 상하이 도시의 이러한 특징을 밤과 낮이라는 양면성을 드러내는 단어로 표현하고자 했다. 책의 내용을 간략하게 살펴보면 다음과 같다.

1부는 20세기 초 상하이의 현대성과 일상이 형성되는 과정과 관련하여 이뤄진 논쟁과 담론, 방법론에 대한 글들이다. 상하이를 왜, 어떻게 연구해야 하는지, 상하이를 연구한다는 것은 무엇인지, 어떤 것과 대결해야 하는 것인지 등을 되짚게 하는, 논쟁과 이론을 다룬 글들을 모았다. 1장에서 다루는 상하이노스탤지어는 사실 이천년대 전후 중국에서 일어난 문화현상으로 20세기 초를 다루는 이 책의 범위와 무관한 것처럼 보인다. 그런데 이천년대 전후 일어난 이 현상이 향수하는 시대가 다름 아닌 이 책에서 다루는 1920, 30년대 상하이라면 이야기가 달라질 것이다. 상하이 노스탤지어 현상을 해석하는 담론의 시각들을 분석하면서 포스트사회주의 시대 20세기 초 상하이 문화를 연구하는 작업이 가지는 의미를 중점적으로 밝혔다. 2장에서는 20세기 초 상하이 도시문화성격을 둘러싸고 중국학계에서 전개된 논쟁을 재구성하면서 그동안 주목받지 못했던 식민도시 연구방법의 문제를 본격적으로 검토했다. 이 논쟁을 재구성하는 가운데 동아시아 도시문화와 모더니티의 일부 연구에 존재하는 식민주의적 무의식의 문제도 따져 봤다. 3장에서는 중요한 사회개혁론 중 하나였던 소가족 구성과 관련된 논쟁의 흐름에 주목했다. 이 논쟁을 통해 20세기 초 가족논의가 가졌던 힘을 확인하고 이를 제도화하는 전환의 과정에 주시했다. '가사' 혹은 '가정' 과목이 도입되고 개편되는 과정을 다루는 4장 「'가사학'의 탄생」은 소가족 논의가 어떻게 합리화되어 체제 내화하는지 그 변화의 구체적인 사례를 살펴본 것으로서 앞의 장과 짝을 이루어 읽을 수 있다.

2부는 화보잡지, 상품광고, 영화, 논쟁 등을 통해 20세기 초 상하이에서 출현한 미디어가 재현하면서 은폐하는 세계와 그 장력에 대해 다뤘다. 여기에서는 출판과 잡지, 영화의 중심지였던 상하이에서 미디어를 통해 드러나는 세계의 성격과 의미, 기능에 대해 구체적으로 다룬 글들을 모았다. 그중 특히 시각 미디어들에 집중했는데 그 각각의 미디어는 메시지를 균일하게 전달하지 않으며 그 이면에는 다양한 의미와 이념들이 각축하고 있다는 점을 밝히려 했다. 1장에서는 중국 최초의 대형종합 화보잡지인 『양우』가 사진술이라는 테크놀로지를 통해 내셔널리즘을 편제하는 새로운 방식과 이것이 식민주의와 맺는 긴장과 타협, 전환의 순간을 분석했다. 2장에서는 『부녀잡지』의 광고란에 대량으로 실린 외국상품광고를 분석하면서 식민성과 제국이 어떻게 비가시화되는지, 그 효과는 무엇인지에 대해 서술했다. 1930년대 중국영화산업의 중심지였던 상하이에서 주류를 차지한 영화는 좌익계열의 영화였다. 3장에서는 좌익영화에 미만한 멜로드라마적인 요소에 주목하며 이것이 어떤 의미와 기능을 갖고 있는지를 분석했다. 4장에서는 지면잡지를 통해 전개된 '혁명문학' 논쟁에 초점을 맞추어 문학사에 등재된 이 유명한 논쟁을 재검토했다. 말끔하게 정리된 문학사가 놓친 질문이나 누락한 목소리에 주목하면서 혁명문학논쟁에서 주체로서 무산계급작가가 사라지고 특정한 '지식계급'이 창조되는 장면을 재포착했다.

그렇다면 상하이에 체류하면서 활발한 활동을 했던 조선인 작가에게 월경(越境)의 경험과 감각은 어떠했을까. 3부에서는 상하이에 체류한 조선인 작가가 국경을 횡단하고 지역을 가로지르며 교류한 경험과 감각 및 이와 관련된 사상의 윤곽에 대해 살펴봤다. 상하이는 국제적인 대도시로 전세계에서 온 거주자, 체류자, 여행자로 가득한 도시였고 조선에서 건너온 이들도 다수 존재했다. 1장은 1920년대 상하이에서 대학을 다니면서 상하이 배경의 소설을 조선의 지면에 발표했던 작가인 주요섭에 대해 다뤘다. 2장은 1930년대 상하이에 오랫동안 체류하면서 조선의 지면에 소설을 발표했을 뿐만 아니라 상하이의 일간지에 영화평을 기고하기도 했던 김광주에 대해 살펴봤다. 이들은 상하이에서 활발하게 활동했을 뿐만 아니라 조선의 신문잡지에 상하이를 배경으로 한 소설 등을 발표하면서 국경을 가로지르는 경험과 상상을 공유했다. 그런데 두 작가가 공히 상하이를 배경으로 한 소설을 조선에 발표했으나 다루고 있는 인물과 주제, 시선은 사뭇 다르다. 주요섭의 경우 공통적인 것의 구성에 관심이 있었다고 한다면 김광주의 경우 망명사회에 관심을 가졌다. 두 작가의 관점과 서술의 차이는 1920년대와 1930년대의 시대적 배경과도 관련이 있는데 이에 대해서도 3부에서 검토했다.

3.

책을 내는 데 감사할 사람이 많다. 연세대학교와 중국화둥사범대학에서 만난 선생님들과 선후배들에게 먼저 감사를 드린다. 이름을 다 말할 수 없을 정도로 많은 이들과 오랜 시절 같이 하면서 더불어 공부하는 것뿐만 아니라 세상을 살아가는 태도와 사람을 대하는 자세를 배웠다. 전공공부를 가르쳐준 유중하 선생님, 정진배 선생님, 왕샤오밍(王曉明) 선생님께 특별히 감사드린다. 이들은 엄정하면서도 소탈한 태도로 공부하고 교류하는 것이 어떤 것인지를 보여 주셨다. 나는 여전히 부족하지만 이들에게서 배운 비판적이면서 개방적이고 스스럼없는 태도를 학생들과 나누려고 노력한다. 한국과 중국의 친구, 선후배들에게도 감사의 인사를 전한다. 한때 늘 만나 토론하고 공부할 정도로 가까웠으나 이제는 멀리 떨어져 격조한 이가 많다. 그들과 함께해서 그 시절을 잘 지낼 수 있었다. 어디서든 건투하길 빈다. 십여 년 동안 더불어 루쉰전집을 번역한 루쉰전집번역위원회의 선생님들께도 감사를 전한다. 루쉰전집 번역을 하며 한 시절을 건너왔다. 루쉰전집번역이 완간될 수 있었던 것은 번역위원회 선생님들이 서로 격려하고 함께 힘써서 가능했지만 쉬운 일은 아니었다. 번역위원회를 이끈 유세종 선생님께 특히 감사를 드린다. 그린비출판사의 유재건 사장님과 임유진 주간님도 책 출간에 많은 수고를 해주셨다. 이 자리를 빌려 감사드린다.

무엇보다 책을 내기까지 가족들의 지지가 큰 힘이 되었다. 늘 부족하고 모자라고 바쁘게 지내 미안한데 가족은 내가 공부하고 일하는 데 성원을 아끼지 않았다. 고향의 어머니와 수원의 가족에게 늘 미안하고 감사하다. 지난해 투병하실 때 찾아 뵌 어느 날 환한 웃음으로 '아시아의 좋은 학자가 되라'고 덕담해 주셨던 아버지가 생각난다. 그렇게 되기는 어렵겠지만 그 말씀을 간직하며 노력하려고 한다.

돌아가신 아버지께 이 책을 바친다.

1부

×

20세기 상하이의 현대성과 일상의 문제

1장 상하이 노스탤지어
: 포스트사회주의 시대 새로운 중국 상상법

왕자웨이(王家衛)의 영화 「화양연화」(花樣年華, 2000)가 묘사하는 1960년대 저개발된 홍콩의 주택과 뒷골목, 사무실에는 상하이의 자취가 넘실댄다. 장만위(張漫玉)가 연기하는 1960년대 홍콩의 사무직 여성인 상하이 출신의 여주인공은 화려한 치파오(旗袍)와 우아한 몸동작, 함축적이고 절제된 대화로 피곤한 홍콩의 일상과 가정의 불행을 견뎌낸다. 그동안 1990년대의 홍콩의 청년들에게 관심을 보였던 왕자웨이는 이 시기에, 의외로 홍콩의 '좋았던 시절(花樣年華)'인 1960년대 부모 세대의 삶에 표표히 시선을 건넨다. 세기전환기에 이러한 회고조 시선 속에서 부상하는 상하이의 이미지에는 의미심장한 면모가 있다. 홍콩의 '주권 반환'시대 왕자웨이의 영화는 1960년대 상하이인이 홍콩인이 되는 서사를 통하여 특정한 중국 상상으로 귀환하는 양상을 보여 주고 있기 때문이다. 그리고 이로써 영화는 홍콩 지역의 문화적인 결속을 도모하는 것처럼 보인다.[1] 이때 영화에서 '상하이' 이미지는 순수하지만 비루한 시대인 1960년대 홍콩을 미학적으로 감싸 안는 참조적인 형식으로 자리한다.

영화는 상하이가 지역적으로 그리고 이와 동시에 전지구적으로 환기되는 중요한 방식을 드러내고 있다. 곧 여주인공의 의상인 치파오로 은유적으로 발언되고 있는 이른바 '올드 상하이'(老上海)에 대한 주목이 그것이다. 원래 만주족 귀족 여성의 복장이었던 치파오는 1920년대 상하이에서 현대 재봉기술을 경유하여 타이트한 원피스로 개량된 다음 전국적으로 유행하면서 현대중국 여성의 대표적인 복장으로 자리 잡았다. 그런데 다시 따져보면 지금의 치파오 디자인은 만주족의 의상에서 나온 것이기는 하지만 국민혁명이 청조(清朝) 체제를 전복한 뒤 등장한 것으로 중국 현대화 과정의 산물이라 할 수 있다. 아이러니하게 이전 청조 귀족 여성의 의상이 공화국여성의 '국민복'으로 개조되었을 뿐만 아니라 중국현대사를 구성하는 중요한 이미지가 되었으며 이후 중국성을 상징하는 주요 모티브가 된 것이다.[2] 그런데 사회

---

1 이와 관련하여 에릭 키트웨이 마는 비슷한 시기에 방송된 홍콩은행의 60초 노스탤지어 텔레비전 광고를 분석하면서 재중국화된(resinicized) 내셔널리즘과 자본주의의 모순적인 표명을 처리하는 것이 '주권 반환' 이후 홍콩의 대중문화 지형에서 중요한 문제로 떠오르고 있다는 논의를 펼친 바 있다. 어부 등을 주인공으로 내세운 홍콩은행 광고는 '주권 반환'이라는 변화의 시기에 내셔널리즘과 지역 정체성과 초국적 자본주의 사이의 충돌을 노스탤지어직인 공동제석 조화에 대한 사회적인 욕망을 개발함으로써 화해시키고 있는 것으로 파악된다. Eric Kit-Wai Ma, "Re-Advertising Hong Kong: Nostalgia Industry and Popular History", *Positions* 9:1, 2001, pp.133~135.

2 이에 관해서는 장아링의 소설과 산문에서 출현하는 의복의 문제를 '중국성'을 구성하는 중요한 방법으로 다루면서 '알레고리화된 독해'를 시도하는 황쯔핑의 글을 참고. 黃子平, 「張愛玲作品中的衣飾」, 『中國大學學術講演錄 2002』, 廣西師範大學出版社, 2002,

주의 체제 성립 이후 치파오는 인민복으로 점차 대체되어 정작 중국 대륙에서는 사라지게 되는 운명을 맞았다. 치파오가 겪는 이런 역정은 치파오를 사회주의와 절연하고 그 이전의 '순수'한 시대였던 '현대' 상하이와 연계시키는 데 더없이 알맞은 도구로 위치지었다.[3] 치파오는 사회주의 이전의 '현대' 중국, 특히 상하이를 연상시키는 중요한 상징으로서 자리하면서 이를 환기시키는 것이다.

1990년대 중반 이후 이천년대를 전후해 중국에서는 물론이고 전 세계적으로 일었던 상하이 노스탤지어 붐에는 사실 특정한 초점이 자리한다. 곧 사회주의 이전의 상하이, 특히 자본주의가 번성했던 1920, 30년대 상하이를 적극적인 상상의 대상으로 삼아 대중적으로 전유하는 양상을 띠는 것이다. 이러한 상하이 상상의 부상은 중국의 대표적인 문화연구자인 다이진화(戴錦華)가 적절하게 포착한 대로 1980년대 중국의 문학과 예술 표상에서 북방(北方) 이미지가 충만했던 것과 비교한다면 도드라진 전환이다.[4] 상하이 상상은 '전쟁'과 '혁명'의 연대를 막 통과한 1990년대 중국인에게 부재하는 '순정'한 것으로 상상하는 '중국역사' 기억의 구상(具象)을 제공했다. 이와 동시에 1990년대

---

p.290. 한편 중국복장의 근현대 역사를 요령 있게 스케치한 글로는 장아이링의 다음 글을 참고할 수 있다. 張愛玲, 「更衣記」, 『古今』第34期, 1943年12月; 『張愛玲文集』第四卷, 安徽文藝出版社, 1992.

3 현대중국에서 여성 의복이 갖는 정치성에 대한 글로 다음 논문을 참고. Antonia Finnane, "What Should Chinese Women Wear? : A Nation Problem", *Modern China*, Vol. 22 No. 2, April 1996.

4 중국에서 유행한 상하이 노스탤지어에 대한 분석으로 대표적으로 다음을 참고할 수 있다. 戴錦華, 「想像的懷舊」, 『隱形書寫: 九十年代中國文化研究』, 江蘇人民出版社, 1999, p.122.

이후 중국 전역을 풍미하는 중요한 문화 현상으로 확산되었다.[5]

1920, 30년대의 올드 상하이가 왜, 이때 회고됐는가. 이러한 노스탤지어가 수행하는 사회적 기능과 효과는 무엇인가. 이천년 대를 전후하여 일어난 상하이 노스탤지어 현상이 현재의 우리에게 던지는 시사점은 무엇인가. 이 글은 이러한 질문에 대한 응답을 시도하고자 쓰였다. 구체적으로 1절에서는 1990년대 중반 이후 올드 상하이 노스탤지어가 상하이 및 중국 전역에서 생산되고 소비되는 과정과 그 양상을 추적함으로써 노스탤지어 현상이 은폐하거나 간취하는 요소에 대한 얼개를 파악하고자 했다. 이는 동아시아에서 중요한 문화현상 중 하나인 상하이 노스탤지어를 구체적으로 검토할 필요성에서 비롯된 것일 뿐만 아니라 한국에서도 간간이 출현하는 노스탤지어 현상을 참조할

---

5 뿐만 아니라 올드 상하이 상상은 전세계적으로도 각별한 반응을 얻었다. 그런데 상하이 노스탤지어의 세계적인 유행은 중국 국내의 노스탤지어 현상과는 층위를 달리하는 것으로 판단한다. 따라서 이 글에서는 중국 국내에서 재현되는 올드 상하이 노스탤지어를 중심으로 서술의 범위를 제한하여 다루고자 하지만 그 층위를 거칠게 분석하지만 다음의 논의를 참고할 수 있다. 이와부치 고이치는 1990년대 일본에서 이는 아시아 대중문화 붐에서 노스탤지어적인 태도를 발견하고 있는데, 그에 따르면 이러한 초국가적 노스탤지어를 불러일으키는 문화정치학은 '우리'의 과거가 '그들'의 현재에 겹쳐져 서로의 발전적 시간 차이가 동결되었을 때 선명하게 나타난다. 이와부치 고이치는 아시아를 그리면서 잃어버린 순진무구함과 꿈을 '낙후된 아시아'에서 발견하려는 이러한 일본의 태도를 '오리엔탈리즘적 노스탤지어'로 규정하고 있다. 일본의 아시아 붐이 겨냥하는 시간대는 다르지만 올드 상하이에 대한 전세계의 노스탤지어적인 향유는 이러한 '오리엔탈리즘적 노스탤지어' 혹은 로잘도가 말한 '제국주의 향수'의 태도와 관계가 깊다. 한국에서 상하이에 대한 노스탤지어 감각은 희박한데 그 원인을 오리엔탈리즘적 노스탤지어가 강한 영향력을 발휘하고 있는 현재의 노스탤지어 지형에서 찾을 수 있을 듯하다. 이와부치 고이치, 「일본에서 소비되는 아시아 대중문화」, 『아시아를 잇는 대중문화』, 또하나의 문화, 2004. '제국주의 향수'에 대해서는 다음 글을 참고. Renato Rosaldo, "Imperialist Nostalgia", *Representations*, No. 26, Special Issue: Memory and Counter-Memory, Spring 1989.

체계로서도 필요한 작업이다. 그런데 중국에서 전개되는 올드 상하이 노스탤지어의 생산과 소비 과정은 사실 전지구화 시대 노스탤지어 현상의 횡행과 관계 깊다. 2절에서는 이와 관련하여 노스탤지어에 대한 이론을 살펴봄으로써 상하이 노스탤지어 현상이 고립적이고 단독적인 중국적인 현상이 아니라 전지구적 현상으로서 위치 지을 계기를 탐색할 예정이다.

올드 상하이 노스탤지어가 갖는 전지구적 계기는 재미 중국학자 리어우판(李歐梵)이 올드 상하이에 대한 대표적인 저술에서 수행한 상하이 도시문화 서술에서 전형적으로 드러난다. 3절은 상하이의 현대성에 대해 긍정적인 평가를 내린 리어우판의 논의에서 출발하면서 이와 대조적인 관점을 취한 또 다른 재미 중국학자의 논의를 맞대어 본다. 리어우판과 다르게 지역성의 견지에서 상하이 노스탤지어 현상을 해부한 장쉬둥(張旭東)의 논의를 재검토하면서 상하이 노스탤지어 현상과 담론들에 내재하는 긴장과 균열을 다룰 예정이다. 리어우판의 낙관주의적 서술은 장쉬둥의 우울한 서술과 대비를 이루고 그 미래에 대해서도 상이한 전망을 내놓는다. 이들의 논의는 올드 상하이 현상과 관련된 여러 맥락, 곧 포스트모더니즘과 전지구화에서 역사성과 지역성, 국가의 문제를 다시 연루시킬 때 상하이 노스탤지어 현상이 제기하는 문제점이 부상한다는 점을 잘 보여 주고 있다. 이러한 노스탤지어 상상 속에서 상하이는 어떤 글로벌/로컬의 지위를 부여받을까. 상하이 노스탤지어 현상과 이를 둘러싼 논의들이 갖는 복합성과 문제성을 이 글을 통해 구명할 예정이다.

1. 1990년대 상하이 노스탤지어

중국에서 전개된 올드 상하이 노스탤지어의 전국적 유행에서 중요한 발단은 1990년대 중반 영화와 문학에 재현된 올드 상하이 형상에서 발견할 수 있다. 이들은 1990년대 후반 본격적으로 점화한 상하이 노스탤지어의 중요하지만 실패한 원 텍스트이자 이후 상하이 노스탤지어의 특징을 드러내는 좌표로서 자리한다는 점에서 흥미롭다.

상하이 노스탤지어가 점화된 초기 장르는 영화였다. 중국의 향토에 눈길이 머물던 중국 영화들이 장이머우(張藝謀)의 「트라이어드」(搖啊, 搖啊, 搖到外婆橋, Shanghai Triad, 1995)와 천카이거(陳凱歌)의 「풍월」(風月, Temptress Moon, 1996)에 이르러 상하이의 1920, 30년대 시공간으로 눈길을 돌리기 시작했다. 그러나 그들이 재현한 1920, 30년대 상하이 풍경은 새로운 의미를 획득하지 못하여 평단의 냉담한 반응과 상업적인 실패를 낳았다. 「트라이어드」의 서사는 상하이에서 출발하되 갱스터 무비와 뮤지컬이라는 홍콩영화와 할리우드의 상업영화 코드로 상하이의 도시 풍경을 점묘하고 있다. 그 과정에서 상하이는 시골로 대체되는('搖到外婆橋') 가운데 소실된다. 장이머우는 1920, 30년대 상하이를 포착하려고 하지만, 이러한 시도는 의도적으로 덧댄 홍콩영화와 할리우드영화의 상업적인 코드 속에서 미끄러지며 자취를 감추고, 서사는 어느덧 그에게 익숙한 시골 이야기로 귀환하는 것이다. 여기에서 상하이는 여러 코드를 맞댄 조각의 총칭으로 불려 지지만 사실 그 어느 것도 1920, 30년대 상하이를 명확하게 상기시키지 못한다. 한편 「풍월」은 천카이거의 전작인 「패왕별희」의 성공을 담지했던 강렬한 정치적 코드의 긴장을 털어내 버리고 1930년대 상하이 남녀의 치정이라는 순수 세계만을 오리엔탈리즘적인 시선 아래 오롯이 재연하고 있다. 그러나 이러한 남녀 간의 정사에서 상하이라는 배경이 새로이 의미를 부여하는 것은 없다. 상하이는 단지 퇴폐적인 분위기를 고조시키는 퇴락하고 도덕적으로 타락한 도시로서 성격을 드러낼 뿐이다.

이들 '5세대' 감독 작품의 상하이에 대한 잇단 소재화는 주목할 만한 사건이다. 이는 상하이가 대중들의 관심 영역으로 떠오르고 있는 사실을 반영해 주는 현상이기도 하다. 그러나 이즈음에 북방의 농촌 감수성을 지닌 감독들에게 포착된 1920, 30년대 상하이는 아직 명확한 형태를 띠지 않고 있고 다만 징후적으로 상하이 공간의 문제성을 드러내고 있다고 할 수 있다.[6] '중국 특색의 사회주의 시장경제' 초기인 1990년대 중반, 도시 상하이가 아직 어떤 새로운 면모를 갖추지 않은 채 재건축중이라는 시점을 감안한다면, 상하이에 대한 불완전한 포착은 당시의 상하이의 현실을 일정정도 반영함과 동시에 현재에 불확실한 상하이의 미래를 기존의 홍콩영화의 상하이 재현방법에 기대어 발언하고 있는 것으로 볼 수 있다.[7] 그러나 한편 이 두 편의 상하이 노

---

6 리어우판은 「트라이어드」에서 장이머우의 시골 교양이 올드 상하이와 관련된 대도시 소재를 적절하게 다루는 것을 방해했으며 장이머우도 이를 의식했기 때문에 영화 속에서 주제를 벗어난 긴 시골 단락을 삽입해 도시 서술을 새롭게 활성화시키고자 했다고 파악한다. 이러한 지적은 상하이의 뒷골목과 시골을 오가며 서사를 전개한 「풍월」의 천카이거에게도 해당될 것이다. Leo Ou Fan Lee, *Shanghai Modern: The Flowering of a New Urban Culture in China 1930-1945*, Cambridge: Harvard University Press, 1999(리어우판, 『상하이 모던』, 장동천 외 옮김, 고려대학교 출판부, 2007).

7 홍콩영화의 전통적이고 주류적인 상하이 상상은 "권총이 주먹을 통치하고 거대한 악

스탤지어 영화는 이후 상하이 상상의 중요한 두 가지 계기를 포함하고 있다. 시대를 클리셰적으로 이용하는 「트라이어드」의 상업주의와 순수하고 허무한 열정이 전개되는 공간으로 위치짓는 「풍월」의 오리엔탈리즘적 태도가 그것이다. 이들은 상하이의 1920, 30년대를 비정치적인 기억으로 덧칠하며 소비하는 양상을 선취했다.[8]

대중의 시선 한 켠에서 부상하기 시작한 상하이 상상은 1990년대 중후반 들어 올드 상하이에 대한 회고 도서들이 시장에서 대성공을 거두면서 새로운 국면을 맞게 된다. 이는 홍콩 스타일을 빌림으로써 스스로 텅빈 기의를 지녔음을 폭로한 5세대 감독의 올드 상하이 상상에 내용을 기입하고 의미를 새롭게 부여하는 과정에 다름 아니다. 천단옌(陳丹燕)의 「상하이의 풍화설월」(上海的風花雪月) 등은 이러한 올드 상하이 회고 도서의 시장을 연 대표적인 산문집으로 여기에서 1920,

영향을 주는 장소이자 시골에서 온 신이민이 금전과 권세, 육욕에 의해 급속하게 타락하"는 "세기말의 정조를 띤 도시"라는 대중적인 판본을 지니고 있다. Leo Ou Fan Lee, "Two City Story", *Shanghai Modern: The Flowering of a New Urban Culture in China 1930~1945*. 한편 주류적인 전통과 다른 궤적에서 올드 상하이를 소재로 삼은 영화 계보들이 홍콩 예술영화 중에서 출현하기 시작한다. 관진펑(關錦鵬)의 「루안링위」(阮玲玉)를 비롯한 「레드로즈 화이트로즈」(Red Rose White Rose) 등 일련의 상하이 시리즈 영화들을 대표적으로 거론할 수 있다.

8 이와 관련하여 1990년대 이후 5세대 감독들은 중국비판이라는 정치적 코드를 탈각시키는데 이는 이후의 국제영화제에서 5세대 감독들이 호의적인 반응을 얻지 못하는 중요한 이유 중의 하나로 거론된다는 점을 언급할 수 있다. 한편 6세대 감독 영화들이 해외영화제에서 수상하고 고평을 받는 이유도 이러한 정치적인 입장과 관련된다는 분석이 있다. 다이진화는 6세대 감독들의 '지하전영(地下電影)'이 유럽의 국제영화제에서 호응을 얻는 중요한 이유도 이러한 정치적인 입장과 관련된다는 점을 지적하면서 좌파적인 유럽영화제가 전(前)사회주의 국가에 대해 무의식적으로 갖고 있는 우파적 태도를 비판한 바 있다. 다이진화 인터뷰, 「90년대 이후 중국의 문화현실」, 『문화/과학』 37호, 2004년 봄, 257~258쪽.

30년대 상하이는 대중의 상상 속에서 개화한다.[9] 이러한 출판시장의 성공은 1930년대 상하이에 관한 화보와 광고, 월빈패(月份牌) 미녀들에 관한 노스탤지어 상품 생산으로 이어진다. 그리고 올드 상하이 노스탤지어를 주제로 한 커피숍의 경관이 전개되고 텔레비전에서는 올드 상하이 소재의 드라마가 방송되면서 상하이 노스탤지어는 전국적으로 풍미된다.[10]

이로써 올드 상하이에 대한 대중들의 노스탤지어 정조는 갱스터와 치정이 난무하는 혼란하고 퇴폐적이며 퇴락한 도시를 거부하고 현대문명이 안전하게 전시되고 (쁘띠) 부르주아 상하이 여성들이 출몰하는 현대적이면서도 안전하고 온화한 부르주아 혹은 중산계급의 공간을 선택하여 이곳에 기억을 축조한다. 1990년대 중후반 대륙에서 분 올드 상하이에 대한 재현과 상상은 이런 식으로 기존 홍콩영화의 주류적인 올드 상하이 상상을 수정하면서 상하이 노스탤지어 상상의 지도를 고쳐 그린다.

---

9 陳丹燕, 『上海的風花雪月』, 作家出版社, 1998. 이후에 천단옌은 『上海的金枝玉葉』(작가출판사, 1999년, 초판 5만부 발행)과 『上海的紅顔遺事』(作家出版社, 2000, 초판 5만부 발행)를 시리즈로 출간하여 시장에서 성공을 거둠으로써 1920, 30년대 상하이 여성을 상상의 본체로 하는 노스탤지어적인 서술을 확산시킨다. 이후 20~30년대 상하이의 (쁘띠) 부르주아 여성을 주인공으로 하는 회고조의 산문집 출간이 붐을 이룬다.

10 1998년과 1999년을 전후로 올드 상하이 화보집이나 수필집으로 다음과 같은 책들이 대거 출판되었다. 『老月份牌』, 上海畵報出版社, 1997; 吳亮, 『老上海』, 江蘇美術出版社, 1998; 『老上海』, 上海敎育出版社, 1998; 張遇主編, 『盧上海寫照』, 安徽文藝出版社, 1999. 한편 올드 상하이를 테마로 한 커피숍과 바도 이 시기에 출현하면서 노스탤지어 풍조에 불을 지폈는데 이들 커피숍들은 명칭부터 명백한 노스탤지어 정서를 지향하고 있다. 가령 이시기 개점한 대표적인 커피숍 등으로는 '1931', '시간은 거꾸로 흐른다(時光倒流)', '30년대(三十年代)' 등이 있다. 노스탤지어를 주제로 한 상하이 바에 대한 자세한 분석은 다음 책을 참고할 수 있다. 包亞明 等, 『上海酒吧: 空間, 消費與想像』, 江蘇人民出版社, 2001.

이천년대 들어 이러한 상품으로서의 올드 상하이 노스탤지어 효과가 지속되고 있는 가운데 새로운 요소들이 이 현상에 절합되어 형식을 갱신시켰다. 가령 세기를 가로질러 왕안이(王安憶)의 장편소설『장한가』(長恨歌)가 뒤늦게 베스트셀러가 되거나[11] 올드 상하이의 서민 주택인 '스쿠먼(石庫門)'을 홍콩과 자본주의 스타일의 소비공간으로 개조한 '신천지(新天地)'라는 공간이 탄생한 것은 올드 상하이 노스탤지어의 목록에 새로운 성격을 부여한다. 왕안이가 서술한 사회주의 시기에 '미스 상하이(上海小姐)'가 겪는 우울하지만 우아한 운명의 서사에는, 작가의 의도와 무관하게 올드 상하이 노스탤지어의 붐에 정서적인 더께를 입히고 있다. 한편 올드 상하이 스타일의 커피숍 건축에서 시작된 소비공간으로의 변신은 1920, 30년대 화원을 낀, 헝산루(衡山路)에 산재한 고급 주택을 개조하는 것을 거쳐 '신천지'에서는 아예 서민들의 거주지였던 스쿠먼의 외관을 빌리고 내부를 몽땅 바꾸는 과정을 통해 고급한 소비 공간으로 탈바꿈시키는 데에까지 이르는데, 여기에서 올드 상하이 노스탤지어는 과거란 복제될 수 없고 창조되어야 한다고 선언하는 듯 보인다.

  이러한 출판물과 올드 상하이 바와 커피숍 그리고 1930년대 상하이 풍물이나 서사와 관련된 드라마와 소설의 상업적인 성공은 북방의 5세대 감독들이 존재를 포착했으되 적절하게 표현할 수 없었던 지

---

11 상하이의 여성작가 왕안이가 1995년에 잡지에 연재 발표하여 1996년에 펴낸 장편소설『장한가』는 발표 후 몇 년이 지난 다음 평단과 시장에서 대대적인 성공을 거둔다. 이러한 독특한 반응은 당시의 노스탤지어 붐과 무관하지 않게 전개되었다. 2000년 말 마오둔(茅盾) 문학상의 수상작으로 선정되고 난 다음 이 무렵에 최고조에 달한 올드 상하이 노스탤지어 붐에 편승하여 발표된 지 5년 뒤에 베스트셀러에 오르는 이변을 보인다.

역을 순정한 과거로서 소비하게 만드는 기제를 드러내준다. 곧 1920, 30년대 상하이라는 현대적인 문명의 시간을 낭만적으로 공간화함으로써 심미적인 차원을 부여하여 소비하는 것이 그것이다. 사실 오래전의 역사도 아닌 60여 년 전의 역사를 오래된 역사("老上海")라고 명명하는 데에는 이데올로기적으로 금기지역이었던 부르주아 공간을 이러한 명명을 통해 안전하게 소비하고자 하는 욕망이 잠겨 있다. 곧 이데올로기적으로 위험한 공간인 상하이를 오래된 공간으로 밀어넣음으로써 식민지 역사로 얼룩져있던 현대성과 부르주아 공간을 탈역사화하는 것이며 이와 동시에 이를 통해 현재하는 국가권력의 제한을 예방하는 안전지대를 만들어 이 시공간의 기억과 상상을 정면에서 향유하고자 하는 욕망이 묻어 있는 것이다. 이데올로기적으로 위험지대였던 부르주아 식민 세계인 1920, 30년대 상하이는 이러한 이데올로기 표백 과정을 통하여 주류 이데올로기를 위배하지 않는 오래된 역사를 상기하는 공간으로 이동하여 안전하게 소비되는 것이다.[12]

이러한 노스탤지어에서 상기된 상하이는 '해방' 이후 사회주의 상하이의 맥락도 탈락되고 또 1920, 30년대의 식민주의와 사회주의 운동의 상하이 기억도 삭제되어[13] 위험이 깨끗하게 소독된 위생적인 공

12 이러한 '올드 상하이' 명명은, 사회주의 시기의 상하이에 대한 명명법과 대비를 이룬다. 사회주의 시기에 해방전의 상하이는 사회주의의 '신중국(新中國)'과 '신상하이(新上海)'와 대비하여 '구상하이(舊上海)'라고 명명되었다. 1990년대 중국의 올드 상하이 붐에는 이러한 새로운 명명법을 통하여 새로운 기억과 역사의 차원을 축조하고 의미를 부여하고자 하는 담론적인 실천 차원도 존재한다. 이에 관해서는 졸고, 『空間的建構與想像: 二三十年代上海女性的日常生活』, 上海華東師範大學 博士學位論文, 2003, 1~2쪽 참고.
13 중국의 노스탤지어 현상이 혁명기억을 어떻게 전치하면서 소비하는가에 대해서는 다이진화의 다음 글을 참고, 戴錦華, 「重寫紅色經典」, 『多邊文化硏究』, 第二卷, 新世界出版社,

간으로 화한다. 또한 여기에는 상하이의 빈민굴과 중국인 거주지인 난스(南市) 등 동 시기 다른 역사적 현실도 누락되어 있다.[14] 이렇듯 상하이 풍물을 기억하는 지역적인 지식에 대한 간취들은, 역사적인 감각을 회복시키는 듯 보이나 실은 상기한 제반 맥락의 탈락을 통해서만 작동할 수 있는 유사역사공간으로 전화하는 데 기여한다. 즉, '상상의 노스텔지어'를 유포시키는 것이다.[15] 한편 이데올로기적으로 소독된 이상화된 공간은 시장과 국가권력에게도 안전한 경계를 선사한다. 이러한 유사역사공간은 소비주의를 기반으로 한 '중국 특색의 시장경제' 체제를 추진할 동력으로 전환되어 시장에서 위험 없이 소비될 상품 목록에 추가된다.

이렇듯 1990년대 중반 이후 중국 국내를 풍미하고 있는 상하이 노스텔지어 현상은 혼란과 퇴폐의 도시라는 기존 홍콩의 상하이 상상법을 거절하면서, '상하이 여성'으로 표상되는, 위험이 소거되고 안온한 부르주아 세계를 상상의 거처로 삼아 대중적으로 전유되는 양상을 띤다. 이러한 기억에서 상하이는 식민주의 현실이라는 당시의 역사적 맥락을 소거하고 이후의 사회주의 상하이와의 연계를 탈락시킨 채 한없

2003.

14 당시 유행하는 상하이 노스텔지어가 자본주의가 극성한 1920, 30년대 조계지만 겨냥하면서 동시기의 다른 현실을 은폐하고, 그 결과 현재하는 권력과 자본의 새로운 이데올로기('新意識形態') 기제로 작동되는 양상에 대해서는 왕샤오밍의 다음 글을 참고. 王曉明, 「從匯海路到梅家橋」, 『牛張臉的神話』, 廣西師範大學出版社, 2003, p.117.

15 Arjun Appadurai, "Consumption, Duration and History", *Modernity at Large: Cultural Dimenson of Globaliztion*, Minneapolis: University of Minnesota Press, 1996; 戴錦華, 「想像的懷舊」, 『隱形書寫』, 江蘇人民出版社, 1999. '상상의 노스텔지어'의 기제와 발생조건 등에 관한 자세한 내용은 다음 절에서 상술하겠다.

이 부르주아적인 탈역사적인 공간으로 떠오른다. 그런데 이러한 상상의 상하이는 상술했듯이 지역적인 풍물의 재현을 통해서 유행한 일국적 차원의 현상이기도 하지만, 다른 한편 전세계에서 유행하고 있는 노스탤지어 현상 및 이것이 중국에서 펼쳐지고 있는 상황과 무관하지 않다. 상하이 노스탤지어에 대한 분석을 살펴보기 이전에 노스탤지어에 대한 일반 이론에 대한 검토를 통해 상하이 노스탤지어를 역사적이고 전지구적인 현상으로 정위시키는 일정한 계기를 살펴볼 수 있을 것이다.

2. 노스탤지어 이론 재론

사실 이러한 노스탤지어 현상은 1990년대 중국에 돌연히 나타난 문화현상이라고 볼 수는 없다. 만약 전세계적으로 노스탤지어 현상이 유포되고 있으며 이에 대한 이론이 산개하고 있는 상황이라면 중국 국내에서 노스탤지어 관련 담론을 살펴보기 전에 서구에서 논의된 노스탤지어 이론을 살펴보면서 중국 내의 담론지형과 비교해 볼 필요가 있다. 특히 노스탤지어 이론은 포스트모더니즘 현상 및 담론과 관련하여 활발하게 토론되었는데 이러한 논의를 검토하면서 노스탤지어 이론 및 현상이 현재 맥락에서 지니는 의미를 파악할 수 있을 것이다. 이 글에서는 1980년대 후반 노스탤지어론을 문제적으로 제기했던 브라이언 터너(Bryan S. Turner)의 논의를 출발점으로 삼아 프레드릭 제임슨(Fredric Jameson)과 롤랑 로버트슨(Roland Robertson), 아르준 아파두라이(Arjun Appadurai) 등이 포스트모더니즘과 전지구화 논의의 맥락에서 노스탤지어 논의를 재위치짓는 과정을 검토해 보고자 한다.

　노스탤지어는 특히 현대 자본주의 사회가 전개된 이래 반자본주의적인 낭만주의적 사조 속에서 자본주의에 대한 비판적인 태도로 환기되어 왔다. 이런 점에서 노스탤지어는 모더니즘적인 반응이라고 볼 수 있다. 그런데 노스탤지어를 모더니즘적으로 해석하는 방식은 1980년대 포스트모더니즘의 발흥에 발맞춰 새롭게 사고된다. 이후의 이론적 전개는 모더니즘적으로 해석된 노스탤지어론을 포스트모더니즘과 새로운 현실에서 중요한 기제로 흡수하는 양상을 보인다.

　브라이언 터너는 노스탤지어를 고전 사회학 특히 독일 사회이론의 역사에 중요한 모티브로 위치지으면서 대중문화비판의 유력한 계기로 규정한다. 프랑크푸르트 학파로 대표되는 독일 고전 사회학의 전통은 "대중문화와 문화산업, 소비주의의 현대적 형태에 대한 반현대적 비판을 발전시키기 위하여 노스탤지어적으로 과거(곧 공동체 및 가치가 통합되었던 상황)에 호소"하는 데 놓여 있다.[16] 그 중에서 특히 독일 사회학의 최근 경향인 프랑크푸르트 학파의 대중문화 비판은 엘리트주의적이며 노스탤지어적인 것으로 비판되며, 포스트모더니즘의 발흥에 발맞춰 대중문화에 대한 새로운 관점을 도입할 필요성이 역설된다. 이때 "노스탤지어는 전통적인 문화와 제도적인 배치로부터 표류하여 소멸해 가는 지식인 엘리트의 유력한 방식"으로 규정된다.[17]

---

16 Bryan S. Turner, "Nostalgia, Postmodernism and the Critique of Mass Culture", *Theory, Culture & Society*, Vol. 5, No. 2~3, 1988; *Orientalism, Postmodernism and Globalism*, London: Routledge, 1994, pp. 118~119.

17 Bryan S. Turner, *Ibid.*, p. 127.

그런데 노스탤지어 개념을 포스트모더니즘의 관점에 입각해 소환한 초기의 중요논자인 터너가 독일 사회 이론을 중심으로 위치지은 이러한 노스탤지어 입론 방식에는 어색한 면이 없지 않다. 이러한 관점은 노스탤지어를 '과거 지향적'[18]인 '순수 존재론'적 태도로 가정하고 있기 때문이다. 터너는 포스트모더니즘에 적대적인 독일 사회학의 전통을 비판하기 위해 이 개념을 사용했을 뿐, 독일 사회이론 전통이 지니고 있는 노스탤지어적 태도의 의미를 역사적으로 구명하는 데에는 별 관심이 없는 것처럼 보인다. 곧 터너의 명백한 반모더니즘적 논지는 독일 사회이론에 만연한 노스탤지어적 태도에 반대하여 포스트모더니즘 대 모더니즘이라는 대립각을 세운 데 불과한 것이라 할 수 있다. 그리하여 터너의 논의에서 노스탤지어 개념은 독일의 사회이론 속에 미만한 개념이며 아직까지 포스트모더니즘적인 개념으로 '구제'되지 않은, 실존적 색채가 강한 이론으로 자리하는 것이다. 엘리트주의적이며 반대중적이라는 견지에서 비판적으로 논의되고 있는 이러한 노스탤지어론 구도는 무엇보다도 비슷한 시기에 노스탤지어를 포스트모더니즘 영화의 중요한 표징으로 지적한 제임슨의 논의와 같이 놓고 볼 때 그 함의가 도드라진다.[19] 1980년대 노스탤지어론의 입지는 반자본주의적인 노스탤지어의 개념이 포스트모더니즘적인 노스탤지어

---

18 Bryan S. Turner, *Ibid*., p.117.

19 포스트모더니즘과 관련하여 노스탤지어 영화를 논한 제임슨의 글로 다음의 논문을 참고. Fredric Jameson, "Postmodernism, the Cultural Logic of Late Capitalism", *New Left Review* 146, July-August, 1984; Fredric Jameson, "Postmodernism and Consumer Society", ed. H. Foster, *Postmodernism Culture*, London: Pluto Press, 1985.

개념과 불안한 동거를 시작하는 가운데 가치절하되고 있었던 것이다.

철학적으로 접근한 터너의 노스탤지어 개념은 롤랑 로버트슨에 의해서 역사적으로 위치지어진다. 그는 '의도적인(wilful)' 노스탤지어라는 현대의 구체적인 노스탤지어에 논의를 집중함으로써 노스탤지어 일반론이 지니는 추상성의 위험에서 벗어난다. 로버트슨에게 노스탤지어는 무엇보다 전지구화라는 참조체계 속에서 이를 촉진했던 조건과 함께 규정된다. 여기에서 현대의 의도적인 노스탤지어는 전지구화 과정과 더불어 조장된, 사회학 이론의 주요 모티브로 묘사된다. 현대의 의도적인 노스탤지어란 19세기 후반, 전통의 창안과 관련하여 발생한 결여(scant)의 노스탤지어로서 전 세계를 가로질러 국민 정체성 및 국가 통합과 관련하여 작동되는 감각 및 태도를 가리킨다.[20] 그런데 로버트슨에 따르면, 의도적인 노스탤지어는 이런 과정을 통해 '전지구적'으로 배치된다. 그렇기 때문에 로버트슨은 '노스탤지어적인 태도의 전지구적인 제도화'가 작동한다고 주장한다.[21]

이러한 구분을 통하여 로버트슨은, 터너가 노스탤지어를 '고향없음(homelessness)'의 개념이 강조된 특정한 독일 철학(현상학)의 전통 내에 위치시키고자 했으며 터너의 이러한 진술은 전지구적 문화에 대

---

20 로버트슨은 네이언의 '근대적이고 의도적인 노스탤지어' 논지를 이어받아 입론의 토대와 이것이 전지구화와 맺는 관계를 밝히는 데 논의의 중점을 두고 있다. 네이언의 '의도적인 노스탤지어'론에 대해서는 다음을 참고. T. Nairn, *The Enchanted Glass*: *Britain and its Monarchy*, London: Hutchinson Radius, 1988; Roland Robertson, "Globalization and the Nostalgia Paradigm", *Globalization*: *Social Theory, and Global Culture*, London: Sage Publications, 1992에서 재인용.

21 Roland Robertson, "Globalization and the Nostalgia Paradigm", *Globalization*: *Social Theory, and Global Culture*, p. 158.

한 고려를 빠뜨린 것이라고 비판한다.[22] 뿐만 아니라, 노스탤지어를 생산하는 전지구화 과정(nostalgia-producing globalization) 속에서 터너에 의해 규정된 노스탤지어 패러다임의 계보는 현대성(modernity)에 대해 차별적인 이슈를 가지고 있는 독일의 특징을 드러내고 있는 것으로 위치지어진다.

터너에게서 도드라진 추상적 노스탤지어론에 반대하는 가운데 로버트슨은 노스탤지어 유형을 시기구분한다. 이에 따르면 '의도적인 노스탤지어'는 19세기 후반 이전의 불안이나 소외로부터 '자연스럽게' 야기된 '존재론적 노스탤지어' 유형과 다른 것으로 구분되며 또, 최근의 '소비주의적인 노스탤지어' 유형과도 차별성을 지니는 것으로 분류된다. 그러나 이러한 노스탤지어 유형들은 자리바꿈이 아닌 포섭의 차원을 지니는바, 로버트슨에 따르면 "존재론적인 노스탤지어는 의도적인 노스탤지어에 국가적으로(nationalistically) 편입"되고 '의도적인 노스탤지어'는 최근의 "소비주의적이고 이미지로 전달되는 노스탤지어에 자본주의적으로 통합되고 있"는데, 이는 "특수한 것의 보편화와 보편적인 것의 특수화라는 전지구적인 제도화로 포괄"되는 것으로 판단된다.[23]

이러한 논의를 경과하여 1980년대 이래 자주 지목되던 대중문화에서의 노스탤지어적인 풍조는 추상적인 반자본주의적 낭만주의 경향의 너울을 벗어 던지고 역사적인 분석의 차원을 획득하게 되고, 그

---

22 Roland Robertson, *Ibid*., p. 157.
23 Roland Robertson, *Ibid*., p. 160.

럼으로써 노스탤지어는 포스트모더니즘과 소비문화에 있어서 중요한 징후로 자리매김된다.[24]

　제임슨은 영화에서 자주 드러나는 노스탤지어 정서가 추구하는 병합적인 미학양식을 분석하면서 "양식에 의한 함축을 통하여 '과거'에 접근"[25]하고 있는바, 동시대성을 지우는 이러한 미학양식은 "역사성의 퇴조, 역사를 무언가 적극적인 방식으로 경험할 수 있는 삶의 가능성의 퇴조를 세밀하게 보여 주는 증거로서 출현"[26]하는 것으로 규정된다. 집단기획의 유기적 계보였던 과거는 이로써 거대한 이미지들의 집합체인 다층적인 사진환영으로 수정되고 벤야민의 노스탤지어적인 구원의 기획은 설자리를 잃게 된다.[27] 더 나아가 제임슨은 이러한 노스탤지어 풍조가 현재까지 대상화하여 잠식하는바, "현재는 미래의 시간에서 보았을 때 역사화될 뿐만 아니라 관찰자들이 이미 잃어버린 어떤 것으로 오인"된다고 본다.[28]

---

24 이런 점에서 노스탤지어적인 이론(nostalgic theory)과 노스탤지어에 관한 이론(theory of nostalgia)을 구분하여 보자는 로버트슨의 제안은 1980년대 이래 전개된 노스탤지어에 관한 담론에서 차별적인 지점을 포착한 것으로 볼 수 있다. Roland Robertson, *Ibid.*, p.146.

25 Fredric Jameson, "Postmodernism, the Cultural Logic of Late Capitalism", *New Left Review* 146, p. 161.

26 Fredric Jameson, *Ibid.*, p.163.

27 벤야민의 노스탤지어적인 구원의 기획에 대해서는 프레드릭 제임슨의 다음 글을 참고하라. Fredric Jameson, *Marxism and Form: Twentieth-Century Dialectical Theories of Literature*, Princeton: Princeton University Press, 1972; 김영희·여홍상, 『변증법적 문학이론의 전개』, 창작과비평사, 1984, 93쪽. 제임슨에게 벤야민의 노스탤지어적인 이론은 포스트모더니즘적인 징후로서의 노스탤지어 현상과는 명백히 구분되는 성격을 지닌다.

28 Fredric Jameson, "Nostalgia for Present", *South Atlantic Quarterly* 88, Spring 1989; Arjun Appadurai, *Modernity at Large: Cultural Dimenson of Globaliztion*,

시간경험을 변경시키고 역사성을 희석시키면서 유사 역사감각을 상기시키는 노스탤지어 현상은 아파두라이에 의해 '상상된 노스탤지어(imagined nostalgia)'로 명명되고 있다. 노스탤지어를 상기시키는 것은 대량판매에서 핵심적인 요소이다. 대중광고의 형식은 소비자들에게 결코 잃어버린 바 없는 것을 그리워하라고 가르치며 이러한 상실의 경험을 만들어 냄으로써 광고들은 '상상된 노스탤지어'라고 불릴 만한 것, 다시 말해 결코 존재하지 않았던 것에 대한 노스탤지어를 만들어 내고 있다는 것이다.[29] 이러한 기술은 특정한 연령 집단의 과거에 대한 진짜 노스탤지어를 야기하기 위해 구사되지만 동시에 현재의 덧없음을 강조하기 위해 구사되는 방식이기도 하다. 여기에서 소비자의 쾌락은 현재가 이미 과거인 것처럼 나타나는 곳에서 발견되는 순간성의 성격을 띠면서 역사와 기억을 재구성하고 있다.

이러한 노스탤지어 논의의 전개과정은 '노스탤지어'가 반현대적인 모더니즘의 모더니티 비판에서 포스트모더니즘적 대중문화의 카테고리로 전환하는 가운데 대표적인 미학양식으로 현현하는 과정을 잘 드러내 준다. 이러한 과정 속에서 모더니즘의 자장(磁場) 아래에서 만연했던 반자본주의적인 낭만주의적 노스탤지어의 우울한 색채는 싹 걷히거나 제스처로 활용되는 양상을 보인다. 로버트슨이 정리했듯이 이러한 전환과정은 전지구화 시대에 모더니즘적인 존재론적이고 의도적인 노스탤지어 이론은 잔류하되 포스트모더니즘의 소비주의적

Minneapolis: University of Minnesota Press, 1996, p.77에서 재인용.

29 Arjun Appadurai, *Ibid*.

인 노스탤지어가 대표적인 미학양식으로 통합하는 양상을 띤다.

올드 상하이로 표상되는 중국 자본주의 번성기에 대한 노스탤지어가 상품으로서 중국 전역을 풍미하고 있는 현실은, 이러한 노스탤지어를 생산하는 전지구화 사조와 무관하지 않을 것이다. 여기에는 국가와 지역이라는 매개가 개입되어 있음으로써 전지구적 성격을 띠는 노스탤지어 현상과의 긴장과 절합의 지점이 형성되고 있다. 다음 절에서는 상하이 노스탤지어 현상에 대한 담론 분석을 수행하면서 이러한 중국적인 현상이 무엇을 의미하고 시사하는지를 이 맥락 속에서 다시 따져보고자 한다.

3. 코스모폴리타니즘, 지역성, 이질성
: 전지구화 시대 올드 상하이 노스탤지어 담론 분석

상하이의 '코스모폴리타니즘', 식민주의 역사의 문제

이상과 같은 이론적 검토에서 드러나듯이, 이천년대 전후에 일어난 노스탤지어 현상에서 전지구화는 중요한 계기로 작용한다. 올드 상하이 노스탤지어 현상의 유행에도 전지구화라는 조건은 중요한 배경으로 자리하고 있다. 사실 전세계인의 시선에 상하이가 떠오른 것도 1992년 덩샤오핑(鄧小平)의 남순강화 이후 상하이가 전지구적 자본주의에 본격적으로 편입되기 시작한 사건과 관계 깊다. 이 사건 이후 전지구화는 중국에서 일종의 조건이 되었는데 아리프 딜릭은 "전지구화는 과거 10년 동안 변화의 패러다임으로서 그리고 동시에 사회상상의 패러다임으로서 현대화를 대체"하여 중국의 사상 및 지형을 바꾼 것으로 평가하고 있다.[30] 이러한 역사적 계기는 1980년대 이래 가열된 서구의 '상하이연구'의 열기를 전방위적으로 확산시켜 상하이 담론을 전지구적 현상으로 전환시키는 데 기여하였으며 또한 '상하이'를 좀더 다양한 학제에서 본격적 연구의 대상으로 다루게 하는 결과를 낳았다.[31] 이와 동시에 1절에서 서술했듯이 상업적으로 유포된 올드 상하이 상품들은 대중의 시야 속에 상하이를 부상시키는 국면을 낳는다. 그런데 상하이에 대한 학술적 관심은 그 동안 중시되지 않았던 상하이 문화로 확대되며 상하이연구의 새로운 국면을 형성하는데, 이를 둘러싸고 야기된 새로운 긴장과 균열이 주의를 끈다. 대표적으로 재미 중국학자인 리어우판(李歐梵)과 장쉬둥(張旭東)은 이천년대를 전후로 한 상하이 노스탤지어 현상에 대한 주목할 만한 연구 성과를 내놓았는데 이들의 논의를 중심으로 올드 상하이 노스탤지어를 해석하는 시야들을 살펴보겠다.

20세기 초중반 상하이의 현대성에 관한 문화 지도를 그리는 리어우판의 작업은 올드 상하이에 관한 역사적인 서술을 시도하며 상하이의 현대성에 관한 풍부한 풍경들을 되살려낸다. 상하이의 현대성 풍경 재연에 집중된 그의 연구는 중국의 전지구적 자본주의에로의 편입 시

---

30 阿里夫 德里克著, 王寧等譯, 「全球性的形成與急進政見」, 『後革命氛圍』, 中國社會科學出版社, 1999, p.3.

31 서구의 '상하이연구'는 1980년대 개혁개방이 시작될 무렵 개시되기 시작했으며 상하이의 현대성 및 현대화와 관련되어 주목을 받았다. 때문에 경제학과 사학 부문에서 압도적인 관심을 표명했다. 서구의 상하이 연구의 개요에 대해서 다음 책의 서문을 참고. Hanchao Lu, *Beyond the Neon Light: Everyday Shanghai in the Early Twentieth Century*, University of California Press, 2004.

대를 맞이하여 그간 사회주의 중국에서 억압되어왔던 부르주아 사회상과 문화에 대해 정면서술을 시도한 것으로 볼 수 있는데, 그의 서술 속에서 와이탄(外灘)의 건축물과 백화점, 커피숍, 댄스홀과 공원, 경마장 등은 현대성의 경관으로 적극적으로 긍정되면서 부활한다.[32]

그런데 문제는 지도를 다시 그리는('remapping') 리어우판의 서술 과정에서 식민주의세력과 민족주의, 사회주의 등 제 운동세력들의 각축장이었던 상하이의 역사기억이 삭제된다는 점에 있다. 이는 상하이의 번화한 양상에 초점을 맞추면서 예비된 것이다. 특히 상하이 코스모폴리타니즘을 다룬 9장에서는 역사기억 재구성의 문제점이 전형적으로 드러난다. 상하이에서의 식민주의 자장을 진술하는 대목에서 리어우판은 상하이의 현대성이 식민주의와 무관하여 전개되었을 뿐만 아니라 이러한 식민주의는 오히려 상하이 및 중국의 코스모폴리타니즘에 의해 포섭된다는 논지를 전개한다.

상하이에서 서구의 '식민' 권위는 조계 조약에서 명문적으로 확인되고 있지만 일상생활 속에서 중국주민들은 이에 대해서 조금도 느끼지 못했다. 물론, 그들이 조계에서 체포되는 일을 제외하고는 말이다. 이 책에서 서술하는 작가들은 이러한 중국 최대의 통상항구의 분열된 세계에서 상당 정도 자유롭게 생활한 것 같다. […] 그리고 그들 중 어떤 이도 어떤 의미에서 자신을 진실한 혹은 상상의 서구 식민주체에 상

---

32 특히 제1장을 참고. Leo Ou Fan Lee, "Remapping Shanghai", *Shanghai Modern: The Flowering of a New Urban Culture in China 1930-1945*, Cambridge: Harvard University Press, 1999.

대적인 피식민의 '타자'로 여기지 않았다. [⋯] 반대로 현대적인 상상을 구축하는 과정에서 중국작가들은 서구의 이국풍을 열렬하게 포용했는데 이는 도리어 서구문화를 '타자'로 치환했다. 현대성에 대한 탐구 과정에서 이러한 치환과정은 매우 중요한데 왜냐하면 이러한 탐구는 중국인이 자신의 신분에 대해 가졌던 충분한 자신감에서 기인한 것이기 때문이다.[33]

이 책에서 논의한 상하이 작가들이 꽤 분명한 서구적 색채를 지니고 있었다 하더라도 그들은 자신을 '서양화'되었기 때문에 노예가 되었다고 상상하거나 간주한 적은 없었다고 판단된다. 그들의 작품에서 나는 이러한 분명한 결론을 얻었다. 곧 상하이에 서구 식민이 존재했음에도 불구하고 중국인으로서 중국 작가들의 신분의식은 문제를 일으킨 적이 없었다. 그들은 중국성을 의문시한 적이 없었기 때문에 식민화를 겁낼 필요 없이 이처럼 공공연하게 서구 현대성을 받아들인 것으로 보인다. [⋯] 이러한 현상을 나는 식민지 미미크리(colonial mimicry)보다 중국 코스모폴리타니즘(cosmopolitanism)의 한 표현으로 보고자 한다.[34]

1920, 30년대 상하이 역사 현실에서 식민주의의 무효성을 주장하는 리어우판의 서술은 문화적인 현실에 주목하면서 제국주의라는 전

---

33 Leo Ou Fan Lee, "Shanghai Cosmopolitanism", *Ibid*., pp. 308~309.
34 Leo Ou Fan Lee, *Ibid*., pp. 312~313.

지구화의 1930년대 조건과 그 관계에 대한 사고를 논리적으로 방기한다. 이는 상하이의 현실을 제국주의적인 지배 체제와 관련된 문제에서 분리하여 정치경제의 경계 바깥에 둔 것으로 구체적인 힘의 관계에 의해 구축된 역사적인 맥락은 문화적인 힘에 의해 무력화되고 사산된다. 리어우판에 의해 고평된 '코스모폴리타니즘'은 이러한 역사적인 조건을 무화하는 초역사적인 태도로서 '중국성'이라는 본질로 회귀하는 문화주의적인 경향을 낳는데, 이는 상하이의 식민지 현실을 묵인하거나 추인하는 결과로 연결된다.

그러나 1930년대 상하이의 번영이 반(半)식민지라는 제국주의 조건에서 자유로울 수 없으며 중국작가들의 자기표현도 이러한 자장에서 벗어났다고 보기에 의문시되는 점이 있다는 것을 감안한다면, 리어우판의 서술처럼 1920, 30년대 상하이 문학 텍스트에서 서구 '주체' 혹은 '타자'가 보이지 않는다고 쉽게 인정하고 이를 존재하지 않는 것으로 치부하기는 어렵다. 오히려 문제시되어야 할 것은, 조계지 상하이에 관철된 식민주의의 조건이 숨겨지거나 혹은 전치되거나 혹은 다른 방식으로 발현되는 상황일 터이다. 곧 제국주의가 드러나지 않는다고 한다면 이러한 상황을 문제 삼아 제국주의와 1920, 30년대 상하이의 조계지라는 조건 및 현실과 맺는 관계를 따져보면서 이 관계를 적발하는 동시에 현실에서 은폐되는 과정을 추적하는 일이 필요하다. 이러한 과정에서 '코스모폴리타니즘'이 드러난다면, 이는 당시 중국인이 세계와 중국 및 상하이 사이의 관계를 상상하는 방식으로 보아야 할 것이며 이 관계 속에서 그 구조와 기능 및 의미가 밝혀져야 할 것이다. 사실 시각을 달리해서 보면, '코스모폴리타니즘'이라는 태도도 식민주의의 세계에서 확장된 교류로 인해 발생하는 인식태도 중의 하나로 볼 수 있다. 따라서 이러한 은폐된 식민주의적 관계가 드러날 때 상하이 작가들에게 두드러진 '코스모폴리타니즘'적인 태도도 역사적인 차원을 획득하면서 현실을 설명하는 독특한 논리로 위치지어질 수 있다.

오히려 리어우판 서술에서 도드라진, 탈락된 전지구적 차원 혹은 식민지적 상황은 올드 상하이 노스탤지어의 대중적인 판본에 대한 비자각적인 반영이자, 그 자체가 역사적인 맥락을 배제하고 연구대상을 이상화시킨 노스탤지어적 서술에 경사된 것처럼 보인다. 리어우판 자신도 이를 의식한 듯 중국어판 출간에 맞춰 새로 쓴 서문에서 자신의 연구를 현재 대륙을 풍미하는 노스탤지어적인 풍조와 구분하고 있다.[35] 그러나 이러한 노스탤지어적 정조에 대한 부인은 같은 서문에서 언급한 유년시절의 상하이에서 경험한 매혹과 공포의 기억과 기묘한 불협화음을 이룬다.[36] 매혹과 공포로 기억되는 상하이라는 현대 세계에서

---

35 중국어판 서문에서 리어우판은 자신의 올드 상하이 연구를 노스탤지어 풍조와 분명한 선을 그어 설명한다. 이때 그 이유로 "학술연구에 기반한 상상적인 재구성"이라는 점을 들고 있다. 그러나 이는 노스탤지어 또한 역사적인 사실을 근거로 하여 재구성된 상상이라는 점에서, 의미를 분석하기보다 당시 현실에 대한 사실적인 재연에 무게중심을 실은 그의 연구태도와 그리 달라보이지 않는다. 이와 관련하여 李歐梵, 毛尖譯, 「中文版序」, 『上海摩登: 一種新都市文化在中國, 1930~1945』, 北京大學出版社, 2001, p.4의 진술 참고.

36 "1948년 어린아이였던 나는 인민해방군의 점령을 피해 처음으로 상하이를 방문했다. 그 당시 나에게 강렬한 인상을 준 것은 거리의 자동차와 전기의 네온사인이었다. 또 나는 외할아버지가 거주하시던 호텔의 회전문을 무서워했다.[…] 이런 것들이 상하이의 현대성에 대한 첫 대면이었다!"(Leo Ou Fan Lee, "Preface", Ibid., p. 12.) 중국어판 출간에 맞춰 새로 쓴 서문에서 리어우판은 유년시절 상하이의 현대성이 준 충격적인 경험을 마오둔(茅盾)의 소설 속의 표현을 빌려 서술하기도 했다. "상하이의 빛과 소리, 전기의 세계가 나에게 준 자극이란 마오둔의 소설 『자야』에 등장하는 시골 영감의 그것을 훨씬 뛰어넘는 것이었다." (李歐梵, 위의 책, 3쪽.)

겪은 유년의 체험은 그가 주장하는 '객관적'인 연구 경향을 잠식하며 현대화가 만개한 올드 상하이 도시 문화의 단면을 비반성적으로 부각시키는 결과를 낳은 것이다. 그리하여 그에게 이러한 도시문화는 해석되지 않고 만화경 식으로 재구성되며 이러한 전개 속에서 역사적 조건은 문화적인 면모에 부수적이고 종속되는 요소로 떨어진다.

더 나아가 그의 연구의 차별적인 지점으로 제시된 이른바 '학술연구'에 기반한 상상적 재구성이란, 역사적 조건에 대한 숙고가 빠진 문화적 국면에 기반하여 단독으로 진행됨으로써 오히려 문화상품으로서의 노스탤지어 유행을 이론적으로 합리화하고 확산시키는 근거로 제시되는 결과를 낳는다.[37] 이는 전지구적 자본주의 시대에 올드 상하이 노스탤지어 현상이 부상하는 현실의 문제성을 인식하지 못하고 오히려 그 속에 포박됨으로써 결과적으로 전지구화가 진전되고 있는 현재의 중국 현실을 긍정하고 노스탤지어 정조가 유행하는 현재를 분식(粉飾)하고 있는 것처럼 읽힌다. 리어우판의 상하이 현대성과 식민성/코스모폴리타니즘에 대한 낙관적인 서술은 이러한 전지구화가 만연한 현실을 확증하는 중요한 표상처럼 보이는 것이다.

상하이의 우울, 이질적인 시공간의 유령

올드 상하이 노스탤지어의 붐을 타고 뒤늦게 베스트셀러가 된 왕안이

---

37 장이우도 이와 유사한 지적을 하는데 그는 리어우판의 서술이 '코스모폴리타니즘'이 생존하는 식민주의를 홀시했을 뿐만 아니라 현재의 '상하이 붐'에게 역사적으로 합법적인 표현을 갖게끔 하는 데 일조한 것으로 판단한다. 張頤武, 「全球化與中國想像的轉形」, 『批評家茶座』第一輯, 山東人民出版社, 2003, p.86.

의 소설은 그러나 상품으로서 소비되는 올드 상하이 노스탤지어와는 다른 차원을 갖는 것으로 평가된다. 이는 전국적인 풍조로서 올드 상하이 노스탤지어 현상이 상하이 지역에서 지니는 기능과 관련하여 특별한 의미를 지닌다. 왕안이 소설에서 부상되는 노스탤지어란, 전지구화와 관련되었으면서도 종속되지 않은 지역성의 계기를 드러내며 또, 중국 정부-국가가 추동하는 현대화/전지구화 프로젝트와도 일정 정도 긴장관계를 형성하면서 자본주의의 전지구화와 중국의 현대화 기조에 기반한 기존의 상상의 경계를 침범하고 그 상상 방식을 변경하는 길을 보여 준다.

상하이 출신의 대표적인 여성작가인 왕안이의 『장한가』는 1940년대 자본주의가 개화한 조계지 상하이 말년에 미스 상하이(上海小姐)를 지냈던 왕치야오(王琦瑤)가 사회주의 시대 이래 겪은 편력과 개혁 개방기에 맞이한 죽음의 운명을 세밀하게 묘사하고 있는 소설이다. 이러한 서사의 기조는 소설이 지니는 우울한 색조를 짐작케 한다. 소설은 올드 상하이를 상징하는 인물인 왕치야오가 종결된 부르주아/식민주의 시대의 잔존으로서 사회주의 시기에 이어가는 삶을 그림으로써 노스탤지어를 작동시킨다. 그런데 이러한 노스탤지어가 작동되는 방식과 왕치야오의 죽음을 서술하는 방식에서 소설은 노스탤지어 상품과 차별화되면서 역사적인 의미를 획득한다. 곧 소설은 왕치야오를 통해 올드 상하이를 사회주의 이후의 상하이와 연결시킴으로써, 상품으로서 상하이 노스탤지어가 고립시킨 탈역사화된 공간으로서의 올드 상하이를 역사적인 서사 속으로 복귀시키고 있다. 소설은 명백히 노스탤지어적이되 특별한 차원을 함유하고 있는바, 이 차원은 노스탤지어의 시선을 사회주의 시기로 이동시킴으로써 획득된 것이다. 이렇게 노스탤지어의 변경된 시선은 상하이의 지역성과 관련된 올드 상하이 노스탤지어의 심처를 건드리며 유토피아적인 순간을 드러낸다.

장쉬둥은 왕안이 소설의 노스탤지어를 바로 유토피아적인 차원이 현현하는 순간으로 독해한다. 왕안이의 상하이 노스탤지어 소설들에서 발견하는 것은 소비주의적인 '상상된 노스탤지어' 차원이 아니라, 상하이인이 자신을 보전하고 벼려내는 중요한 상상의 차원을 숨기는 방식이다. 그에 의하면 왕안이의 소설에서 노스탤지어는 도시의 통계 수치가 보여 주는 사회주의 중국의 생산기지라는 현실에 맹목적이지 않게 하는 기제이다. 오히려 소설은 상하이인들이 소비주의와 노스탤지어 속에서 어떻게 자신을 바꾸지 않고 보전했는지를 보여 주는, 중국 당대사에서 이질적인 순간을 기록한 텍스트로 자리 매겨진다. 이렇듯 올드 상하이에 대해 잔존해 있는 노스탤지어는 사회주의 시대 상하이의 시민계급과 일상생활 형식이 국가에 대항하는 성격을 지니게끔 만든다. 왕안이의 소설에서 두드러진 상하이의 계급코드와 세속생활의 세부묘사에서 이 점은 잘 드러난다. 그에 따르면 상하이를 도시로 읽는 데 관건이 되는 것은, 잔류한 실재하는 중간계급문화 및 일상의 영역과 중국사회주의라는 추상 개념 사이를 모순적인 결혼관계로 읽어내는 데 있다.[38]

그리하여 『장한가』는 올드 상하이의 환상과 일상생활에 가로놓여

---

38 張旭東, 「現代性的寓言 : 王安憶與上海懷舊」, 『中國學術』 第3輯, 商務印書館, 2003, pp.132~133.

있는 계급 서사를 냉엄하고 세밀하게 묘사하면서 세속적인 일상생활의 정치함과 번잡함이 역사적인 거대서사를 와해하고 상쇄하는 효과가 있음을 드러낸다. 장쉬둥에 의하면 노스탤지어 정조에 대한 현상학적인 복원은 신화와 같은 과거에 대한 찬양이 아니다. 이는 상하이 시민계급의 현실적인 생활방식에 문학창작과 현실해석의 풍부한 숨결을 불어넣은 것이다. 다시 말하면 왕안이의 소설을 통하여 상하이는 상호시간성으로 꽉 찬 도시로, 그리고 시대와 역사의 구체적인 감각과 생명력을 부여받은 도시로 모습을 드러낸다.[39]

그러나 그에 따르면 이러한 서술은 노스탤지어의 내재적인 공간을 역사경험으로 전환시켰지만, 그것이 현실 속에서 실재하는 훼멸을 통해 굴절되는 양상을 포착한다는 점 또한 주목한다. 곧 개혁개방기에 맞이하는 왕치야오의 죽음(살해)으로 대변되는 전지구화 현실의 습격이 그것이다. 이 국면은 상하이 노스탤지어가 기반하고 있던 지역적 지식의 근간이 붕괴하면서 유토피아적인 측면이 상실되는 순간이다. 그리하여 장쉬둥은 왕안이의 노스탤지어 소설을 사회주의하에서 쇠락을 증거했던 '현재인'에 대한 추억이자 마오쩌둥 시대에 성장한 동시대인을 위해 쓴 만가(輓歌)로 규정하며 현실적인 긴장을 읽어낸다.[40]

사회 기억을 보유한 올드 상하이에 대한 노스탤지어는 현대화나 전지구화 담론에 순응하거나 일방적으로 종속된 노스탤지어 혹은 국가와 자본에 의해 추동된 노스탤지어와 다른 역사적 시간대를 진술함

---

39 張旭東, 앞의 글, p.144.
40 張旭東, 앞의 글, p.160.

으로써 노스탤지어로써 노스탤지어가 구축하려는 현실에 저항한다. 그런데 이러한 특정한 시공간을 편력하는 상하이 노스탤지어는 전지구화의 현실 앞에서 무력화되고 사멸되는 운명을 맞이한다는 점은 최근 유행하는 노스탤지어 사조와 관련하여 시사하는 바가 있다. 상하이 노스탤지어의 관점에서 장쉬둥에 의해 고평된 왕안이 소설의 이질적인 순간들이란, 지역성과 국가, 전지구적 자본주의 상황을 올드 노스탤지어 현상의 유행과 관련하여 다시 사고하고 되짚게 하는 장력을 지니고 있다.

4. 상하이 노스탤지어, 어떤 지역주의인가

그렇다면 이러한 지역적인 지식과 역사에 관한 노스탤지어 현상은 전지구화된 현실과 관련하여 어떠한 문제를 지니고 있는가.

지역의 관점에서 사회주의 시대에 자본주의와 관련된 기억을 보유함으로써 유효성을 지녔던 유토피아적인 순간의 기억은, 현대화를 추진하는 국가에 의해 국가적인 노스탤지어로 포장되고 상하이가 초국적 기업의 영토가 됨으로써 긴장을 상실한다. 다른 시간대의 기억을 보유하고 있는 공간은 국가주의와 자본주의의 동질화하는 시간성에 의해 변형되고 개조되며 지역적인 이질성은 전지구화의 (재)지역화라는 새로운 역학 속에 포섭되어 들어간다.[41] 이 시섬에서 노스탤지어는

---

41 전지구화와 (재)지역화의 역학에 대해서는 다음을 참고. David Morley and Kevin Robins, *Spaces of Identity*, London: Routledge, 1995. 이와부치 고이치, 『아시아를 잇는 대중문화』, 히라타 유키에 외 옮김, 또 하나의 문화, 2004, 55쪽에서 재인용.

중국을 상하이로 지역화함으로써 전지구화 과정에 편입시키는 기제로 작용하고 있다. 사회주의 시대 장력을 발휘했던 상하이의 이질적인 시공간 경험은 그 내용이 식민지-부르주아 세계에 관한 것인 만큼 전지구화시대에 특별한 힘을 보여 주지 못한다. 오히려 이러한 식민지-부르주아 세계에 대한 향수는 전지구화 과정을 합리화시켜 주는 정서적인 힘으로 작용한다. 위에서 살펴본 상하이 노스탤지어의 축조 과정과 이에 대한 분석들은 상하이 노스탤지어 현상이 갖는 글로벌 - 로컬의 역학을 보여 주는데 곧 전지구화 시대를 맞이하여 상하이의 지역적인 지식은 현실에서 무력화되며 전지구화 과정과 적극적으로 결합되거나 혹은 편집, 개조되고 있다.

초국적 자본과 국가 - 지방정부에 의해 조리되는 노스탤지어 현상은 앞서 언급했던 상하이 '신천지(新天地)'의 개조 프로젝트에서 극적인 표현을 얻는다. 민중들의 거주지인 스쿠먼(石庫門)을 외관만 남긴 채 내부를 완전히 개조하여 고급 소비공간으로 탈바꿈시키는 과정은, 이러한 전지구화에 작동하는 지역적인 지식이 맞이한 문제를 잘 보여 주고 있다. 상하이의 주민들은 이곳에서 자신들의 기억을 찾지 못하고 소외된 채 상품으로서 소비하는 법을 익힌다. 이 공간은 타자의 시선으로 창조된 노스탤지어 세계로 지역의 주민들은 이 창조과정에서 배제된다. 민중들의 거주지인 '스쿠먼'이라는 지역적인 지식은 이렇게 재개입된 노스탤지어에서 문화 차이를 표시하는, 빠질 수 없는 장식으로 전락하는 역할을 하고 있다.

이는 아리프 딜릭이 비판한 '후기 자본주의 이데올로기의 절합으로서 지역주의' 형태라 할 만한 것이다.[42] 상하이 노스탤지어의 낭만주의적인 전개는 오히려 자본주의 발전의 새로운 국면과 관련되는 동시에 새로운 종류의 헤게모니적 국민주의 갈망과 연관된다. 이때 올드 상하이는 현대화와 자본주의 극성기로 상기되지만 이는 되돌아갈 수 없는 과거의 이미지로서, 시간적인 격차를 지닌 공간으로 표상되는 것이다.[43] 따라서 상하이 노스탤지어는 익숙한 과거로 돌아가기를 갈망하는 것이 아니라 과거의 '이미지'와 특별한 관계를 맺고 있는 미래로 진입하기를 소원하는 것임이 분명하다.[44] 상하이 노스탤지어는 자신의 기억을 보전하는 것이 아니라 특정한 재생산을 통하여 방축하는 과정 속에서 새로운 미래를 구축한다.

이러한 현상 속에서 아리프 딜릭이 언급했던, 지역적인 것을 유산이 아닌 하나의 기획으로 삼고 정립한 바 있는 '비판적 지역주의'란 가능할까. 왕안이의 상하이 노스탤지어 서사에서 순간적으로 빛났던 바대로 노스탤지어의 유토피아적인 면모를 문제적인 현실과 연관지어 사회적인 모순들의 작동과정에 위치짓는다면 그 가능성은 닫혀 있는 것만은 아닐지도 모른다. 그러나 이때에도 상이한 지역성이 전지구적 자본의 수중에 볼모로 잡히는 상황에 대한 고려가 수반되어야 하며 따

---

42 Arif Dirlik, "The Global in the Local", *The Postcolonial Aura: Third World Criticism in the Age of Global Capitalism*, Westview Press, 1998, p.98.

43 니원젠 등은 바이셴융(白先勇)의 『타이베이 사람들』을 분석하면서 현대성의 상하이와 반현대성 상하이 상상 사이에 가로놓인 노스탤지어의 균열을 세심하게 지적하고 있는데 사실 그의 지적은 올바르긴 하지만 이러한 양자간의 역관계에 대한 해석을 놓침으로써 양자 가운데 전지구적 사건으로서 노스탤지어를 강조하는 평면적인 지적에 그치고 만다. 倪文尖外, 「"上海熱"與華人世界的現代化敍事」, 『視界』 第5輯, 2002.

44 包亞明等, 『上海酒吧: 空間, 消費與想像』, 江蘇人民出版社, 2001, p.138.

라서 지역횡단적(translocal)인 행동과 의식이라고 하는, 횡적으로 확장된 사고가 동시에 작동되어야 할 것이다.

2장 식민도시 연구방법은 있는가

1. 20세기 초 상하이 도시문화성격 논쟁

이 장에서는 이천년 대를 전후하여 부상한 중국 도시문화의 모더니티의 성격을 둘러싼 논쟁을 재구성하면서 이 논쟁이 의미하는 바가 무엇인지를 구명하고자 한다. 이 논쟁의 주요한 논점 중 하나는 20세기 초 중반에 개화한 상하이 도시 문화를 어떻게 볼 수 있는가 하는 것이었다. 20세기 초 상하이는 통시적으로 공시적으로 모두 문제적인 공간이었다. 이천년 대를 전후하여 세계에 굴기(崛起)한 상하이에 올드 상하이 노스탤지어 붐이 휩쓸고 있던 상황은 이 공간의 문제성과 복합성을 잘 드러내 주는 대표적인 사례 중의 하나이다. 이렇듯 상하이는 자본주의와 사회주의, '사회주의 시장경제' 등의 이데올로기와 그 현실이 복잡다단하게 교차하면서 겹쳐진 역사적 궤적을 안고 있는 도시이다. 다른 한편, 20세기 초 상하이의 역사와 경험을 어떻게 규정할 것인가, 라는 질문의 이면에는 이 역사가 독특한 것인가 보편적인 것인가라는 또 다른 논쟁의 축이 놓여 있다. 상하이 도시문화연구 스펙트럼이 모더니티나 식민주의뿐만 아니라 이를 능가하여 코스모폴리타니즘과 반식민주의의 질문까지 포괄하고 있는 사정은 상하이 역사의 복잡다단한 역사적 궤적과 무관하지 않다.

20세기 초의 도시 문화는 동아시아 학계의 공통된 관심사 중의 하나이다. 1990년대 초 현실 사회주의권의 몰락과 이에 대한 성찰은 근대의 시작과 관련된 모더니티에 대한 관심으로 옮아 갔다. 포스트모더니즘의 공세 속에서 모더니티를 발본적으로 검토하는 연구가 대두했고 이 가운데 동아시아의 식민지 현실을 재조명하는 연구 경향이 일어났다. 그동안 일국사의 관점에서 식민지 수탈론 혹은 반제반봉건론[1]이라는 거대 담론 속에 묻혀 있던 식민지 시대 연구는 이때부터 주체의 경험과 일상의 문제라는 구체적인 현실에 주목하기 시작했다.

이천년 대를 전후하여 상하이 도시 문화에 대한 관심의 확대는 추상적이거나 거시적으로 이 시기를 규정하는 기존의 개념적인 접근과는 다른, 구체적인 식민지 일상의 문화와 경험과 감각이 주요한 연구 주제로 떠오르게 된 국내외 연구 지형의 변화와 무관하지 않다.[2] 모더

---

1 식민지 수탈론은 동아시아 역사학계에서 식민지 시대를 서술하는 공통되는 기본적인 시각이었다. 한국의 경우 김용섭과 신용하의 저서를 참고. 김용섭, 「收奪을 위한 測量−土地調査」, 『韓國現代史』 4, 신구문화사, 1969; 신용하, 『朝鮮土地調査事業硏究』, 지식산업사, 1982. 한편 중국의 경우 반제반봉건론이 마오쩌둥에 의해 제기된 이래 공식적인 역사기술의 기본적인 관점으로 확립됐다. 이 논의를 수용하여 기술된 문학사로 왕야오의 저술을 참조하라. 王瑤, 『中國新文學史稿』, 上海文藝出版社, 1951.
2 이는 문화연구의 부흥과 맞물리는 연구의 선회이기도 하다. 한국의 경우 김진송, 권보드래, 천정환의 저술과 중국의 경우 Leo Ou Fan Lee의 저술을 초기의 대표적인 연구로 거론할 수 있다. 김진송, 『서울에 딴스홀을 허하라: 현대성의 형성』, 현실문화연구, 1999; 권보드래, 『연애의 시대: 1920년대 초반의 문화와 유행』, 현실문화연구, 2003; 천

니티의 유력한 출발지 중의 하나로서 식민지 시대는 지금 현재를 재규정하는 유력한 참조체계로 떠올랐다. 이 과정에서 이전 식민지 시대 규정에서 초점이 맞춰졌던 반제의 과제와 연관된 식민성의 문제는 흐려지고 모더니티에 보다 더 집중하게 되는 상황이 전개됐다. 무엇이 현대적인가, 무엇이 우리를 현대적으로 만들었나, 이 속에서 대안을 발견할 수 있는가라는 질문 속에서 식민성의 문제는 적절한 위치를 찾지 못하고 배경처럼 처리되거나 시야 바깥으로 사라졌다. 20세기 초 동아시아 문화현실을 묘사하거나 재현하는 대부분의 연구들은 일상과 경험이 어떻게 전개됐는지를 세부적으로 묘사하는 데에 집중했다. 그 가운데 모더니티적인 면모가 부각되고 식민성의 문제는 주목받지 못한 것이 이천년 대 전후에 동아시아를 가로질러 부상한 식민지 도시 문화 연구의 현실이었다. 식민지 시대를 규정했던 기존의 개념들과 이론들은 모더니티 일상과 경험의 다양한 재현 가운데 미처 질문되지 못하거나 억압되었다.

그런데 구미의 중국학계의 경우 동아시아의 다른 국가에서와는 다르게 모더니티 현실에 대한 재현 너머 이 시대를 어떻게 규정할 수 있을지 이론적이고 추상적인 관점에서 문제제기하는 담론이 단편적으로 제기된 바 있다. 추상적인 개념 규정 아래 가려졌던 모더니티 현실을 발굴하고 재현하는 데 초점이 모아졌던 동아시아의 각국 학계의 흐름과 같이 하면서 다른 한편에서는 이 추세를 거스르는 추상적이고

정환, 『근대의 책읽기』, 푸른 역사, 2003; Leo Ou Fan Lee, *Shanghai Modern*, Harvard University Press, 1999.

거시적인 이론적인 수준의 접근이 행해졌다는 것은 동시대 모더니티 담론에 비춰봤을 때 특이한 지형이라고 할 수 있다. 그렇다면 이러한 동아시아의 각국 학계의 추세와 대별되어 가해졌던 중국 도시문화 시대 규정은 무엇이며 이것이 의미하는 바는 또 무엇일까. 그리고 이는 어떤 맥락에서 제기된 것일까.

동아시아의 다른 국가 연구 경향과 달리 구미의 중국학계에서 식민지 시대 규정 논의가 등장한 배경에는 추상적인 개념 규정에 익숙한 중국 학계의 관습이나 이론적인 논의가 강한 구미의 중국학계의 특성도 반영됐지만 이보다 중요하게는 중국의 전지구적 자본주의와의 접궤(接軌) 시대에 모더니즘이 뒤늦게 도래한 사정과 밀접한 관련이 있다. 구체적으로 보자면, 1990년대 중국에서 모더니티 논의는 문학과 문화에서 모더니즘 재평가라는 문제와 겹쳐져 진행되었다. 좌파와 맑스 레닌주의 문학 전통의 확립에 바쳐진 기존 현대문학사 기술[3]에 대한 문제제기가 시작된 1980년대 이래, 특히 1990년대 이후에 모더니즘 작가와 작품이 본격적인 평가를 받기 시작했기 때문이다.[4] 이들 새로운 문학사 서술은 계몽의 과제와 세계문학과의 조우라는 현대주의

---

3 대표적으로 앞에서 언급한 왕야오의 문학사 서술을 참고할 수 있다. 王瑤, 앞의 책.

4 1980년대 제출된 '20세기중국문학(二十世紀中國文學)' 개념과 '문학사다시쓰기(重寫文學史)' 구호는 공히 계몽의 과제와 세계문학과의 접궤라는 현대주의의 성취를 문학사 서술의 가장 중요한 지표로 삼았다. 이에 따라서 좌파전통의 문학이 저평가되고 모더니즘 작가들이 문학사 지면에 새롭게 등장했다. 1980년대 중후반에 이는 개념으로 제출됐다면 1990년대 이후에는 관련 유파와 개별작가들이 현대문학사에서 거론되기 시작했다. 새롭게 조명받은 대표적인 작가로 선충원(沈從文), 장아이링(張愛玲), 스저춘(施蟄存), 첸중수(錢鍾書) 등을 거론할 수 있다. 錢理群, 陳平原, 黃子平, 『二十世紀中國文學三人談』, 人民文學出版社, 1988; 陳思和, 『中國新文學整體觀』, 上海文藝出版社, 1987; 嚴家炎, 『中國現代小說流派史』, 人民文學出版社, 1989.

(現代主義)의 성취를 가장 중요한 성취 지표로 삼았다. 이 속에서 식민지 시대에 대한 문학계의 관심은 반제와 관련된 식민성의 문제보다 모더니즘과 모더니티 문제에 더 모아졌다. 사회주의 경험 속에서 20세기 초반의 모더니즘 수용을 어떻게 봐야 하며 이를 중국 역사에서 어떻게 위치지어야 하는가 라는 질문은 모더니티가 무엇인가라는 더욱더 궁극적인 질문과 동시에 중국에 도착한 것이다. 실제로 모더니즘 작가의 문학사 등재 여부를 둘러싸고 문학장에서는 이데올로기 투쟁이 벌어지고 있었으며 이 속에서 모더니티 문제가 '더불어' 논의되고 있는 형국이었다. 사실 모더니즘 논의 깊숙이 들어간다면 다른 지역에서 진행되고 있듯이 모더니즘과 식민성/제국성의 문제 혹은 모더니즘과 현실과의 연관 문제 등 좀 더 예각적인 문제를 논의할 수 있겠지만[5] 모더니즘 작가의 문학사 등재 여부에 관심이 쏠린 중국의 상황에서는 모더니즘 문제를 비판적으로 분석하는 문제로 나아가지는 못했다. 또, 상하이와 중국의 복잡한 식민지 국면이 모더니즘을 수세적으로 해석하게 했던 측면도 존재했다. 모더니즘에 비우호적인 정치 문화적 환경이 때로는 중국 문학과 문화 분석 지형에서 모더니즘의 옹호로 드러나기도 했다. 모더니즘과 모더니티의 이 같은 이중적 공세 속에서 기존 현대사 서술의 중심을 차지했던 식민성에 대한 문제의식은 대대적으로 약화된다.[6] 그런데 중국학계에서 이루어진 모더니즘에 대한 주목은 식민

---

5 이 관계를 다룬 대표적인 글로 다음을 참고. Fredric Jameson, "Modernism and Imperialism", Terry Eagleton, Fredric Jameson, Edward Said, *Nationalism, Colonialism, and Literature: Modernism and Imperialism*, University of Minnesota Press, 1990.

6 이와 더불어 모더니티의 문제 구도 속에서 식민성의 소실은 식민성 자체의 강력한 비가

성의 문제의식의 약화에 그친 것이 아니라 식민성과 모더니티의 벡터를 훨씬 뛰어넘는 새로운 지평의 개념들을 제시하고 있다는 점에서 흥미롭다. 모더니즘과 모더니티에 대한 이중적인 탐색과 질문 속에서 제기된 개념들이 새로운 사상의 돌파구를 짚어낼지 아니면 낡은 개념의 재연에 그칠지 점검해 볼 필요가 있다.

이와 관련된 대표적인 개념으로 리어우판(Leo Ou-Fan Lee, 李歐梵)에 의해 제출된 '코스모폴리타니즘(cosmopolitanism)'과 스슈메이(Shu-mei Shih, 史書美)에 의해 제기된 '반(半)식민주의(semicolonialism)' 개념을 거론할 수 있다.[7] 이러한 개념들은 1990년대 중후반에 타니 발로우(Tani E. Barlow) 등에 의해 제출된 '식민지 모더니티(colonial modernity)'라는 문제틀과 은연중에 대치하면서 식민지 문화현실을 가늠하는 새 시각으로서 등장했다.[8]

그동안 이 개념들이 도시 문화 연구에서 어떤 위치를 점하고 있는지 전체적인 관점에서 조명하는 연구는 드물었다. 더구나 동아시아 도

시성이라는 성격으로 인하여 빚어진 측면도 있다. 이는 식민지 근대 문화 구성과 관련된 보다 복잡한 문제이다. 이와 관련한 상세한 서술로 2부 2장을 참고할 수 있다.

7 Leo Ou-Fan Lee, *Shanghai Modern: The Flowering of a New Urban Culture in China, 1930~1945*, Harvard University Press, 1999. Shu-mei Shih, *The Lure of the Modern: Writing Modernism in Semicolonial China, 1917~1937*, University of California Press, 2001. 용어 표기와 관련하여 이 글에서 자주 등장하는 'semicolonialism'은 아래에 '반식민주의'로 표기를 통일한다. 'anticolonialism'의 경우 '반(反)식민주의'라고 한자와 병기하여 표기한다.

8 '식민지 모더니티' 담론은 타니 발로우 등에 의해 제기된 바 있다. 이에 대해서는 다음 저서들을 참고. Tani E. Barlow, *Formation of Colonial Modernity in East Asia*, Duke University Press, 1997; ed. Gi-wook Shin, *Colonial Modernity in Korea*, Harvard University Asia Center, 2001(신기욱, 마이클 로빈슨 엮음, 『한국의 식민지 근대성』, 도면회 옮김, 삼인, 2006).

시문화연구의 관점에서 이 개념들이 독특한 각도에서 제기되었다는 것을 인지하고 그 의미와 위치를 재평가하는 연구는 거의 없었다. 이 글은 이들 개념이 모더니티 담론과는 별도로 혹은 그것과 느슨한 관계 속에서 제기됐다기보다 동아시아의 식민도시의 기능과 성격을 전면적으로 재조정하는 논의로서 제기되었다는 관점을 취한다. 이천년대 전후 주도적인 연구 경향이었던 모더니티 담론 구도에 도전하는 논쟁적인 성격을 갖고 있던 것으로 재평가하면서 이 논의의 구성 과정을 비판적으로 검토하고자 한다. 이를 통하여 모더니티 논의의 갱신이 이루어질 수 있는지 그 가능성을 탐색하고자 한다.

2. 모더니티의 지평과 모더니즘의 역습

'코스모폴리타니즘' 론의 개시

상하이의 도시 문화에 대한 소묘와 그 성격 문제를 본격적으로 제시한 연구자는 리어우판이다. 1999년 미국에서 출간된 『상하이 모던』은 상하이라는 도시 공간을 문학 영역 너머 문화와 일상의 지평으로 확산시켜 다룬 최초의 저서라는 점에서 기념비적인 저서라고 할 수 있다.[9] 『상하이 모던』은 출판과 영화, 문학 등의 미디어 장을 종횡무진하고 도시 공간의 지도를 다시 그리면서(remapping), 화려했지만 사회주의시기에 억압됐던 상하이의 문화와 일상의 공간을 만개시킨다. 출간된 지

---

9 리어우판의 저서는 출간 직후 세계 각국에서 주목을 받았으며 한국과 중국에서도 번역본이 출간됐다. 李歐梵, 毛尖譯, 『上海摩登』, 北京大學出版社, 2001; 리어우판, 『상하이 모던』, 장동천 외 옮김, 고려대학교출판부, 2007.

수십여 년이 지난 지금 되짚어보자면 이 저서의 의미는 모더니즘 문학론의 집대성이자 종착역이면서 모더니티 논의의 출발선이라는 점에서 찾을 수 있다.[10] 1990년대까지도 이데올로기적인 이유 때문에 다루기가 조심스러웠던 모더니즘 문학을 최대한의 성량(聲量)으로 뽑아낸 절창이며 이 절창이 모더니티 공간에 대한 개괄적인 스케치와 결합하여 입체적으로 되살아났다는 점에서 공헌이 있다고 할 수 있다. 이 때문에 리어우판이 그려낸 조계지 상하이의 도시 공간과 미디어 공간들은 갈등과 충돌의 그림자가 없이 빛나는 공간이 될 수 있었다. 이는 주류 문학사 서술의 모더니즘에 대한 무언급 혹은 폄하에 맞서서 모더니즘을 옹호하고자 하는 강력한 의지의 소산이라 할 만하다.

그러나 1999년이라는 책의 출간 시점은 중국에서 시장 체제 도입의 성과가 가시화되고 다른 한편 상하이 노스텔지어가 붐을 이루고 있는 상황과 맞물린다. 개혁개방기 중국의 사회적 상황과 관련지어 판단했을 때 이 저서의 출간은 사회주의 하의 현실주의 대 모더니즘이라는 구도가 전환되거나 무너지는 전환기의 산물이라고 할 수 있다. 역으로 말하면 전환기의 아슬아슬한 경계가 모더니즘과 모더니티에 대한 찬사에 바쳐진 이 저서의 탄생을 도왔다고 할 수 있다.

그런데 리어우판의 모더니즘 문학론은 단순한 문학적 구제를 넘어 상하이 문화의 성격을 '코스모폴리타니즘'으로 규정하는 근거로 작

---

10 그런 점에서 개혁개방의 최대 수혜지인 상하이에서 성과가 가시화되던 1990년대 말에 이 책이 출간된 것은 이 책의 운명과 성격을 결정지었다고 할 수 있다. 이 책을 쓰게 된 계기는 1980~1990년대 중국 학계의 사정과 무관하지 않은데 이에 대해서는 저자의 『상하이 모던』 한국어판 서문을 참조하라.

용했다. 비평적 논의를 이론적으로 재구성하는 시도를 하는 책의 3부에서 리어우판은 조계지 상하이에서 모더니티 장(場)의 형성과 모더니즘 작가에 대한 분석을 한 결과 이들에게는 식민주의 기제가 영향을 미치지 않았다는 결론을 내린다. 그에 따르면 피식민지인인 상하이의 중국작가들은 스스로를 식민 지배를 받는 '타자'로 간주한 적이 없다. 반대로 서구 이국풍에 대한 열렬한 수용은 오히려 중국작가가 서구 문화를 '타자'로 치환했기 때문에 가능했던 것으로 본다.[11] 이러한 입장에서 리어우판은 상하이의 중국 작가들이 서구 문화를 수용한 현상을 식민지 모방이라기보다 일종의 중국적 코스모폴리타니즘의 표현으로 본다.[12]

리어우판의 코스모폴리타니즘 개념에 대한 비판은 다수 이뤄진 바 있을 뿐만 아니라 그 비판의 지점도 대체로 일치하므로 여기에서 이를 반복할 필요는 없을 것 같다.[13] 다만 도시성격논의를 재론하는 이 글의 주제와 관련하여 리어우판의 논의에서 코스모폴리타니즘 개념의 입지가 의외로 취약하다는 것을 간단히 지적하고 넘어가자. 그의 글은 식민권력이 엄연하는 조계지 상하이에서 식민권력이 왜 작동하지 않는 것처럼 보이고 코스모폴리타니즘적인 태도가 왜, 어떻게 구

---

11 리어우판, 앞의 책, 487쪽.
12 리어우판, 앞의 책, 493쪽.
13 리어우판 연구에서 식민주의 삭제에 대해 비판적으로 검토한 연구로 본서의 1부 1장을 참고할 수 있다. 리어우판은 2007년에 출간된 한국어판의 서문에서 출간 이후 중국의 '좌파'와 중국 국내외 학자들에게 비판받은 사정을 설명하고 이에 대한 해명을 시도하고 있다. 비판은 △'소자산계급'의 읽을거리 △ 중국정부의 주류 이념에 대한 '대변자' 역할 △ 상하이의 빈곤층과 궁핍한 세계를 고려않고 아름답게 묘사한 점 등에 집중된다. 이에 대해서는『상하이모던』의 한국어판 서문 12~13쪽을 참고.

축됐는지 그 과정에 대해 초점을 맞추지 않는다. 이는 식민주의에 대한 반대급부로서 중요한 태도로 언급되고 있을 뿐이다. 코스모폴리타니즘은 기존의 주류적인 시대 규정이었던 식민지 수탈/저항의 이분법적 모델에 근거한 식민주의 구도를 전격적으로 거부하면서 들여온 개념이다. 코스모폴리타니즘은 상하이 작가들이 '타자'도 아니요 '모방'도 하지 않았다는 논의의 유력한 근거로서 거론되고 별도의 상세한 설명을 수반하지 않는다. 리어우판은 이 문제를 기존의 식민주의 모델로 설명할 수 없었기 때문에 코스모폴리타니즘이라는 바깥의 개념을 가져온다. 곧 그는 모더니즘 작가들의 태도('코스모폴리타니즘')를 사태의 결과로서 설명하는 것이 아니라 원인으로 간주하고 이로써 설명을 대체하는 방식을 취한다. 그에게, 문제적인 식민지 수탈/저항의 구도는 이렇게 초월되고 우회된다.

　코스모폴리타니즘적인 태도란 이것이 어떻게 출현했는지 그 과정은 별반 중요하지 않은 '탈역사적'인 맥락에서 제기된 것이다. 만약 작가들의 이러한 태도가 역사적으로 어떻게 구성됐는지 그 과정에 좀 더 초점을 맞춰 천착했더라면 리어우판의 논의는 역사성을 획득할 수 있었을 것이다. 그러나 식민주의와 본격적인 대결을 회피한 채 이 존재를 부정하면서 리어우판의 코스모폴리타니즘 논의는 부상했다. 어떤 의미에서 리어우판의 코스모폴리타니즘 입론은 탈냉전 시대 모더니즘과 리얼리즘의 해묵은 대결 구도를 가장 새것의 현대적인 의상으로 덧입혀서 재연한 논의에 지나지 않는다고 할 수 있다. 코스모폴리타니즘 논의는 아직 식민도시 논쟁의 심연에 가닿지 않고 가장자리를 맴돌고 있다.

'반(半)식민주의'라는 특성

리어우판의 텅 빈 코스모폴리타니즘 개념을 진전시킨 논의는 스슈메이의 『모던의 유혹』에서 발견된다.[14] 스슈메이의 논의는 리어우판이 제기한 중국적 특색의 식민지 시대론의 문제의식을 연장하여 확대하고 있다고 할 수 있다. 리어우판이 코스모폴리타니즘 개념을 탈역사적으로 규정했다고 한다면 스슈메이는 현대중국의 문학생산을 '반식민주의'라는 역사적 조건과 결부지어 설명한다. 그에게 '반식민주의'는 현대중국의 특이한 문학생산 구조를 설명하기 위한 유력한 역사적 조건에 다름 아니다. 중국은 체계적으로 식민화된 적이 없으며 중국어를 보전(保全)했기 때문에 기존의 '식민주의' 개념과는 맞지 않는다고 판단하여 '반식민주의'라는 새로운 개념을 제기한다. 여기에서 '반(semi)'이란 식민지 구조가 불완전하고 파편적인 특성을 지녔다는 사실뿐만 아니라 다층적(multiple)하고 중층적(layered)인 특성을 가졌다는 것을 가리킨다.[15] 곧 식민주의가 균열되고 비공식적이며 간접적이라는 것을 지시하는 것이다.[16] 스슈메이는 비공식적인 식민구조가 문화적인 저항의 근거를 약화시켰고 이로 인해 반(反)식민주의 담론이 발전하지 못했다고 본다. 그리하여 작가들이 제국주의에 대해서도 양가적(ambivalent)이고 이질적(heterogenous)이면서 개방적인 태도를 취하게 만들었다고 본다. 따라서 중국의 모더니스트는 '식민지의

---

14 Shu-mei Shih, *The Lure of the Modern: Writing Modernism in Semicolonial China, 1917~1937*, University of California Press, 2001.

15 Shu-mei Shih, *Ibid.*, p. 34.

16 '반식민주의'는 스슈메이도 밝히고 있듯이 레닌과 마오쩌둥의 용어이다. 쑨원은 이와 관련하여 '차(次)식민주의'라는 용어를 썼다.

서구(the colonial West, 중국 내 서구 식민자의 문화)'와 '메트로폴리탄 서구(the metropolitan West, 서구의 서구문화)'로 분화하는 문화적인 상상 실천 혹은 전략을 구사할 수 있었고, 이 분화 전략 가운데 식민지 현실이 아니라 먼 메트로폴리탄 중심에 투사하는 코스모폴리타니즘에서 비전을 찾을 수 있었다는 설명이다.[17]

스슈메이도 리어우판과 유사하게 상하이 모더니스트들의 코스모폴리탄적이고 서구문화에 개방적인 태도에 관심을 가지고 있다. 그러나 역사적, 현실적 조건과 무관하게 상하이 작가의 코스모폴리타니즘이 태도로서 가능했다고 보는 리어우판과 달리 스슈메이는 이를 '반식민주의'라는 역사적 조건에서 산생한 것으로 설명한다. 스슈메이는 리어우판이 역설적으로 온존시켰던 수탈/저항의 식민주의 모델을 선택하지 않고 이와는 다른 틈을 가진 '반식민주의'라는 모델을 채택하여 정교화하고자 한다. 스슈메이에게서 '반식민주의' 개념은 코스모폴리타니즘과 서구 문화의 수용을 특권적으로 설명하는 핵심적인 개념이면서 중국의 식민지 시대 사회와 문화 구조의 특이성(singularity)을 주장하는 근거이기도 하다.

그런데 이 개념은 영국-인도의 모델을 식민주의 모델로 '실체화'하여 도출됐다는 점에서 수탈/저항 담론을 재구성하는 결과를 낳지 못하며 오히려 이 모델을 영구화하는 효과를 발생시킨다.[18] 스슈메이

---

17 Shih Shu-mei, *Ibid.*, p. 36.
18 그런데 리어우판과 스슈메이가 식민주의 모델을 다루는 방식은 다르지만 결과적으로 기존의 식민주의 모델을 강화한다는 점에서는 동일하다. 방식의 차이를 거론하자면 리어우판은 영국-인도의 식민주의 모델을 외면함으로써 이 모델을 추후적으로 인증하고 있다고 한다면 스슈메이는 이 구도를 실체함으로써 이와는 다른 모델을 구축할 수 있었

에게 영국-인도 모델은 절대적이고 보편적인 가치를 지닌 식민주의 모델인 것이다. '식민주의'는 영토 점령에 의한 공포와 강요에 의해 통치됐고 이러한 공식적인 식민권력의 존재가 저항을 필연적으로 산생시킨다고 보는 관점, 그리고 이때 저항의 유일한 거처를 자국 문화에서 찾는다는 인식 모두 인도의 식민주의 모델을 식민주의 모델의 전형으로 절대시했기에 빚어진 것이다.[19] 영국-인도 모델을 절대화하는 관점의 배경은 좀 더 복합적인데, 이는 서구중심주의적인 시각의 발로이자 또한 서구중심적인 관점에서 진행된 '해석'을 절대시했기에 발생한 일이기도 하다. 곧 영국-인도 식민주의에 대한 '전통적'이고 '정통적'인 해석을 기준으로 삼아서 이와는 다른 시각에서 중국 모델을 제시한 것이다. 따라서 식민주의나 서구 중심주의적인 시각에 대한 발본적인 재검토에서 출발하여 식민주의의 전개양상을 분석했다면 이와는 다른 결론이 도출됐을 것이다.

영국-인도의 식민주의 모델이 실제로 스슈메이의 설명대로인지는 차치하더라도[20] 같은 지역인 동아시아의 식민주의 모델인 일본-조

다고 할 수 있다.

19 Shih Shu-mei, *Ibid.*, pp. 372~373.

20 인도의 식민지 연구와 관련하여 최근 떠오르는 문제 중의 하나는 서구의 모더니티에 대해 전통으로의 복귀를 옹호하는 방식이 아닌 다른 방식으로 어떻게 저항할 수 있을 것인가 하는 것이다. 인도 출신의 포스트콜로니얼 이론가인 난디(Nandy)는 그 해답을 모더니티에 관한 변증법적 견해에서, 젠더와 혼성성의 문화횡단들이 갖고 있는 변혁적 잠재력을 통한 대항-모더니티의 창출에서 찾고 있다. 또, 간디의 '반근대'적 민족주의 사상도 급진적인 문화적 절충주의로 해석하는 관점이 있다. 이와 관련한 언급으로 다음을 참고. 로버트 J. C 영, 『포스트식민주의 또는 트리컨티넨탈리즘』, 박종철출판사, 2005, 606쪽. 인도에서의 식민주의 재론에 대해서는 이 책의 22장과 23장 인도 관련 내용을 참고.

선의 경우와 비교해 봤을 때 상하이의 '반식민주의'적인 차별성이 여전히 적용되는지는 따져볼 필요가 있다. 일본-조선의 식민주의 모델에서 상하이의 '반식민주의'와 유사한 상황이 전개된다면 '반식민주의' 모델은 재고되어야 할 것이다. 왜냐하면 영토 피점령과 언어 강요 등 스슈메이가 상정한 '식민주의' 모델에 일본-조선의 식민주의도 맞아떨어지기 때문이다. 만약 이것이 스슈메이의 반식민주의론과 다르지 않다는 것이 밝혀진다면 반식민주의론은 전면적으로 재검토되어야 한다.

영토 피점령과 언어강요 등 스슈메이의 '식민주의' 모델에 잘 들어맞는 식민지 조선의 경우 1920년대부터 일본 제국주의의 지배 방식에 변화가 일어났다는 것은 잘 알려진 사실이다. 식민주의의 통치방식은 '동화정책' 등을 추진하는 문화적인 통치로 '전환' 혹은 '진화'하고 있었고 이는 다름 아니라 효과적인 통치를 위해서라는 점 또한 주목해야 한다.[21] 더 나아가 스슈메이가 문제 제기한 시기와 비슷한 때 진행되었던, 식민지 시대의 수탈과 저항의 이분법을 재고하려는 한국 역사 연구 작업은 일정한 시사점을 준다. 윤해동은 수탈과 저항이라는 민족주의 잣대로 기획된 이분법에서는 포착하기 어려운 일상적 저항의 범주에 주목하면서 저항과 협력이 대립적이지 않다는 주장을 전개한다.[22] 저항/친일의 이분법은 저항의 범위를 부당하게 축소하고 다른 한

---

21 관련하여 다음 논문을 참고할 수 있다. 이지원, 「1920~30년대 日帝의 朝鮮文化 支配政策」, 『역사교육』 75집, 2000.
22 윤해동, 「식민지 인식의 '회색지대'」, 『식민지의 회색지대』, 역사비평사, 2003, 45쪽. 아래 윤해동의 인용쪽수는 논문이 재수록된 다음 책에서 가져온 것임을 밝힌다. 윤해동, 「식민지 인식의 '회색지대'」, 『근대를 다시 읽는다1』, 역사비평사, 2006.

편 저항과 친일을 직접 대응시킴으로써 식민지기 정치사의 부재로도 운위될 수 있는 정치사의 빈약함을 초래했다고 본다.[23] 이를 통해 윤해 동의 관련 연구는 일상적 저항의 범주를 통해 식민체제에 대한 저항의 의미를 확대하고 친일 개념을 협력 개념으로 전환함으로써 항상적으로 동요하면서 저항과 협력의 양면적인 모습을 가지고 있던 회색지대의 모습을 확인하고 있다.[24]

식민지 조선에서 일상적 저항이 행해지는 회색시대가 존재하고 이로 인해 수탈/저항의 이분법적 구도를 허물고 저항 담론을 재해석 해야 한다는 논의는, 식민주의의 중층성과 다면성으로 인하여 적이 불 분명하고 이로 인해 저항이 어려워졌다고 보는 스슈메이의 반식민주 의 논의의 지반을 흔든다.[25] 이와 더불어 서구 문화에 대한 중국 작가 와 사상가에 대한 해석도 서구를 향한 단일한 시선의 방향만을 고수하 여 피식민지인 행위자들의 다양한 시각과 의미를 담아내지 못하고 있 다.[26] 더 중요하게는 동아시아와 여타 식민지 모델의 다양한 형태에 홀

---

23 윤해동, 앞의 책, 47쪽.
24 윤해동, 앞의 책, 59쪽.
25 사실 비단 식민지 조선 연구뿐만 아니라 전반적인 식민지 연구의 관심은, 민족 서사를 특권화하는 것에서 평범한 개인이 수행하는 국지적인 저항 행위와 같은 것으로 이동하 고 있으며 이러한 비혁명적인 저항행위에 대한 논의도 점차 주목받고 있다. 따라서 스슈 메이의 논의는 이러한 전반적인 흐름과 관련하여 재검토될 필요가 있다. 구체적으로 살 펴보면 앨런 아이삭먼 등은 식민지 인도에서 저항의 일상적인 형태들, 이탈과 이주를 통 한 저항, 도망, 사회적 약탈, 농민 봉기 등의 예를 들면서 이 사례에서 집단과 개인은 대 부분 민족 운동으로서의 반식민주의를 특징짓는 더 큰 정치적 구상 없이 현존하는 식민 적 사회질서를 수정하거나 거기에서 벗어나려 시도했다고 서술한다. 이에 대해서는 로 버트 영, 앞의 책, 629쪽에서 재인용한 대목을 참고.
26 대표적으로 오사 계몽주의자를 옥시덴탈리스트로 규정하면서 이들이 자국문화를 부정 했기 때문에 여기에서 저항의 거처를 찾지 못했다는 주장을 들 수 있다. 이는 작가와 지

대함으로써 스슈메이가 서구 중심주의적인 서구/중국의 이분법을 답습하고 있는 점이다. 그는 영국-인도의 모델을 절대시함으로써 동아시아와 다른 모델에 대한 비교 검토에 이르지 못했고 이에 상하이와 중국의 사례를 '반식민주의'로 특권화할 수 있었다. 서구/중국의 이분법에 기반하여 중국의 독특성이라는 개념을 도출하는 논의는 서구중심주의에 기운 성급한 일반화의 문제를 보였다고 할 수 있다. 다시 말하면 중국의 독특성을 강조하는 스슈메이의 논의는 오히려 서구의 이론적인 구도와 시선을 전제한 것으로 서구 논의와 다른 제3의 항으로서 출현한 것이다. 스슈메이도 수탈/저항의 이분법적인 구도에 문제제기하지만 이는 이 구도 자체를 의문시한다기보다 중국에 적용하기에 타당하지 않은 것으로서 의문시한다. 따라서 수탈/저항의 이분법 구도는 그대로 수용하고 이에 대한 해체나 재해석은 가하지 않는 것이다. 이 구도에 대한 해체나 도전 대신에 그는 논의의 방향을 전환하여 '반식민주의'라는 새로운 개념을 설정함으로써 중국을 제국주의와 식민주의 체제에서의 예외로 설정하고 있다. 그러나 이 중국적인 독특성 논리는 앞서 논의했듯이 동아시아와 다른 식민지 국가에 대한 시야의 부재로 인해 주장될 수 있었다. 서구 의존적인 시선을 복사하면서 서구 중심의 구도를 해체 및 재구축할 기회를 놓치고 이를 합리화시키는

식인 등이 메트로폴리탄 서구를 선택하는 유력한 계기로 설명된다. 오사 계몽주의자는 반봉건과 친서구로 무장했고 리쩌허우(李澤厚)로부터 '전반적인 서화론자'라는 평가를 얻기도 했지만 가령 『신청년』 잡지 동인들이 주력한 백화문학운동론 등은 '문학사 쓰기' 작업이기도 하다는 점에서 자국문화를 전면적으로 부정했다고 보기는 힘들다. 이들 주장의 표피가 아니라 내면을 봤을 때 이 작업은 오히려 전통의 재구성이라는 점에서 자국문화의 역사를 다시 쓰고자 했다고 볼 수 있다.

결과를 낳았다. 그러나 식민지 조선의 사례에서 봤듯이 스슈메이가 거론한 반식민주의의 특징이란, 중국적인 특이성이라기보다도 동아시아 식민지에서 발견될 수 있는 공통의 특징이다. 스슈메이의 반식민주의론은 동아시아와 다른 지역에 산재한 식민주의 모델과 비교 검토되는 가운데 갱신될 필요가 있다.

3. 제국'들'과 대면하는 방식

로컬과 글로벌의 결합 국면을 강조하는 스슈메이의 시각은 이 맥락을 유사하게 문제화하는 멍위에(孟悅)의 논의와 대조를 이룬다. 멍위에는 상하이의 도시 성격을 논의하면서 제3세계 역사를 자본의 역사의 '타자'로서 규정하는 것이 아니라 역으로 자본의 역사를 제3세계 역사의 '타자'로서 규정짓는 시도를 보인다. 사실 스슈메이의 논의를 부분적으로 인용하는 대목에서 알 수 있듯이 멍위에도 그의 논의를 직접적으로 비판하지는 않는다. 상하이가 중첩되거나 이중적으로 위치한다고 보는 점에서 일정정도 유사하게 진단을 내리고 있기 때문이다. 그러나 상하이 도시를 어떻게 위치짓고 평가하느냐 하는 문제에서 양자의 판단은 완전히 다르다. 멍위에는 사이드에게서 '중첩하는 경계' 용어를 빌려오면서 상하이를 코스모폴리탄 유럽의 메트로폴리스도 아니요 식민도시도 아니며 제국주의에 의해 악화된 제3세계 도시도 아닌, 이 역사들이 겹쳐있는 공간으로 규정한다.[27] 모든 기존 논의를 능

27 Meng Yue, *Shanghai and The Edges of Empires*, University of Minnesota Press,

가하는 대목에 상하이는 위치한다는 인식이 '경계(boundary)'나 '끝 (edge)'에 대한 예민하고도 적극적인 해석을 낳았다. 사회의 불법 수행자인 '언룰리(unruly)'에 대한 멍위에의 강조도 마찬가지 맥락에서 비롯된 것이다. 이들을 자본주의의 타자가 아니라 수행자로 규정지으면서 또한 이들이 자본의 역사와 이분법적 대립 너머에 존재하는 역사 '바깥'의 기원을 육성한다는 점에 주목을 한다. 중층적인 제국의 교차로에서 제국의 질서를 코스모폴리타니즘적인 시선으로 내면화한 모더니스트와 달리, 언룰리의 존재는 사회적 문화적 관계를 탈시스템화되고 다층화시킨다.

이렇듯 스슈메이와 멍위에 양자 모두 상하이 조계지의 중층성과 다면성에 주목하지만 이를 해석하는 시선과 입장은 엇갈린다. 전자에게는 중층성과 다면성이 서구 문화와의 수용과 화해를 가능하게 하는 특성으로 해석된다. 곧 중층성과 다면성이 서구문화를 메트로폴리탄 서구로 분리하고 이원화하면서 수용하는 것을 가능하게 한 특성으로 해석되는 것이다. 이에 비해 후자는 이를 경계의 겹침으로 재해석하면서 오히려 충돌과 위기의 장소로 보고 이 속에 존재하는 '언룰리'들이 자본주의의 바깥을 육성할 수 있었던 것으로 설명한다. 스슈메이에게 중층성과 다면성은 제국 사이[間]에 얽힌 중층과 다면으로, 식민지 대중에게 ── 모순과 충돌로 재설명되는 것이 아니라 ── '메트로폴리탄' 서구를 '식민주의' 서구와 분리하여 갈등 없이 서구를 수용할 수 있게끔 하는 기제이다. 이에 비해 멍위에에게 중층성과 다면성은 청제국과

2007, p.12.

제국주의와 언룰리 삼자가 복잡하게 얽혀있는 현실을 지칭하는 개념이면서 통제불가능성과 역사의 바깥이라는 새로운 기원을 만들어 낼 수 있는 특성으로 자리한다.

코스모폴리타니즘과 반식민주의는 중층성, 경계, 개방성 등 상하이 문화를 특징짓는 개념들을 역사적으로 이론화하는 과정에서 솟아나온 개념들이다. 상하이 도시문화의 이 특성을 어떻게 규정지을까라는 난제 속에서 사회문화적인 조건과 태도에 대한 규정들이 포착됐다. 이는 기존의 식민지 수탈론에 대한 강력한 의식 속에서 제기된 것이기도 하다. 추상적인 제국에서 구체적인 제국'들'로 시선을 옮긴 것은 이 논의에서 진전된 부분이라고 할 수 있다. 그러나 스슈메이의 논의에서 더 이상의 다면성은 없었다. 다면성은 제국의 다면성에 그쳤고 피식민자나 피식민지 간의 다면성에는 눈길이 가 닿지 않았다.[28] 그리하여 중국-제국(들)이라는 구도는 글로벌 로컬의 결합국면으로서 단순하게 설명됐을 뿐이다. 이는 식민지 대도시 상하이의 실제적인 중층성과 다면성의 감각을 제대로 담아내기에는 단선적인 틀이라고 할 수 있다. 멍위에는 이러한 중국-제국들이라는 단일한 틀을 적용하는 접근법에 문제제기한 것이라고 할 수 있다. 언룰리와 청제국의 주체와 역

---

28 스슈메이는 피식민자인 중국 작가를 오사 옥시덴탈리스트, 경파, 상하이 신감각파 작가 세 그룹으로 나뉘어 검토하고 있지만 이들이 근대와 어떻게 '반응'하고 있느냐에 집중하면서 실질적인 다면성을 그려내는 데 미달한다. 이들 피식민지인들 사이의 다면성은 검토되지 않고 단절되어 있다. 스슈메이는 이들이 서구와 화해하는 세 가지 양식을 보여준다고 결론 내리는데 곧 오사 옥시덴탈리스트는 서구를 따라잡을 수 있다고 스스로를 설득함으로써 평등을 상상하며 경파 사상가는 서구를 비판적으로 재사고하며 신감각파는 서구 자본주의 문화를 바꿀 수 없는 현실로 받아들였다고 본다. 이에 대해서는 Shu-mei Shih, *Ibid.*, p.377을 참고하라.

사를 거론한 것은 이 구도의 일면성을 타파하기 위한 것이고 상하이와 대중들의 다양한 활동과 시선들 및 궤적들을 논의 구도 속에 재수용하기 위한 것이라 할 수 있다. 다시 말하면 상하이는 동아시아와 세계사적인 지평이 중첩되는 도시이므로 중국-제국(들)이라는 단선적인 관계와 시선을 넘어야 된다는 점에 주목한 것이다. 그는 이 세계적인 겹침이 어떻게 구축되고 경계들이 어떻게 넘나들게 되는지를 주시했으며 이 때 기존의 관점을 넘어서서 새로운 현실과 시각을 어떻게 발굴할 수 있는가에 주목한 것이다.[29]

멍위에 논의의 문제점은 이 지점에서 출발하여 '언룰리'라는 법을 따르지 않는 주체를 발견한 데 있다. '언룰리'의 존재들은 멍위에의 서술대로 청조나 제국주의 어디에 의해서도 통제되지 않는 혼란스러운 카니발적 도시성을 창출했다고 볼 수 있다. 그러나 이들이 여기에서 더 나아가 멍위에의 논리대로 자본 논리의 질주를 방해하고 식민주의 체제를 거부하고 수정하며 세계와 네이션에 대한 대안적인 그림을 발

---

29 상하이의 역사적 위치를 재론하면서 자본과 자본주의 역사의 탈구축을 시도하는 멍위에의 작업은 중국 중심주의로 읽힐 혐의가 있다. 이와 관련하여 백지운은 멍위에의 작업이 중국-서구의 이원적 구도에 갇혀 있다고 비판한 바 있다. 백지운, 「코스모폴리타니즘의 동아시아적 문맥」, 『중국현대문학』 48, 2009, 73쪽. 실제 분석이 충실하게 이뤄졌는지 여부가 문제적인데 이와 별개로 멍위에 연구의 의도는 차크라바르티의 '유럽을 지방화하기' 프로젝트를 비판적으로 전유하면서 제삼세계 역사의 '타자'로서 자본의 역사를 연구하는 연구 시각의 전치에 놓여있다고 봐야 할 것이다. 멍위에의 관련 발언과 그가 비판적으로 참조한 차크라바르티의 논의는 다음을 참고. Meng Yue, *Ibid.*, p.27. Dipesh Chakarabarty, *Provincializing Europe: Postcolonial Thought and Historical Differnce*, Princeton University Press, 2000(『유럽을 지방화하기』, 김택현·안준범 옮김, 그린비, 2014).

생시킬 수 있는 자극을 저장할 수 있는 창고인지는 불분명하다.[30] 상하이 도시의 중층성과 다면성은 파편적이고 일면적인 주체나 관점이 아니라 좀더 총체적인 관점과 다른 피식민지 주체들과의 관계와 시점에서 재개념화할 필요가 있다.

4. 식민주의 재초점

타니 발로우가 십여년 전에 제출했던 '식민지 모더니티' 개념 가운데 '식민주의'에 다시 초점을 맞춘 것은 이러한 중국학계의 변화된 지형에 대응해서이다. 상하이의 식민권력의 위력은 의문시되고, 모더니스트들은 코스모폴리탄으로 재규정되고 모더니즘은 긍정적으로 재평가 받는다. 그 가운데 모더니즘과 모더니티의 문제가 부각될 뿐만 아니라 관련 이론의 개입 속에서 상하이의 도시성은 제국주의나 자본주의 체제에서 유례가 없는 독특한 역사를 가진 공간으로 재위치지어지는 사정이 있다. 타니 발로우는 중국학계의 모더니즘적인 선회에 제동을 걸면서 이 논의들의 맹점에 대해서 우회적으로 비판하는 가운데 식민지 모더니티 논의의 갱신을 모색한다.[31]

코스모폴리타니즘론의 만개라는 이천년 대 중국의 연구 추세와 대면하여 타니 발로우는 이 시대를 규정하는 힘으로서 '식민주의'라는

---

30 Meng Yue, *Ibid.*, p. 27.
31 Tani E. Barlow, "Eugenic Woman, Semi-Colonialism, and Colonial Modernity as Problems for Postcolonial Theory", ed. Ania Loomba, *Postcolonial Studies and Beyond*, Duke University Press, 2005.

문제설정에 다시 주시한다. 모더니티보다 식민성에 상대적으로 더 주목하는 그는 "모더니티의 식민주의적인 뿌리에 초점을 맞출 때 중국 현대사의 핵심적인 사건이 드러난다"고 주장한다.[32] 가령 우생학 페미니즘은 위생학의 모더니즘적인 판본일 뿐만 아니라 식민주의의 구도를 담고 있는 것으로 평가하는 것이 대표적인 예이다. 타니 발로우는 이 사고를 확장시켜 계몽 사상 자체의 문제적인 성격에 대한 숙고로 나아가는데 계몽적인 사고는 다름 아니라 모던하면서 식민적이라는 이중성을 갖고 있다는 판단이 그것이다.[33]

그는 최근 관련 중국학계를 돌아보면서 식민주의에 무심하거나 (리어우판) 반식민지 통제의 불완전성 혹은 부분성을 착취활용한 관점을 재정렬하거나(스슈메이) 포스트콜로니얼 이론을 중국역사에 비반성적으로 '적용'한다(포스트콜로니얼리즘)고 지적한다. 그에게 중요한 것은 식민지 모더니티란 '모더니스트 이데올로기에 의해 촉진된 시스템인 불평등'이라는 점이다. 이는 식민지 권력과 식민 체제의 정치적이고 이데올로기적인 종속 혹은 지적인 상호관련성을 강화시킨다. 가령 식민지 경제는 권력의 정치적, 행정적, 이데올로기적, 지적인 계열을 재구성하면서 구조화된다. 그런데 기존의 모더니티 연구는 아편, 차, 노동과 같은 식민지 상품과 무역의 경로, 재명령되어 내려오는 통치성의 스타일, 국제법 및 국제조약과 같은 사법적인 정상태, 조계지 및 치외법권 등과 같은 행정 혁신과 식민지 무역을 모호하게 처리하거

---

32 Tani E. Barlow, *Ibid.*, p. 371.
33 Tani E. Barlow, *Ibid.*, p. 372.

나 부정하는 경우가 다반사였다는 것이다. 뿐만 아니라 식민지배자와 피식민자 관계는 쌍방향적이지 않으며 쌍방향적인 조약조차도 행정적인 테크닉과 정책에 의지하는데, 이 점도 간과되고 있다고 한다. 사실 조계지 체제에서의 식민지 전략이란 중국에서 처음 시작된 것이 아니라 다른 지역에서 입증된 식민지 전략들을 다시 전개한 것이다. 이는 축적된 시스템이라 할 수 있다. 이런 면에서 식민주의는 자체에 다면적이고 혼종적인 정책과 전략을 담고 개진되는 체계라 할 수 있다.[34]

　　타니 발로우가 식민주의에 초점을 다시 맞추는 것은 기존의 식민주의 모델의 한계를 넘어서는 작업과 관련되며 그 가운데 '식민지 모더니티'론이 이천년 대 변화된 담론지형을 담아내면서 세공된다. 식민지 모더니티에서 식민주의란 억압과 수탈의 구조로만 단일화될 수 없고 통치성(governmentality)과 행정체계, 일상의 문제를 재구조화하면서 작동하는 기제이다. 식민지 에이전트는 더 이상 제국의 해군 혹은 정책 입안자를 필요로 하지 않으며 식민자본을 통해 식민주의는 순환한다고 볼 수 있다. 이 점을 홀략했을 때 식민주의의 부드러운 통치의 성격을 식민주의와 질적으로 다른 체제로 오인하여 식민주의와는 변별되는 새 개념을 고안하는 데로 나아가게 된다. 이런 점에서 앞서 논의한 식민통치의 애매성과 다면성도 새롭게 해석될 수 있다. 반식민주의 논의에서 제국주의 간의 경합이란 '다양한 제국주의의 모험'[35]으로 식민지에서 이익 점유를 위한 각축 전개를 가리키는 말에 다름 아니

---

34 Tani E. Barlow, *Ibid.*, pp. 376~377.
35 Tani E. Barlow, *Ibid.*, p. 376.

다. 식민통치는 무엇보다 공간적인 프로젝트인데 이 공간적인 확대과정에서 '경합'과 '협력'이 이뤄지며 로컬적으로 적용하는 과정에서 식민지 전략은 수정되면서 축적된다. 달리 말하면 다면성과 애매성, 중층성이란 전지구적 차원에서 볼 때 제국주의가 공간적으로 확산하는 과정에서 필연적으로 발생되는 식민주의의 기본적인 특징인 것이다.

그래서 타니 발로우는 반식민주의의 특징으로 손꼽히는 식민통치의 다면성은 정도차가 있겠지만 중국만이 독특하게 보유하고 있는 특성으로 보기 힘들다고 판단한다. 식민주의는 일국의 관점에서 행해진 것이 아니라 다른 지역의 식민지 전략을 수정하고 적용하는 가운데 새롭게 전개된 전략이다. 중국의 식민주의 전략이 새롭거나 독특하다고 한다면 이는 식민주의 전략 자체가 수정과 변용을 거쳐 축적된 체계이기 때문이다. 항상적이거나 영구적이며 일률적으로 적용되는 식민지 통치 전략이란 애초에 존재하지 않는다. 영국-인도 식민주의 모델이란 환상이며 그것도 서구중심주의에서 비롯된 환상이라고 할 수 있다. 중요한 것은 논자들이 주목한 상하이에 도드라진 애매성, 다면성, 중층성의 문제이며 이를 일국의 경계를 넘어서 공간적이고 역사적으로 재편성하고 재개념화해야 하는 작업일 것이다. 타니 발로우는 이를 식민주의에 초점을 맞춰 '식민지 모더니티'의 구축 과정으로 재포착한다. 애매성, 다면성, 중층성의 문제는 제국과 식민지 통치자의 관점에서 볼 때만 발생하는 것이 아니라 식민지 모더니티의 전체적인 과정과 이것이 로컬에서 피식민인에게 적용되는 과정에서도 발생한다.

물론 타니 발로우의 식민주의 논의가 식민주의의 소실이라는 연구 경향에 맞서 식민주의의 전개가 자본주의 체제에서 갖는 위치와 기능을 밝히는 데 바쳐지다 보니 식민지 통치자의 관점에서 설명이 이뤄진 점은 아쉽다. 그의 논의에서 식민지의 다면성과 애매성, 중층성은 보다 서구 중심적인 시선에서 조명되어 설명된다. 그 가운데 피식민지인의 능동적인 행동과 목소리와 시선은 예민하게 다뤄지지 못한다. 그런데 식민도시는 식민자 못지않게 피식민지인이 주요하게 활동하고 살아가면서 의미를 만들어가는 공간이다. 이들은 식민지 체계에 적응하는 한편 그 변동과 변화, 혹은 혁명의 가능성을 탐색하며 세계 자본주의 체제와 식민주의 구도를 재구조화하기 때문이다. 이들의 행동과 목소리에 주목하면서 의미를 길어오를 때 식민주의가 작동하는 과정의 문제와 현실에 대해서 좀더 적극적인 문제 제기와 대안 발견의 길이 열릴 수 있는데 논의의 경향상 이 점이 상대적으로 누락됐다고 할 수 있다.

5. 동아시아 도시문화연구지형 재론

이천년 즈음부터 상하이의 문학과 문화를 해석할 때 제기됐던 코스모폴리타니즘과 반식민주의는 1990년대 이전의 역사 기술을 지배했던 식민주의 담론에서 가장 멀리 벗어난 논의라고 할 수 있다. 그러나 앞에서 살펴봤듯이 이들 개념은 직전 시대의 거대 지배 담론이었던 식민주의의 그림자에서 자유롭지 못했다. 오히려 이 논의의 이면에는 식민주의의 그늘이 짙게 드리워져 있었다. '코스모폴리타니즘' 담론은 상하이에서 생성된 맥락을 문제적으로 다루지 못했으며, 역으로 '주체화'의 태도로 간주하며 이에 찬사를 바쳤다. 또 다른 논자에 의해 코스모폴리타니즘은 식민주의의 중층성과 다면성으로 인해 저항 담론이 생성되지 않았을뿐더러 이로 인하여 메트로폴리탄 서구를 식민주의 서구와 분리하여 수용하게 한 개념으로 설명됐다. 이와 더불어 반식민주의는 상하이 식민통치의 다면성과 중층성에 주목한 것으로, 식민주의 구도와 구분되는 중국 특유의 체계로 묘사됐다. 이 과정에서 상하이 작가와 대중들은 식민주의에 침식되지 않은 채 서구문화를 '주체화'하거나 '메트로폴리탄'의 문화로 ── 수동적이지 않게 ── 받아들였다고 설명된다.

중국 모더니티와 식민주의의 독특성을 주장하는 논의들은 1930년대 모더니즘 문학의 성과에 빚지고 있다. 모더니티 문제는 이 논의에서 모더니즘에 종속되는 배경이나 현실로서 그려지고 있다. 이 과정에서 모더니즘에 대한 반성적인 성찰이 눈에 띄지 않는 것도 특별한 주목을 요한다. 모더니즘은 '마땅히 그러한 것'으로 설명되거나 해설된다. 이런 점에서 '타자'로서의 자본주의 논의 그리고 식민지 모더니티가 전개하는 이데올로기로서 모더니즘을 설명하는 또 다른 논리는 모더니티 담론과 모더니즘에 대한 본격적인 재평가라고 할 만하다. 이들은 모더니즘의 역습에 대응하여, 모더니티와 모더니즘의 '경계'와 '끝'에 대해서 재사고하고 있다. 이때 모더니즘으로서 계몽적인 사상은 모던하면서 또한 식민주의를 동반한 이중성을 띤다는 점이 드러난다. 이는 모더니즘의 내면을 파고들어 그 한계선과 경계를 드러내는 작업이라고 할 수 있다. 또 모더니티와 모더니즘의 출발지인 자본주의와 제국주의의 '바깥'을 육성할 주체로서 '불법자'에 주목할 수 있다. 이들이 제국들의 중첩된 교차로에서 사회적 문화적 관계를 탈시스템화하고 다층화하는 언어를 발화한다는 점에 주목하는 것이다. 이는 모더니즘과 모더니티 사고의 경계와 한계선 및 그 너머를 살펴보는 시선이다.

20세기 초 동아시아의 도시문화현실을 다루는 연구들이 모더니티에 열중하고 있을 때 중국학계에서는 코스모폴리타니즘과 반식민주의를 발음하는 새로운 연구들이 등장했다. 이 개념들은 동아시아의 관련 논의들이 모더니티에 머무르고 있을 때 새로운 논의의 장(場)을 열었다고 할 수 있다. 그러나 논의의 갱신은 이를 반박하는 논의 속에서 이루어졌다는 점도 흥미롭다. 코스모폴리타니즘과 반식민주의에 반대하는 논의들은 이에 대응하면서 자본주의와 식민주의 역사의 '안'과 '밖'의 끝과 자락에 가닿았다. 동아시아의 도시문화연구가 근대의 궁극으로서 모더니티에 대해 몰두하고 이 세계의 바깥으로 시선을 두지 않을 때, 모더니즘과 모더니티의 오래되고 새로운 문제가 동시에 도달한 중국학계에서 모더니티 경계의 한계선을 살펴보는 시선이 출현하고 있다.

모더니티의 중심부에 돌진하고 표피를 부유하며 끝의 자락과 그 너머를 살펴보는 시선들 가운데 이 체계를 상회하고 문제의 핵심을 돌파하는 목소리와 행동을 발견한다면 이는 모더니티 연구가 새로이 맞이하는 국면이라 할 수 있다.

3장 소가족은 어떻게 형성되었나

1. 새로운 여성들의 등장과 '가족' 논의의 문제성

여성과 관련된 현실 및 관념들은 근대들어 새롭게 형성되거나 전면적으로 재조정되어 근대성의 내용과 형식을 구성하고 조정하는 중요한 축을 이루며 문제적인 범주로 떠오른다. 타니 발로우에 따르면 중국에서 1910년대 이전에 여성이라는 단어는 존재하지 않고 부녀(婦女), 부인(婦人), 여자(女子) 등으로 쓰였으며 '여성(女性)'은 이후에 생성된 개념이다.[1] 그런 의미에서 20세기 초기의 일부 여성을 가리키는 것으로 쓰여진 '신여성'이라는 명사는 의미만을 따져본다면 당시에 상상되었듯 비단 일부 여성만을 가리키는 것이 아니라 '여성'들은 '새로운' 존재이라는 점에서 실상 모든 여성을 포괄하는 범주로 읽힐 수 있다.

---

1 Tani Barlow, "Theorizing Woman: *Funü, Guojia, Jiating*", eds. Angela Zito, *Body, Subject and Power in China*, Chicago & London: The University of Chicago Press, 1994.

당시에 모든 여성들은 낯설면서도 한편으로 익숙한 존재로서 근대의 역동성을 구성하고 상상하는 중요한 현실이었는데 이때 '신여성' 등의 담론들은 부상하는 사회세력으로서 이 여성들을 상상하고 규정하는 방편으로 논의된 것이다. 여성을 둘러싼 당시의 다양한 담론들은 이러한 새로운 현실에서 비롯된 것에 다름 아니며 민족-국가 체계의 근대성의 세계가 공고해지기 전 일정기간동안 진행되었던 불안정성 속에서 여성에 대한 정의는 다기하게 이루어진다.[2] 이러한 양상을 통해 '여성' 범주란 것이 고정하고 영구한 것이 아니라 역사적 시공간에 따라 다른 내포와 경계를 가지고 있다는 것을 알 수 있다.

그러나 이 담론화되는 방식들은 문제적인데 특히 (반[半])식민의 경험으로부터 자유로울 수 없는 동아시아 각국에서 '여성'은 중층적인 사회현실 및 모순과 어우러져 복합적인 문제공간으로 부각되고 재규정되는 양상을 띠기 때문이다. 이는 식민주의와 민족주의, 사회주의 등의 당시 사회의 지배적인 사조가 '여성'에 대해 관심을 강력하게 표명하며 이를 통해 자신들의 주장을 펼친 사정과 무관하지 않다. 그러나 이들 지배사조가 기실 '여성'에 대한 젠더 의식과는 길항 관계를 맺

---

2 지현숙은 1920년대 이후 중국사회에서 횡행하던 여성상들을 다음과 같이 다섯 가지로 정리하면서 1930년대 국민당과 남경정부의 주도세력은 국민통합을 위해 이들 여성상을 배제 또는 용인하면서 자신들이 국가건설에 필요하다고 생각한 여성상을 중국 여성들에게 주입시키고자 했다는 논의를 펼친다. 1) 가정 내에서 여성의 역할을 강조하는 신현모양처론 2) 어머니로서 아니로서 역할을 담당하면서 사회적 생산노동에 참여하는 절충적 여성상 3) 가족제도의 폐지와 남자와 같은 직업을 가지고 국가에 직접 공헌할 것을 강조하는 사회참여형 여성상 4) 삼종사덕을 중시하는 열녀효부의 여성상 5) 소비적이고 퇴폐적이고 낭만적이라고 비판의 대상이 되었던 '모던 여자'. 지현숙, 『남경국민정부(1928~1937)의 국민통합과 여성』, 이화여대 사학과 박사학위논문, 2002.

고 있으며 여성문제를 도구적 관점에서 인식했다는 점이 기존 연구에서 밝혀진 바 있다. 에드워즈는 중국 등지에서 '현대여성'이란 새로운 국가를 상상할 수 있게 만드는 현대화 담론의 일부분이었으며 중국에서 현대여성과 신여성은 진보적인 지식계급의 정치적인 열망의 창조물로 이런 의미에서 이러한 상상 및 인식은 페미니즘 운동의 유효성이란 면에서 제한적인 의미를 띨 뿐이라는 주장을 펼치고 있다.[3] 이렇듯 근대기 여성담론에 대한 다수의 논의들은 담론의 주체가 남성이었으며 여성 담론이 남성 주도적인 민족-국가의 구성과 전형(轉形)을 위한 도구로 전개되었다고 보는데 일정한 합의에 도달한다.[4] 곧 남성들의 논의에서 여성들은 협력의 대상이면서도 보다 더 중요하게는 개조의 대상으로 젠더의식은 도구적으로 이용되었던 것이다.

이러한 여성에 대한 상상과 개조 노력은 '가족', '가정'이 근대에 부상하는 방식 속에서 구체적인 지향을 드러내며 불안정한 여성의 위치를 정향지으려는 경향을 띤다. 새로운 현실이어서 유동적이었던 여성 관념은 가족의 근대적 변형을 목적하는 가족담론의 전개 속에서 고

---

3 Louise Edwards, "Policing the Modern Woman in Republican China", *Modern China*, Vol.26, No.2, April 2000, p.117.

4 가령 다음의 논의들을 보라. Tani Barlow, *Ibid.*; 천사오메이, 『악시덴탈리즘』, 정진배 외 옮김, 강, 2001. 물론 왕정이나 두아라의 연구처럼 이러한 개조 시도 가운데 여성들이 이를 수용, 전복, 이용한 사실을 제시하면서 여성의 주체적인 시각을 강조하는 연구도 등장하고 있지만 이러한 논의에서도 마찬가지로 남성주도의 지식담론이었다는 점은 부인되지 않고 있다. Prasenjit Duara, "Of Authenticity and Women: Personal Narratives of Middle-Class Women in Modern China", ed. Wen-hsin Yeh, *Becoming Chinese*, Berkeley: University of California Press, 2000; Wang Zheng, *Women in the Chinese Enlightment: Oral and Textual Histories*, Berkeley: University of California Press, 1999.

정적인 정체성을 부여받으며 대중적으로 유포된다. 그런데 가족이나 가정이라는 개념은 전통사회에서도 존재하였지만 그 의미와 기능은 근대이후에 전개된 그것과는 완전히 다른 성격의 것이었다. 근대이전 사회에서 가정은 남성이 다스리고 관장하는 남성의 공간으로 유교의 논리가 여일하게 관철되는 수신의 공간이었다. 실제 여성이 가정일을 돌보았을 지라도 이는 공적인 담론으로 표면화되지 않았으며 '수신제 가치국평천하(修身齊家治國平天下)'의 논리가 드러내주듯 전통사회에서 가(家)는 오히려 남성의 가로 공식적으로 표상된다.

그러나 근대에 이르면 가정/가족의 표상방식은 변화하여 여성과 관련된 공간으로 의미가 재편되어 언표되기 시작한다. 우리가 아는 가정은 여성의 공간이라는 관념은 이때부터 가정성(domesticity)의 이데올로기와 함께 유포되기 시작했으며 이러한 가족/가정 공간의 부상은 여성 개념의 현대적 재구성에 중요한 기제로 작용한다. 곧 '여성'은 가정영역의 전형적인 구성과 함께 다시 구성되며 이러한 과정을 거쳐서 현실사회에 공인되기에 이른다. 코비의 언급대로 "여성은 친족체계의 효과인 가족 안에서 여성으로 생산"되는 것이다.[5] 여기에서 가족 담론은 여성 개념을 정상화시키고 사회의 공적인 담론체계 속으로 재정위시키는 데 중요한 기제 중의 하나로 작용하면서 근대사회를 구성하는 중요한 요인으로 자리매김된다.

특히 가족제도가 근대화 과정을 재기입하게 만드는 문세는 전통적으로 강한 친족적 연결망을 가진 동아시아 사회에서 두드러진 특징

---

[5] Elizabeth Cowie의 언급은 Tani Barlow의 앞의 글에서 재인용했음을 밝힌다.

중의 하나인데 가령 차크라바르티에 따르면 1850~1920년 식민통치기 동안 인도에서 가정은 식민주의 세력에게나 그것으로부터 민족을 방어하려는 민족주의자들 모두에게 중요한 전략지점으로 근대와 소위 '전통'의 논리가 필요에 따라 결합, 갈등하고 있었던 논쟁적인 공간으로 부상한다.[6] 여기서 가족과 여성은 필요에 따라 문명화의 기제로서, 혹은 소위 '전통적'인 가치의 담지체로서 위치지워진다. 이러한 공통적인 지반이 분명히 존재함에도 불구하고 그러나 동아시아 각국에서 가족/가정 공간이 부각되는 상황은 식민지 등의 조건과 이에 따른 식민주의자와 민족주의자 등의 사회세력들의 역관계에 따라 달리 형성되는 바가 있다.

가령 일본의 경우, 가족은 산업화와 국민국가의 형성이란 급박한 과제 수행과 관련하여 재구성되는데 이는 일본식 '이에(家) 제도'의 호주 중심적, 국가주의적인 가족관의 강화로 현현하며 이때 여성은 국가에 의해 요구된 현모양처 역할에 적극적으로 참여하는 양상을 보인다.[7] 한편 식민지 조선에서 형성된 가족 개념은 '서구적' 근대와 '일본적' 근대, 그리고 민족주의 담론간의 경합이 중심축을 이루는 형국을

---

6 Chakrabarty, "Postcoloniality and the Artifice of History: Who Speaks for 'Indian' Pasts?", ed. H. Aram Veeser, *The New Historicism Reader*, New York and London, Routledge, 1994.

7 일본의 현모양처 사상은 청일전쟁과 1차 대전 등의 총력전을 거치면서 여성 역할의 중요성이 국가에 의해 인식되고 국가가 이런 역할을 수행할 여성을 양성하기 위해 현모양처 사상을 재구성함으로써 유포된다. 한편 국가가 장려한 현모양처에 대해 여성계는 '모성'론으로 적극적으로 반응한다. 1911년 히라츠카 라이테우의 『청탑』파의 모성 논쟁과 1930년 대일본연합부인회의 가정부인 조직화가 대표적인 예이다. 가와모토 아야, 「한국과 일본의 현모양처 사상」, 심영희 외 편, 『모성의 담론과 현실: 어머니의 성, 삶, 정체성』, 나남출판, 1999, 232~233쪽을 참고.

띤다.[8] 그러한 논쟁의 한가운데에서 민족문화의 본질적 자기준거를 추구할 때 그 준거는 가부장제적인 혈통체계로서의 가족에서 찾아졌던 것이다. 이렇게 볼 때 가족은 문명된 민족/국가를 만들기 위해 변화시켜야 하는 대상이면서 동시에 조선민족(국가)을 서구와 구별시키는 메타포가 되었다.[9]

이런 상황에서 중국에서 가족담론의 전개양상을 살펴보는 작업은 개별 국가의 가족 담론이 근대세계의 형성과 여성주체의 형성에 미친 영향을 살펴보는 것일 뿐만 아니라 이와 더불어 가족-여성의 문제들이 동아시아에서 전개되는 양상을 비교, 탐구하는 데 하나의 시좌를 마련해 준다 할 수 있다. 이 글은 1920~30년대 중국에서 상하이 등의 도시를 중심으로 광범위하게 논의되었던 가족전형을 둘러싼 논의들을 살펴보면서 가족 담론이 여성개념의 구축과 관련하여 어떤 작용을 했으며 이것이 근대 현실사회에서 갖는 함의는 무엇인지에 대해 논의할 예정이다. 중국에서 1920, 30년대는 무엇보다 남성의 가(家)가 여성의 가(家)로 전이되면서 공적으로 사적인 의미를 획득하는 역사적 시기이면서 이와 동시에 '여성' 개념이 이런 과정을 통해 재구되고 고정되는 시기이다. 이 글은 구체적으로 상하이에 소재한 상무인서관에서 출판한 유력잡지인 『부녀잡지』(婦女雜誌)[10]에서 1920, 30년대 전반

8 김혜경·정진성, 「'핵가족'논의와 '식민지적 근대성': 식민지 시기 새로운 가족개념의 도입과 변형, 『한국사회학』 제35집, 2001, 238쪽.

9 김수진, 「'신여성', 열려있는 과거, 멎어있는 현재로서의 역사쓰기」, 『여성과사회』 제11호, 2000, 17쪽.

10 『부녀잡지』는 당시 중국에서 광범위하게 읽히고 가장 많은 정기구독자를 지닌 잡지 중하나였다. 뿐만 아니라 신문화운동의 노선을 따른 여성잡지 중 최장기출판이라는 기

에 걸쳐 중점적으로 전개된 소가족 형성을 둘러싼 논의들을 통해 가족 담론이 문제제기된 조건들과 논의들이 방향전환을 맞는 방식 및 양상을 다룰 생각이다. 2절에서는 1920년대 초기 논의에 대해 살펴볼 계획인데 당시 다양한 가부장제적 혈통체계로서의 기존 가족 범주들을 거스르거나 넘는 시도들이 '개인'의 문제로 강력하게 발언되었는데 이때 개인은 젠더로 분화되지 않은 미분화된 존재로서 제기되는 양상을 띠며 다른 한편 이러한 특징이 가족 및 여성 담론의 급진성을 담보했다는 점을 밝힐 예정이다. 그러나 이러한 다양한 발언들은 1920년대 중반 이후 근대지식과 국가의 영향이 강력해지며 이를 중심으로 사회적인 논의의 경로가 재정비되면서 수면 아래로 잠겨지게 되는데 이로써 가족 논의는 새로운 국면을 맞이하게 된다. 3절과 4절에서는 여성과 가족에 대한 이전의 다양한 상상과 발언들이 어떻게 억압되고 또 어떤 방식으로 여성을 가정성의 핵심적인 존재로 새롭게 규정하는지 등의 문제를 여성의 주체 규정이라는 문제와 관련하여 논의한다. 결론에서는 이러한 논의는 동시기 비슷한 형식으로 논의가 전개되었던 동아시아의 가족 논의와의 비교를 시도해 봄으로써 동아시아에서 근대성의 문제와 이 과정에서 전개되었던 구조형성과 주체형성의 문제를 간략하게나마 따져볼 생각이다.

록을 지니고 있다. 부녀잡지 편집체계의 개편과 관련하여 페미니즘의 대중화 경향의 발생과 전개 및 몰락 과정을 소상히 다룬 글로 다음을 참고. Wang Zheng, "A Case of Circulating Feminism: The Ladies' Journal", *Women in the Chinese Enlightment: Oral and Textual Histories*, Berkeley: University of California Press, 1999.

2. '개인'의 전면배치와 미분화된 젠더의식

1920년대 초 『부녀잡지』에서 가족/가정이 논쟁의 초점으로 오를 때[11] 그 논점의 초점은 주로 구가정의 타파에 모아졌다. 그런데 이때 구가정은 정치사회의 개혁과 맞물려 개혁의 근원지로 지목되어 논의의 대상에 떠오르는데 이는 가족을 사회 및 정치와 단절된 공간으로 설정하는 현재의 상상법과는 거리가 있는 논법이다. 1923년 9월 『부녀잡지』는 가정혁신과 관련된 일련의 글들을 게재하여 가족에 대해 본격적이고 체계적인 문제제기를 시작하는데[12] 친루(琴廬)가 쓴 「가정혁신론」은 당시에 가족담론이 재론된 시발점을 잘 드러내 준다.

> 국가는 가족의 기초 위에 건축된 것이다. 나라라는 조직이 있기 이전에 일찌감치 가라는 조직이 있었다. 불량한 개인은 모두 불량한 가정에서 배출된 것이다. 불량한 국가는 불량한 가족이 모여 이루어진 것이다. […] 그리고 중국의 구가정은 실제로 만악의 근원이라 할 수 있다. 구가정이 만약 전복되지 않는다면, 이러한 군벌 등을 다 죽인다 하더라도 제2의 군벌 등이 나타날 것이다. […] 신해혁명은 표면적인 정

---

11 중국어 '家庭'은 우리말로 가족과 가정 둘 다 옮길 수 있다. 이 글에서는 소가족 구성과 관련되어서는 가족으로 옮기는 것을 원칙으로 했다. 가정이라는 한자어는 특히 근대 이후 영어인 home의 번역어로 본격적으로 쓰여진 것으로 추정된다. 이 글에서는 가족담론이 어떻게 전개되었는지 하는 논의의 양상에 초점을 맞추고 '가정'의 번역 등과 관련된 자세한 사정은 차후 기회에 따로 밝히기로 한다.

12 1923년 9월 『부녀잡지』에 일제히 실린 가족논의와 관련된 글들은 다음과 같다. 琴廬, 「家庭革新論」; 健盟, 「新舊家庭的代謝」; 喬峰, 「家庭改造的途徑」; 晏始, 「家族制度崩壞的趨勢」; 屯民, 「機械婚的反動與家族制度的破裂」, 『婦女雜誌』 第9卷 第9號, 1923, pp.2~27을 참고.

치체제를 개혁시켰을 따름이다. 부패한 가정은 여전히 이전처럼 존재하여 오늘날의 현상이 있게 된 것이다. 이후 우리들은 중국의 진보를 도모하고자 한다면 단지 정치적인 혁명에만 종사해서는 절대로 목적에 도달할 수 없다. 반드시 모두 노력하여 근본적으로 이러한 부패한 구가정을 혁명하여야지 비로소 효과가 있다고 말할 수 있다.[13]

이렇듯 『부녀잡지』에서 전개된 초기 (소)가족담론은 정치적인 문제와 절연하는 것이 아니라 오히려 정치적인 문제를 철저하게 관철시킨 일상생활의 혁신 문제와 연결되어 있음을 알 수 있다. 가족에 대한 주목은 정치적인 체계의 혁명으로 개선할 수 없는 현실에 대해 근본적인 반성이 내장된 문제제기로 가령 위의 논문의 저자인 친루는 가부장적인 대가족제도를 전제와 보수주의, 미신, 허영의 거처로 지목하면서 동거제와 종전의 혼인제도 등을 개혁할 것을 주장한다.

그런데 이러한 대가족제도를 혁신할 실마리는 대가족제도에서 억압된 '개인' 주체에서 찾아진다. 곧 기존의 대가족제도에서 개인의 인격을 멸시하고 개인의 자유로운 발전을 방해하거나[14] 혹은 개성을 억압하는[15] 등의 개인 및 개성과 관련된 폐해가 집중적으로 부각되면서 이에 대항하는 거점으로 '개인'이 전면적으로 등장한다. 그런데 여기에서 개인은 국가와 무관한 개념이 아니라 가족과 국가와의 관계 속에서 헤게모니를 갖는 새롭게 정립된 개념이다. '개인'은 가족 이전의 존

---

13 琴廬, 「家庭革新論」, 『婦女雜誌』 第9卷 第9號, 1923.
14 琴廬, 앞의 글.
15 顏筠, 「家庭改造論」, 『婦女雜誌』 第11卷 第2號, 1925, p.319.

재라는 우선성이 강조되며 가국(家國)은 개인을 위해 존재한다는 선언까지 행해지는 등 기존의 가국 개념을 전복할 수 있는 유력한 근거로써 자리한다. 곧 '개인'은 국가를 구성할 뿐만 아니라 경우에 따라서는 국가를 타도하고 새로운 국가를 수립할 권리까지 부여받은 존재인 것이다. 이러한 개인개념의 주도적인 역할 아래 기존 국가와 가족의 경계는 해체되면서 새로운 국가와 개인에 대한 상상의 틈입을 허용한다. 다시 말하면 낡은 국가와 가족 제도는 개인 개념의 발견과 함께 결정적으로 재구성될 계기를 맞이하는 것이다.

일반적으로 개인이 가정에 의지해 생존하며 뿐만 아니라 가정을 위해 생존해야 하며 가정이 없으면 개인은 생존의 의미와 생존할 능력이 없다고 생각한다. […] 뜻밖에 인류는 가정이 있기 이전에 이미 개인이 존재했다. 우리들이 가정을 조직해야 하는 까닭은 각 개인의 행복을 도모하는 데 있다. 만약 가정이 개인에게 행복을 줄 수 없고 반대로 개인에게 고통을 준다면 우리들은 이 가정을 무엇이라 불러야 하는가? […] 그리하여 우리들은 이후에 가국이 개인을 만드는 것이 아니라 개인이 가국을 만들고, 개인이 국가를 위해 있는 것이 아니라 가국이 개인을 위해 존재한다는 관념을 수립하는 데 힘써야겠다. 만약 국가가 각개인에게 손해만 끼치고 이득이 없다면 전력을 다해 이를 타파해야 할 것이다. 그런 다음에야 진정한 혁신을 말할 수 있다. "완전히지 않으면 차라리 아무것도 원하지 않는다", 이것은 일체 혁신의 근본적인

정신이며 우리들은 우선적으로 가정에서 시작해야 할 것이다.[16]

이러한 개인은 무엇보다 가부장적인 부권으로 표상되는 기존 권위에 대한 도전의 거점으로 규정된 것으로 '가정 혁신론'에서 기존의 권력관계는 개인을 기점으로 전면적으로 재배치될 것을 주장하고 있다. 그런데 개인 개념은 기실 청년남녀라는 주체 설정을 위한 기호로써 가족의 권력중심을 청년(남녀)으로 이동하고자 하는 발언에 다름 아니다. 대가족을 전복하는 주체로 청년들이 구체적으로 거명되며 이들은 새로운 담론에서 가정내 권력의 중심으로 부상한다. 이런 맥락에서 부모에 의해 결정된 기존의 혼인제도는 주요한 개혁 대상이 되며 '당사자의 의지를 위주로 자유결합하는 일부일처제도', 곧 연애결혼을 기초로 하여 형성된 소가족이 강력하게 대안으로 떠오르게 된다. 20년대 전반을 횡행했던 사랑과 연애에 대한 열중은 가부장제에 대한 도전과 개인의 우위라는 사회적인 흐름 속에서 광범위하게 이루어진 것이다. 그중 1925년 옌윈(顔筠)은 가정개조에서 혼인개조에 우선 순위를 두며 그 중요성을 적극 옹호하는 논의를 보인다.

가정개조를 이야기하려면 혼인개조에 대한 이야기부터 시작하지 않으면 안 된다. 가정문제는 양성간에 사랑을 영위하는 생활문제이고 혼인문제 또한 양성간의 사랑을 실현하는 생활의 문제를 토론하는 것이며 이 사이에는 인과관계가 존재하기 때문이다. 그리하여 인격을 추구

---

16 琴廬, 앞의 글, 9쪽.

하는 가정에서는 우선적으로 인격적인 혼인을 추구하지 않을 수 없으며 혼인개조는 실제로 가정개조의 첫걸음이다.[17]

흥미있는 점은 여기서 가정개조의 주체 논의가 여성만을 두드러지게 주목하고 있지 않으며 이시기 구가정을 타파하는 주체는 늘 '청년' 혹은 '청년남녀'로 호명되고 있다는 점이다("대가족 제도하에서 무한한 청년의 영혼이 잠겨져 있으며 무수한 남녀의 생명이 압살당히면시 죄악을 만들어 내고 있다",[18] "대가족제도를 전복하는 책임은 당연히 청년이 져야 한다"[19]). 논의에서 여성에 대한 언급은 등장하지만 여성현실이 개혁의 우선순위를 차지하고 있지는 않으며 또한 이러한 논의는 어디까지나 여성을 비인간적으로 대하는 시각을 교정하는 차원, 곧 보편인권의 차원에서 이루어져 여성은 남성과 동등하게 대우해야 한다는 점이 강조되고 있다. 가령, '남녀병중(幷重)', '남녀동등대우',[20] '여자는 남자와 대등한 사회의 분자',[21] '딸아들을 동등하게 교육하고 기를 것',[22] '영육일치의 연애에 근거하여 상호 인격적으로 결합한 양성'[23] 등의 언급이 그것으로 이들 청년여성들은 남성들과 협력하여 구가정을 타파할 세력으로 규정되고 있음을 알 수 있다. 이때 '순수한 사랑'은 이들 둘의

---

17 顔筠, 「家庭改造論」, 『婦女雜誌』 1925, 第2號, p.317.
18 歐陽飾의 당선글을 보라. 『婦女雜誌』 第11卷 第5號, 1925, p.757.
19 許言午의 당선글을 보라, 앞의 책, p.752.
20 琴廬, 앞의 글, p.5.
21 林土의 1925년 당선글을 보라. 『婦女雜誌』 第11卷 第5號, 1925, p.753.
22 劉成輝의 당선글, p.756.
23 顔筠, 앞의 글, p.317.

관계를 '연계'해 주는 유일하고 결정적인 매개로써 중요성을 지닌다.

남자는 가정의 결과를 점유하고 여자는 점차 무용한 폐물이 되며 육
체와 정신이 남자에 의해 유린당한다. 이는 간접적으로 차대의 아동
에게 영향을 미칠 뿐만 아니라 남자에게도 영향을 끼치는데 왜냐하면
그녀들에게 도움을 받을 수 없으며 때로는 그녀들 때문에 힘들게 되
어 스스로도 각종 불편함을 느껴야 한다. 현재 생존경쟁이 치열한 세
계에서 특히 남녀가 힘을 합쳐 합작해야 가정을 유지할 수 있다. 그리
하여 가정중의 남녀평등은 매우 절박한 일이다. 20세기는 데모크라시
의 세기로 중세기의 전제주의는 어디에도 존재할 여지가 없다. 그리하
여 가정에서도 데모크라시의 정신을 발휘하여 전제의 유독(流毒)을
제거해야 하며 존비와 장유와 남녀관계는 순수한 사랑을 기초로 명분
의 속박을 해방하고 화락한 가정을 조성하는 것이 우리들의 유일한
희망이다.[24]

이런 의미에서 초기논의가 여성들을 주목하고 있되 이 여성은 청
년남녀로 표상되듯 청년성에 부속되는 하위주체이며 여성의 젠더의
식이 두드러지게 나타난 결과로 볼 수 없다. 오히려 초기 논의에서 가
족은 여성과 밀접한 관련을 맺지 않는 공간이며 가족논의에서 중심적
인 위치를 차지한 '개인'의 중심은 여성이라기보다 가정의 전제주의
를 비판하는 대목에서 언급된 '자식잡아먹기(食子)'라는 말에서 드러

---

24 琴廬, 앞의 글, p.6.

나듯 청년-자녀의 권리 문제로 모아지며 특히 부자관계를 중심축으로 하는 남성의 청년으로 드러난다.

> 존엄이 가장 엄격한 것으로 당연히 부자를 쳐야 할 것이다. 부자간에는 절대적으로 시비를 말할 수가 없다. […] 우리들은 불효주의를 제창하는 것이 절대 아니다. 자녀가 부모를 때린다거나 부모가 자녀에 복종해야 한다는 등의 말은 모두 반대자의 입에서 나온 말이다. 나는 자녀가 부모에게 효도를 하는 것은 완전히 천성의 사랑에서 나온 것이라 생각한다. 현재 상하존비의 명분이 서 있는 것 등은 각종 무서운 예교를 만들어 냈으며 도리어 부자간에 천성의 사랑을 단절시킨다. […] 문명의 중국에서 사회적으로 이러한 자식을 잡아먹는(食子) 행위가 공인되고 있으며 이는 얼마나 무서운 일이냐?[25]

그런데 역설적인 점은 이러한 미분화된 젠더의식이 여성을 구가정에서 자유롭게 하는 논지들로 발전하며 여성과 가정과의 관계에서 유토피아적인 상상의 나래를 펼칠 수 있는 근거로 작용했다는 점이다. 여성은 남성과 동등한 권리로 가정을 조직하고 건설해야 한다는 방침만 천명될 뿐 가정 내에서 차지하는 지위는 정해지지 않은 채 여성에 대한 새로운 관념들이 다기하게 전개된다. 1925년 5월, 부녀잡지는 '어떻게 대가족을 전복할 것인가'라는 제목으로 공모한 사업의 당선글을 싣는데 이 글들에서 부녀교육과 부녀직업 및 여자의 유산상속권에 대

---

25 琴廬, 앞의 글, pp.5~6.

한 요구[26]가 주장되고 부녀가 가사일 때문에 가정에 갇혀 있게 되는 사정에 대한 비판 및 유희화된 가정직업이 서술되는[27] 등 가정개조를 위한 여성 위치와 역할 등에 대한 자유로운 논의가 펼쳐진다. 이는 전통적인 부권중심의 가부장제가 근대의 다른 가부장제로 이동하는 틈새속에서, 가족 개념에 볼모로 잡히지 않는 여성에 대한 상상이 풍부하게 전개되면서 가족개조론의 틀을 유동적으로 구성하고 있다고 봐야할 것이다.

3. 남녀평등의 논리, 여성적 가정성의 시초

당시 가정이 우리의 상상과는 달리 남성의 공간으로 표상되었다는 점은 앞서 말한 바대로이다. 이는 당시의 글들을 통해서도 분명하게 언표되는데 "남자는 가정의 주인같고 여자는 가정의 노비같다. 가정은 완전히 남자의 왕국이다"[28] 등의 발언이 대표적이다. 이런 인식이 뿌리깊었기에 당시의 가정개조론에서 여성은 적극적으로 위치를 부여받지 못하고 개혁의 '대상'이자 주변적인 역할만 부여받은 사정이 존재하는데 초기 가족 논의는 이러한 여성의 가정에서의 지위를 여실하게 반영하고 있는 것이다. 그러나 소가족논의가 구체적으로 진전됨에 따라 동반자로 가정했던 여성에 대한 언급이 잦아지게 되고 그 가운데, 가정 내에서 여성의 지위를 어떻게 규정해야 하는지에 대한 논의

26 당선작 중 劉成輝, 歐陽飾의 글을 참조하라.
27 顔筍, 앞의 글, p.317.
28 琴廬, 앞의 글, p.6.

가 본격적으로 이뤄지기 시작하면서 '가정'의 의미는 전환을 맞게 된다. 1925년 12월에 게재된 '현대부녀와 현대가족제도'는 가정과 여성을 연관짓기 시작하는 논의지형의 변화를 잘 드러내 주고 있다.

> 현재 많은 사람들이 가정문제를 연구하기 시작한다. […] 그러나 그들은 가정 중의 부녀의 문제를 방기하고 살펴보지 않는데 이는 정말 큰 결함이라 하겠다. […] 실제로 부녀문제가 가정에서 해결할 필요가 있는데 부녀의 가정문제를 해결하는 것이 부녀가 해방을 도모하는 첫걸음이며 부녀의 참정자유의 획득에 필요한 기초이기 때문이다.[29]

이듬해 5월 『부녀잡지』는 '신가정을 창립하기 위한 준비'라는 제목으로 진행한 공모에 당선된 글들을 싣는데 여기에서 여성에 관한 중요한 관념의 전형을 보인다. 게재된 글은 일곱 편인데 모두 소가족을 조직하는 문제에 관하여 당선자 각각 자신의 방법과 경험을 서술하고 있다. 그런데 대가족에서 벗어나 새로운 가족을 창립하는데 중요시되는 것으로 당선작들은 공히 '지식'과 '능력'을 꼽고 있는 점이 주목할 만하다. 왜냐하면 '신가정을 조직'하려면 신부부는 '구가정의 일체의 속박에서 벗어나서 자유롭게 생활한다. 그런데 자유는 대가가 필요'하다고 주장하고 있는데 여기에서 필자가 강조하는 신부부가 져야 할 책임이란 구가정의 책임과 차원을 달리하는 것이기 때문이다. '새로운 가정을 조직한 다음, 가정은 각양각색의 설비를 해야만 할' 뿐만 아니

---

29 李聖悅, 「現代婦女與現代家族制度」, 『婦女雜誌』 1925, 第12號, p.1822.

라 가정을 유지하기 위해 적당한 직업이 있어야 한다. 이런 맥락에서 필자들은 지식과 능력을 중시하게 된다.

문제는 소가족에서 필요로 하는 지식과 능력이 무엇을 가리키는지, 그리고 그들이 건립하려고 하는 것은 또 어떠한 형태의 가족인가 하는 점에 모아진다. 그런데 당선작들은 위에서 언급한 직업적인 지식 이외에, 다른 종류의 지식과 능력을 특별히 언급하고 있는 점을 눈여겨볼 수 있다. 그런데 그 특정한 지식과 능력이 무엇인지 살펴보기에 앞서 이 지식 등의 필요성을 역설하는데 일종의 발상의 전환이 따르고 있다는 점에 주목할 만하다. 이와 관련하여 한 필자의 말은 의미심장한데 그는 신가정이 적잖은 부담을 지고 있다는 점을 강조한 다음 여성이 가정에서 져야 할 책임을 논의하고 있는데 이를 다름아니라 '남녀평등'의 논리로 설명하고 있는 점이 눈에 띈다.

자유연애, 자유결혼, 신가정의 조직 등의 말은 청년남녀들이 심취하는 바이다. […] 그러나 신가정이 조직된 다음 가정 내의 각종 설비와 생활 및 사회교제상의 필요, 장래 자녀를 교육할 비용 등의 층층의 부담이 곧장 이러한 신가정의 두 주인공의 어깨위에 잇따라 가해진다는 사실을 알아야 한다. 만약 사전에 준비가 되어 있지 않으면 역량이 충분하다 할지라도 때가 되면 부담하지 못하게 되고 층층의 부담에 짓눌리게 된다. […] 새로운 가정에서 남녀는 평등하다. 권리와 의무 모두 평등하다. 그리하여 가정중의 책임은 부부 두 사람이 공동으로 져

---

30 逸鹿, 「缺不得知識和能力」, 『婦女雜誌』 第12卷 第5號, 1926, pp.17~18.

야 하며 남편에게만 맡겨서는 안 된다.[30]

이 글에서 주장하는 남녀평등이란 다름이 아니라 가정에서 여자와 남자가 '평등하게' '책임'을 지는 것을 가리키는 것이다. 남녀평등의 논리는 정치나 생활의 층차에서 여성 지위를 제고하는 측면에서 주장되는 것이 아니라 여성이 가정내에서의 책임을 강조하는 측면에서 구사되고 있는 것이다. 곧 남녀평등의 이름으로 필자는 여성이 가정에서 책임을 질 당위를 요구하고 있는데 필자들은 신가정이 성립된 다음에는 남편에게만 완전히 의지해서는 안 되며 이런 상황이 바뀌어야 된다고 한 목소리로 주장하고 있다. 이에 대해 요구되는 것은 대략 두 방면이다. 하나는 '마음의 개혁'으로 '신가정을 창립하기 위하여 새로운 자아를 창립해야 하'며 '열정적인 애정과 견고하고 인내심있는 의지'를 가져야 한다는 것이 그것이다.[31] 다른 한편, 가사와 관련되는 새로운 지식과 학문을 요구하고 있는데 이에 대해 한 여성 필자는 다음과 같이 말하고 있다. "'신가정을 창립하려는 준비'에 대해서 나는 가사일을 처리하는 것을 배워야 된다고 생각한다. 이 또한 매우 중요한 일이다."[32]

그런데 마음의 개혁과 새로운 지식과 학문의 요구라는 이 두 방면은 결코 모순되지 않고 밀접한 관련성을 지니는데 모두 여성을 겨냥하여 요구되어진 사항이라는 점에서 그러하다. 지식과 능력에 대해 토론할 때도 이러한 구비조건은 여성이 사회에 진출하고 사업을 진행하

---

31 車久亨, 「心的改革」, 『婦女雜誌』 第12卷 第5號, pp.24~25.
32 蘭嬢, 「我是試行中的一人」, 『婦女雜誌』 第12卷 第5號, p.23.

는 것과 관련되어 논의되지 않으며, 가정의 책임을 분담하기 위한 토대로써 곧 '애정'이나 '아동교육', '생활과 사회교제'등의 조건으로 논의되고 있다. 이런 점에서 그들은 여성이 평등하게 일을 해야 하는 장소로 다름 아닌 가정을 지정하고 있으며 이 공간은 이제 '여성'이 지식과 능력을 갖춰야 하는 장소로 변모했다는 걸 알 수 있다. 여기에서 놀라운 점은 이시기 논의들이 '남녀평등'의 사상에 기반하여 여성을 가정으로 소환했으며 이를 정당화했다는 점이다.

이러한 소환 속에서 가정영역과 가정성 관념이 본격적으로 주조되면서 가정/사회의 구분이 출현하고 성별분업이라는 관념이 싹트는 양상을 엿볼 수 있다. 가족논의 초기부터 선보였던 남녀평등의 사고는 여기에서 구체적인 내연을 확정짓는바 곧 초기 논의가 내포하고 있던 여성의 사회정치적인 지위를 제고하는 방면으로 작용하던 측면이 기각되고 여성이 가정 내의 책임을 논의하는 담론에 적극적으로 사용되는 면모를 보이는 것이 그것이다. 여성에 대한 이러한 요구는 초기 가족논의가 지니고 있던 사회현실과의 관계를 끊고 가정 자체로 토론의 범위를 축소하면서 사람들의 주의력을 가정 영역으로 전환시키는 효과를 낳고 있다. 이렇게 가정은 사회와의 광대한 연계를 잃고 독자적인 '개인'화된 영역으로 변모한다. 이는 가정 영역의 재구성이라 할 만한 것으로 평등의 관념을 통해 가정 영역은 새롭게 구획되고 이와 동시에 가정 영역 구성의 실행자 이름을 '여성'으로 다시 아로새기는 양상을 보인다. 당선작들의 면면은 이러한 지식의 성격을 잘 보여주는데 '품성'뿐만 아니라 '학식', '예술'을 새로이 소가족에 요구하거나[33] 가사일 처리나 자녀 교육 등의 '집안을 다스리는 재간'을 '최근 내가 주의하는 일'로 꼽거나[34] '예산표짜기'를 '시행'하고 있는 보고를 하거나[35] '아동교육'을 가정내의 모친의 책임으로 돌리는 등[36] 여성을 가사와 관련된 특정지식과 결합하여 가정과 결합시키는 서술을 하고 있다. 이렇게 '여성' 개념은 남녀평등의 논리와 '지식'과 '능력' 등의 근대적인 신조어로 무장되면서 가정 영역을 새롭게 구획해 내며 가족 담론의 궤도에 본격적으로 진입하게 된다.

4. 일/가정 모순의 봉합 – '국민' 개념의 개입

1927년 전후로 슈퍼우먼에 관한 서술이 유행하면서 전환기의 상황을 드러내 주고 있다. 이러한 서술 속에서 '그녀들'은 가정과 일 사이에 위치하는데 때문에 이러한 논의 속에서 사람들이 현실속에서 고투하는 직업여성의 상황을 어떻게 보고 있는가 하는 점이 미묘하게 드러난다. 1928년 『부녀잡지』는 '근검절약'을 주제로 한 현상공모를 실시하는데 당선작들은 사업과 가사에 모두 성공한 여성을 소개하고 있다. 그러나 이 서술을 자세히 살펴보면 필자들은 모두 슈퍼우먼에 대해 관찰자적인 태도를 취하고 있는데 직업여성의 삶을 완전무결한 것으로 묘사하고자 하지만 이와 동시에 여성이 사업과 가정 양쪽에서 겪는 고통이나

---

33 鍾竹友, 「應從學識品性藝術三面着想」, 『婦女雜誌』 第12卷第5號, p.18.
34 愛瓊女士, 「近年來我所注意的事」, 『婦女雜誌』 第12卷第5號, pp.20~21.
35 蘭嬢, 「我是試行中的一人」, 『婦女雜誌』 第12卷 第5號, p.21.
36 許伴山, 「鬱結時的我所思」, 『婦女雜誌』 第12卷第5號, p.26.

고투를 감지하고 있다. 이 때문에 글들은 시종 상황을 묘사하는 문체를 운용하는데 이는 당사자의 고통을 서술하면서 동시에 필자가 이러한 입장표명이 미묘한 문제에 대해 우회적으로 의견을 드러낼 수 있는 방법으로써 유효하다. 전형적인 예는 남편이 부인의 일에 대한 생각을 서술하는 장면에서 드러나는데 글은 남편의 입을 통하여 부인들이 일을 포기하고 가정으로 돌아갔으면 하는 뜻을 전달하고 있다. 그러나 사실 이는 직업여성을 찬미하고자 하는 글쓰기 의도와 위배되는 것인데 여기에서 균열이 발생한다. 이 균열은 직업여성이 일과 가정을 양립시키는 슈퍼우먼의 논리나 근검절약하는 양호한 국민으로 행위하는 측면을 부각시킴으로써 봉합된다. 당선작 중 남편이 부인에게 설득하는 장면에 나오는 대화는 이런 면모를 전형적으로 드러낸다.

> 그럼 당신은 학교의 수업을 그만두구려. 나는 사람이 세상에서 자기에게 맞는 책임을 지기만 하면 되는 거라 생각하오. […] 여자직업을 평가하는 사람들은 사회와 가정이 원래 연대관계가 있다는 걸 모르고 하는 소리오. 우리들의 소가족을 잘 갈무리한다면 벌써 사회를 위해 일부분의 책임을 다한 것이 아니겠소?[37]

여기에서 주목할 만한 점은 여성의 가정으로 회귀를 설득하는 방식에 변화가 생긴 점이다. 이 속에서 여성의 가정화는 사회건설의 일 방식으로 새롭게 제출된다. 그런데 이러한 논법은 일과 가정의 양립에

---

37 任娟, 「良好的國民」, 『婦女雜誌』 第14卷 第1號, 1928, p.107.

의 어려움에서 불거져나오는 여성의 불만을 완전하게 잠재우지는 못했지만 정치사회적인 방면의 개혁에 관심을 쏟던 당시의 여성 운동을 일정정도 제도내로 합리화시킬 수 있는 방안을 제공한다. 곧 이는 당시 교육을 받은 적잖은 여성들이 졸업후 개인 진로문제에서 겪는 고민이나 드높았던 여권운동의 요구를 중재하는 논리로써 그동안 졸업후 진로를 고민하는 여성들을 가정으로 새롭게 흡수하는 유효한 방법을 선보였다고 할 수 있다. 이러한 새로운 논리로 인해 '주부'가 가정개혁의 주동자로 평가를 받게 되고 이런 지위를 가진 한에서 사회와 국가개혁에 참여하는 인물로 승격되는 것이다. 1928년과 1929년 사이에 발표된 글들은 이와 같은 시각의 전환을 선보이는데 곧 주부의 지위를 고쳐쓰는 여론작업을 벌이면서 '새로운 주부'의 이념을 내놓는 것이 그것이다. 1928년 부녀잡지 12호에 '새로운 주부가 해야할 일'이라는 제목의 글이나 1929년 10호에 실린 '처의 책임' 등의 글은 '주부'와 '처'의 책임의 막중함에 대해 강조하고 있다.

> 국가사회를 개혁하고 건설하려면 가정에서부터 시작해야 한다. 가정
> 개혁은 물론 가정 중의 각자가 공통적으로 책임을 져야 할 문제이만
> 주부는 가정개혁의 주동자로 새로운 주부로 자처해야 마땅하다. [···]
> 현대의 주부들아! 당신들이 책임은 이처럼 막중하다. [···] 가정개혁
> 과 사회개혁, 국가의 기본적인 책임을 모두 자신이 떠맡아야 한다."[38]

---

38 將星德, 「爲新主婦所當爲」, 『婦女雜誌』第14卷 第12號, 1928, p.28.

그리하여 양성 방면에 각자 자신의 책임을 알고 있다면 책임을 지고 행하면 고뇌의 가정도 자연히 낙원으로 변하게 될 것이다. [⋯] 바꿔 말하면 현재의 '처'는 일가나 한사람을 위한 것이 아니라 전사회, 전인류를 위해 행동하는 것이다. 그리하여 현재의 '처'의 책임은 매우 막중하다.[39]

이렇듯 소가족 논의 중에서 여성은 사회와의 관계를 회복하지만 잡지를 통해 드러나는 사회와 국가에 유익한 여성형상이란 이미 이전과 다른 면모를 지니고 있다. 글에서 묘사된 여성은 사회와의 관계를 회복하고 사회적으로 여성이 지는 책임을 중시하고 있는 듯 보이지만 이는 가정과의 관계가 긴밀한 상황 속에서만 인정되는 지위이다. 여기에서 여성의 정체성은 명확하게 '주부'로 전환되며 필자들에 따르면 여성은 사회에 공헌하려 할수록 가정으로 돌아가 일체의 가사일을 적절하게 처리해야하는 것으로 가정된다. 이는 '남녀평등' 사상이 가정 영역을 여성과 관련지은 이래 이에 부가하여 새롭게 형성된 여성 정체성이다. 이렇듯 '국가'의 호명 아래 기존의 유력한 대안 중의 하나로 주창되었던 여성의 사회진출이라는 진로는 점차 저평가되기 시작한다. 그리고 이를 대체하는 새로운 경로가 개척되는데 곧 여성은 집에서의 가사노동을 통해서 사회적으로 적극적인 평가를 얻게 되는 것이 그것이다. 이러한 시각에서 여성의 구체적인 책임이 거론되는데 위의 필자는 '처'의 책임을 다음과 같이 명확하게 규정하고 있다.

---

[39] 宋孝璠, 「妻的責任」, 『婦女雜誌』 第15卷 第10號, 1929, p.28.

그리하여 현재의 '처'의 책임은 매우 막중하다. 1) […] 한마디로 말하자면 남편에게 동정심과 친애심을 부여하는 것이다. 2) […] 그리하여 처된 사람은 마땅히 모친의 책임을 져야한다. 장래의 국민의 좋고 나쁨은 완전히 처된 사람의 손에 달려있다. 3) 처의 세 번째 책임은 가정을 처리하는 것이다. […] 나는 여자가 바깥에서 일을 할 수 없다고 말하는 것이 아니지만 내 개인의 생각에 의하자면 여자는 우선적으로 가정를 잘 처리하여 사회를 위해 튼튼하고 양호한 기초를 건축한 다음 배운 바를 발휘하여 기타 사회에 복무하는 일에 종사하는 것이 가장 좋다고 생각한다. 가정을 처리하는 것을 알아야 하는데 이것도 사회에 복무하는 막중한 일인 것이다![40]

여기에서 '국가'와 '사회'의 이름으로 가정을 옹호하는 목소리가 도드라지는데, 이는 당시에 드높았던 여권주의의 대의를 거스르지 않으면서 이를 유효적절하게 처리할 수 있는 유력한 방편 중의 하나로 볼 수 있다. 표면적으로 보면 글은 여권주의의 합리성을 승인하는 듯 보이지만 이는 단지 여권주의의 주장을 거부하지 못하는 현실적인 상황을 묵인한 것에 불과하다. 가령, 다른 필자는 "여권이 팽창한 이 시대에 현모양처 교육을 주장하는 것은 사상이 낙후된 것같이 보인다"라고 서두를 떼어 사상이 낙후되었다는 비판에 대해 경계하는 듯 보이지만 이는 이러한 비판에 대한 방비에 불과하고 이 글이 궁극적으로 펼치는 주장이란 여성에게 현모양처의 교육을 시키자는 것에 다름 아

---

40 宋孝璟, 앞의 글, p.28.

니기 때문이다. 그리하여 필자는 "유아 보육을 방기하는" 신여성을 비판하면서 "우리들은 교육의 관점과 인생행복에서 생각건대, 어머니가 되려고 준비하거나 이미 된 이들은… 주요한 임무를 자녀를 교육하는 데 두어야 한다"고 최종적으로 주장하는 것이다.[41] 필자들은 이렇듯 사회와 국가의 이름으로 정당하게 여성을 가정으로 소환하여 여권주의의 파고를 잠재우려 하고 있다. 여성과 관련된 다른 상상들은 점차 억압되고 주변화되면서 기존의 대안적인 여성 상상들은 기각된다. 그런 상상들에 대해서는 부정 일변도의 판단이 내려짐과 동시에 여성은 바깥에서 일을 하지 말고 가정에서 애정으로 고된 현실을 따뜻하게 만들 것이 격려된다.

1929년 『부녀잡지』 4호에는 '현모양처'를 고취하는 일련의 글들이 실린다. '현대여권운동에서 현모양처로'라는 제목의 글에서는 '애정'의 각도에서 가정(家政)과 가사를 방치하는 신여성에 대해 경고하고 여성의 돈벌이를 '허영의 사주를 받은 것'이라고 폄하하는 내용을 싣고 있다.

그러나 현재 일부분의 여자는 스스로 돈을 벌 줄 안다. 그녀들의 돈은 도대체 무슨 용도로 쓰이는가? 만약 그녀 자신이 밥을 먹고 생활을 도모하기 위한 것이라고 한다면 부부가 별거한 것이 아니란 말인가? 두 사람이 공동으로 생활하는데 그녀에게 얼마간의 돈을 내놓으라고 한다면 그녀는 분명히 웃기는 일이라고 생각할 것이다. […] 하물며 허영

---

41 沈美鎭, 「新女性與幼稚教育」, 『婦女雜誌』 第15卷 第11號, 1929, p.2.

심이 많은 일반 여자들이 새로운 옷이며 악세사리 및 기타 물건을 사서 사람들의 눈을 휘황찬란하게 하고 싶지 않은 이가 어디 있겠는가? 그리고 호승심이 많은 남자도 그의 처가 뛰어나서 남에게 칭찬을 듣는 것을 바라지 않겠는가?"

애정은 금전과 실력, 지위 등 일체의 계급제도를 타파한다. 부부가 애정의 결합이라고 한다면 당연히 평등과 상부상조의 사상에 입각하여야 한다. 직업적인 구속이 있어도 남자와 마찬가지로 동시에 가정을 돌봐야지 금전과 지위를 추구하는 것으로 가사를 내팽개쳐도 된다고 생각해서는 안 된다. 또 여권이 드높은 시대에 남자를 멸시해도 되고 인생에 마땅한 범위를 넘어서도 된다고 생각해서도 안 된다. 애정의 입장에서 일체의 금전과 지위에 대한 허영심을 제거하여 두 사람이 가정간에 이익이 되는 실제적인 일을 해야 할 것이다. […] 나는 감히 단정짓는데 '남자에게 많은 힘을 들이지 않고도 진정한 현모양처가 될 수 있다. 게다가 그들의 자녀에게 우수하고 순결한 선천성과 정당하고 표준적인 후천적인 교육을 제공할 수 있으면 진정한 좋은 어머니가 아니겠는가?[42]

국가의 힘은 여권주의의 추세를 초월하여 여성의 신분과 공간을 국민개념의 개입을 통해 재구성하고 있다. 곧 이러한 논리 속에서 여성은 '국민-책임'을 동일시하는 것을 통하여 정체성을 획득한다. 이

---

[42] 王則李, 「從現代女權運動說道賢母良妻」, 『婦女雜誌』 第15卷 第4號, 1929, pp.22~23.

와 동시에 여성의 특성은 다른성이 대체할 수 없는 것으로 본질화되어 선언되기에 이른다. 필자들에게 여성이 집에서 살림을 하는 것은 '자연'스러운 일이 되며 '남자에게 많은 힘을 들이지 않고도 진정한 현모양처가 될 수 있다'거나 '그러나 내 개인적인 생각으로 여자는 가정(家政)을 잘 처리하는 것이 가장 좋다고 생각한다' 등의 발언이 이뤄진다.[43] 그러나 이는 중산계급여성 위주로 편성된 여성 상상이다. 소가족의 '현모양처'의 상상 속에 기타 계급의 여성 ── 가령 여성노동자 ──의 다른 현실이란 홀략될뿐더러 중산계급여성에게 초점을 맞춰 공공연하게 논의되는 현실은 이들 기타 계급의 여성들에게 자신의 처지에 부합하지 않는 상상을 동일시할 것을 요구하고 있는 것이다.

'여성'에 대한 이러한 몇 차례의 개조를 거쳐 30년대에 이르면 사람들은 가정의 '즐거움'과 '행복'을 논의하기 시작한다. 이후에 소가족을 논의하는 글 속에서 '즐거움'이라는 말은 빈번하게 출현하는데 이는 가정에 대한 서술방식에 있어서 큰 전환점 중이 하나로 과거와 달리 사람들은 가정에서 이러한 즐거움을 찾아내고자 한다. 가정에 대한 이러한 상상은 이전에는 존재하지 않던 것으로 즐거움은 가정에서 표

---

43 심지어 다른 필자는 한술 더 떠서 아이돌보기를 통하여 '부녀의 진정한 해방에 도달'할 수 있다고 주장하기까지 한다. "그녀들은 '부녀참정'과 '부녀해방'의 논조를 소리높여 외치고 있는데 자신의 교육양육의 일은 하녀와 유모의 손에 맡기고 있다. 이는 새로운 봉건의식의 성분을 포함하고 있을뿐더러 자본주의 사회문화에 물들어 있다. 게다가 이러한 '참정'은 불합리한 사회 전체의 개조에 도움이 되지 못하여 전민족과 전인류의 아동을 위해 행복을 도모하는데도 도움이 되지 못한다. [⋯] 그리하여 신중국부녀는 오늘 이후 중국미래민족에 대한 사명을 책임지고 아동이 사회에서 지니는 지위를 우선적으로 분명히 이해해야 하며 아동생명의 가치와 현대구미와 중국아동교육의 상황을 알아야 한다. [⋯] 그리하여 부녀의 진정한 해방 ── 경제적으로나 인격적인 해방에 도달해야 한다." 林仲達, 「對新中國靑年婦女談兒童敎養問題」, 『婦女雜誌』 第16卷 第11號, 1930, p.2.

나게 추구되지 않거나 표현되지 않았다. 그러나 이제 소가족은 이전과 달리 즐겁고 달콤한 생활을 누리는 것으로 상상되며 소가족에 대한 이러한 새로운 감각은 청년남녀의 이목을 끌어들이는데 중요한 영향을 미친다. 비록 실제생활이 어려움과 곤경으로 가득차 있다 하더라도 이러한 어려움이 생활 속에서 희석되고 행복과 즐거움으로 전환될 수 있는 것으로 믿는 것처럼 보인다. 이러한 추세는 1931년 『부녀잡지』 공모글 속에서 뚜렷하게 드러난다. 가정에 대한 당선작들의 서술은 '즐거움', '행복' 및 '애정' 등 몇 개의 핵심어로 집약이 되며 이런 어휘들은 가정에 대한 풍부한 상상을 대체하며 가정내부의 성별분업체계를 위주로 하는 협애한 함의를 확정해 나간다.[44]

친구여, 그대에게 이야기하노니 우리들은 사랑한다. 어떤 일이 있더라도. 우리들에게 환락의 그림자가 어른거리는데 이는 양성이 화해하는 합주이자 일체의 음악 중에 가장 마음을 떨리게 하는 매혹적인 목소리이다. 나는 나의 처처럼 즐겁다. 그녀가 매일아침 창을 열고 반신을 창밖으로 내밀고 내가 점점 사라져 가는 모습을 보는 열정적인 모습은 나를 감격케 하여 눈물이 나오게 한다. 정말이지 그녀는 나를 너무 좋아한다. […] 나의 친애하는 친구여, 그녀가 어떻게 무시로 나를 돌보고 걱정하는지 그대도 상상하지 못하리오…. 그녀는 늘 나를 위해 일을 하고 항상 나를 위해 옷을 깁는다. 단추 하나, 양말 한짝의 구멍도

---

44 『부녀잡지』 1931년 10호에 실린 당선작의 필자와 제목은 다음과 같다. 鏡璘, 「愉快生活寄託의 處」; 慕光, 「我們是愛好的」 cy女士, 「幸福生活의 基礎」 薛莘, 「茶話」.

그녀는 반드시 직접 바느질하여 처리한 다음에야 손을 놓는다. 때로는 물건의 차고 더운 걸 맞추는 것도 그녀가 직접 온도를 재야 한다.[45]

이러한 즐거움은 고통을 대가로 치른 것으로 실행자가 소가정의 실제적인 간난함에 대면하고 있다 하더라도 서술은 오직 한 방향 — 곧 간난 중에 느끼는 즐거움 — 만을 겨냥한다. 이러한 서술 속에 보이는 가정의 행복과 즐거움에 관한 감정은 가정의 구체적인 현실문제를 토론할 여지를 가리는 효과를 낳고 가정내 성별분업은 이러한 은폐 속에서 더욱 공고해진다. 여기에서 묘사된 생활의 즐거움은 당초 가족개조의 이상을 망각케 하고 가정의 즐거움이 가족개조의 최종적인 목표인 양 만드는 결과를 낳는다.[46]

5. 가정화 논리 재검토

위와 같이 1920~30년대 부녀잡지는 사회 및 국가의 철저한 개혁을 위해 기존가정(舊家庭)의 개조를 기획하며 새로운 가족구성을 위한 논의를 전개해 왔는데 그 사이 보수적이고 전제적이라고 비판됐던 가정은 30년대 초에는 즐겁고 행복한 공간으로 언표되는 등 획기적으로 변화한다. 그러나 이러한 언표는 가정공간의 주체가 전치되면서 대변된

---

45 慕光,「我們是愛好的」,『婦女雜誌』第17卷 第10號, 1931, p.48.
46 흥미있는 점은 이러한 현실에 대해 늘 남성은 여성에게 경고를 가하는 태도를 취한다. 그리고 여성은 자신의 잘못과 '각오'를 표현하는 자세를 취한다. 가정개혁에서 남녀 사이의 이러한 계몽/피계몽의 역할지정은 불철저한 개혁의 구조를 형성한 원인 중의 하나이다.

것으로 이 시기의 논의는 남성의 가가 여성의 가로 전이되는 과정에 다름 아니다. '가정' 및 '가족'은 집단보다 개인을 우선적으로 내세우면서 개혁의 대상이자 산실로 탈바꿈하는데 이때 가정은 일단의 '지식'과 '능력'이 요구되고 육아와 살림, 애정 등이 이 지식의 내용으로 채워지면서 새로운 가정성의 의미를 획득한다. 이와 더불어 여성 개념이 새로 쓰여지는데 초기 가정 개혁의 조력자로 단순하게 규정됐던 여성이 이러한 특정한 지식을 담지할 주체로 적극적으로 호명되면서 여성의 가정으로의 소환작업이 이루어진다. 이후 국가 및 사회적인 책임으로서 가정영역이 옹호되고 여성의 가정에서의 임무는 사회적인 의미까지 부여되면서 가정과 일 사이의 모순을 무마하는 중요한 방편으로 적극적으로 제기된다. 이렇듯 이시기 전개된 논의는 남성의 가가 여성의 가로 전이되면서 애초의 가정개조론이 문제제기했던 사회개조라는 광범위한 관심의 폭을 축소했다. 이와 함께 근대적인 개념으로 재언표된 애정과 가정(家政), 아동교육 등으로 특징지어지는 사적인 가정성의 의미를 확정지으면서 이를 중심으로 가족의 사회적 의미를 재부여하는 논의의 전환 과정을 보여준다. 그리고 여성개념도 이에 발맞추어 새롭게 주조되고 고정되는 양상을 보여 주고 있다.

여기에서 남녀평등의 주장이 남성지식인에 의해 전유되면서 가정영역에 절실하게 적용되어 여성의 가정화를 촉진하는 논리로 수정되었다는 사실은 놀랍다. 가정영역은 남녀평등의 논리에 근거하여 여성도 책임을 져야 하는 공간으로 부각되는데 이러한 주장은 한발 더 나아가 여성이야말로 남편의 보조와 아이돌보기 및 살림에 적절하다는 적극적인 논리로 전환되며 이로써 여성을 특정한 가정개념과 연관지어 본질화시키고 있기 때문이다. 이렇듯 1920~30년에 걸쳐 전개된 중국의 가족 논의, 특히 소가족과 관련된 논의는 여성해방을 촉구하는 듯 보이나 실은 페미니즘 논의를 가족 영역의 문제로 전환하면서 체제 내적으로 합법화시켜 페미니즘 논의의 활력을 흡수하고 봉쇄하는 효과를 지닌다는 사실을 알 수 있다. 이는 사회로 나아간 여성을 가정으로 회귀시키는 강력한 수사였으며 이러한 유사페미니즘 의제에 따라 가정에 귀환한 여성에 의해 구가정과는 또다른 가부장으로 형성된 부권중심의 가족은 유지된다.

4장 '가사학'의 탄생

'가사(家事)'는 남성에게나 여성에게나 제대로 평가를 받지 못한 활동 중의 하나이다. 최근 페미니즘 학계에서는 이러한 '가사'의 유의미성을 강조하는 연구를 내놓으면서 가사를 정당한 노동의 일부로 정위하는 이론적이고 비판적인 작업을 진행하고 있다.[1] 그러나 이러한 시도에도 딜레마는 여전히 존재한다. 그동안 제대로 평가받지 못한 가사노동에 의미를 부여하고 가사노동의 비가시화와 자연화, 부불화(不拂化)가 자본주의 체제를 작동시키는 주요한 구성요소라는 점을 밝힐 때 다른 한켠에서는 이것이 가사노동을 여성에게 고유한 것으로 보는 관념

---

1 가령 여성주의 경제학자 깁슨-그레이엄(Gibson-Graham)은 기존의 경제 개념이 인간의 다원적이고 분산적인 생활실천들을 딘일한 하나의 경제체로 통합하고 나머지를 '비경제적'이거나 '비자본주의적'인 것으로 배제한다고 지적한다. 특히 이러한 자폐적인 경제체는 아이를 돌보는 활동 등은 중요하지 않은 것으로 인식하게 만든다고 비판을 가한다. 깁슨 그레이엄의 언급은 쉬바오창의 다음 글에서 재인용. 許寶强, 「反市場的資本主義」, 『反市場的資本主義』北京: 中央編譯出版社, 2001, p.75. 깁슨-그레이엄의 관련 저서 국역본으로 다음을 참고. 『그따위 자본주의는 벌써 끝났다』, 이현재 외 옮김, 알트, 2013.

을 재생산하고 고착시키는 것이 아닌가 하는 의문이 들 수 있기 때문이다.[2]

    그런데 20세기 초 중국으로 눈을 돌려 보면 가사에 대한 전혀 다른 담론적 지형이 펼쳐진다. 이 시기에 '가사'는 현대 이전의 무의미한 자리에서 가시화되어 새로운 의미와 기능을 적극적으로 부여받게 된다. 가사에 대한 이 같은 주목은 현대 여성을 어떻게 볼 것인가, 여성을 어떻게 위치지을 것인가라는 시각의 재조정과 밀접한 관련을 맺고 있다. 현대의 달라진 지평에서 여성 개념과 기능, 장소에 대한 새로운 규정이 이루어지는데, 이때 가정과 가사는 이에 적극적인 감각을 불어넣는 개념으로 자리한다. 남성의 가(家)로 표상되는 전통사회에서 존재하되 상기되지 않았던 '여성'은 현대시기에 '가사(家事)'의 현대화(modernization)와 '가정(家庭)'의 의미화를 통하여 '가정'과 결부된 주체로 명료하게 발음되는 것이다.[3]

---

2 이런 점에서 젠더와 기술 및 사회 간의 관계를 논한 주디 와츠맨의 다음과 같은 언급은 참고할 만하다. 그녀는 "가부장제 사회에서 여성적 가치 자체가 남성지배의 사회구조에 의해 왜곡되어 있"기 때문에 "근본적으로 남성적이라거나 혹은 여성적이라고 말하는 본질주의적 가치개념을 거부"해야 한다고 주장한다. 주디 와츠맨, 『페미니즘과 기술』, 조주현 옮김, 당대, 2001, 285쪽. 가사노동에 대한 페미니즘의 대표적인 논의로 다음을 참고. 실비에 페데리치, 『혁명의 영점』, 황성원 옮김, 갈무리, 2013; 마리아 미즈, 『가부장제와 자본주의』, 최재인 옮김, 갈무리, 2014; 마리아로사 달라코스따, 『집안의 노동자』, 김현지·이영주 옮김, 갈무리, 2017; Camille Barbagalle ed., *Women and the Subversion of the Community: A Mariarosa Dalla Costa Reader*, Oakland: PM Press, 2019.

3 근현대 이전 사회에서 가정은 남성이 다스리고 관장하는 남성의 공간으로 유교의 논리가 여일하게 관철되는 수신의 공간이었다. 실제 여성이 가정일을 돌보았을지라도 이는 공적인 담론으로 표면화되지 않았으며 '수신제가치국평천하'의 논리가 드러내 주듯이 전통사회에서 '가(家)'는 오히려 남성의 가(家)로 공식적으로 표상된다. 본서 1부의 3장을 참고.

그런데 이러한 '가사'의 현대화는 가사 교육이라는 현대 여성교육 체제를 통하여 체계적으로 보급되어 왔다. 여성교육 방안 중에서 '가사' 혹은 '가정' 과목은 특별히 여성에게 중점적으로 교육되어 온 과목으로 이러한 조건은 '가사' 과목이 여성교육에서 독특한 지위를 차지하고 있으며 여성교육의 중요한 특징을 구성하고 있을 것이라는 가설을 가능하게 만든다. 그렇다면 과연 '가사' 과목은 어떻게 등장했는지, 또 어떤 각도에서 부각되었는지, 그리고 여기에서 담지하고 있는 내용은 무엇인지, 이 과목은 어떤 기능을 했는지, 이것이 여성 개념을 형성하는 데 어떤 중요한 영향력을 미쳤는지 등에 관해서 살펴볼 만하다. 이러한 상황은 미국과 일본, 한국에서도 유사하면서도 각각 독특한 양상을 띠면서 전개된바,[4] 이 글에서는 특히 근현대 중국에서 여성교육이 가장 발달한 도시 중 하나인 상하이의 경우를 통하여 이 문제를 검토하고자 한다.

'가사' 교과의 비교연구에서 근현대 시기 중국이 문제적으로 떠오르는 것은 중국에서 여성교육이 이 시기에 유례없이 활발하게 이루어졌으며 가정, 가사 교과가 이에 중요한 역할을 했다는 점 때문만은 아니다. 1949년 사회주의 중국이 성립된 이후에 가정, 가사 교육 및 여학교 제도가 폐지됨에 따라 현대 시기에 진행된 가정, 가사 교육이 전체 중국 역사에서 갖는 각별한 위치 때문이기도 하다. 가사과목에 대한

---

4 한국과 일본, 미국 등의 가정 및 가사교육 역사에 대한 글로 다음을 각각 참고. 정덕희, 「우리나라 초등가정과 교육의 변천에 관한 연구」, 『서울교육대학원논문집』 10권, 1977; 한옥수, 「일본의 가정과 교육」, 『한국가정과 교육학회지』 6권 1호, 1994; 윤인경, 「미국의 가정과 교육」, 『한국가정과 교육학회지』 6권 1호, 1994.

국제비교연구논문에서 주요국가라고 할 수 있는 중국의 사례가 빠져 있으며 대만이 이 자리를 메우고 있는 상황은 이런 사정과 관련이 있다.[5] 이런 상황에서 '가정', '가사' 교육이란 개혁해방기 중국에서의 자본주의 및 부르주아 여성과 해방 전 상하이라는 일련의 비사회주의적 상상을 가능케 하는 주요한 현실 제도로 자리하고 있다고 볼 수 있다.

본론에 들어가기 전에 여기서는 가사 교육이 전면적으로 개화하게 된 상하이 여성교육의 상황에 대해서 잠시 살펴보기로 하자. 근현대 중국에서 여성교육은 상하이에서 가장 발달했는데[6] 상하이의 이러한 여성 교육 흐름을 주도한 세력은 다름 아닌 교회였다. 중국의 교육 제도는 뒤늦게 정비되고 특히 여성교육에 대해서는 신속하지 못한 반응을 보인 반면, 교회는 선교를 위해서 특히 여학교 설립에 방점을 두며 공백인 여성교육 영역을 공략했다. 상하이의 여학교는 19세기 중엽 기독교 계열에서 설립하기 시작했으며 관사립여학교는 20세기 초 무

---

5 중학교 가정과 교육을 국제적으로 비교한 다음의 연구에서도 중국 사례는 빠져 있고 대만이 자유중국이라는 이름으로 그 자리를 대신하고 있다. 박선영·윤인경, 「중학교 가정과 교육의 국제비교연구: 교과과정을 중심으로」, 『한국가정과 교육학회지』 2권, 1990. 이 논문은 중국과 정식으로 수교하기 이전에 쓰였으므로 중국에 대한 사례연구를 넣기에 부적절했던 탓도 있어 보인다. 그러나 최근 갱신된 한국교육과정평가원 교수-학습개발센터 웹사이트의 가정과 국제비교 연구란에서도 대만의 가정교육 사례만 기술되고 있다는 점은 이 사실을 간접적으로 드러내고 있다 하겠다. http://classroom.kice.re.kr/kice/content07/index.jsp?MENU-NO2=6.

6 1936년 상하이시 교육국 통계수치에 따르면 남녀비율은 각각 초등교육 66.7% : 33.3%, 중등교육은 69.6% : 30.4%, 고등교육은 83.4% : 16.6%이다. 그런데 이 수치는 상하이가 전국에서 가장 높다. 직업학교와 예술학교에서 직업의 특성과 예술 장르에 따라 일부 과에서는 여성의 비율이 남성의 그것을 능가하고 있다. 가령 중등사범학교에서 여학생의 비율은 71%이다. 許敏, 「教育: 現代都市人的培養」, 『上海通史』 第10卷, 上海人民出版社, 1999, pp.138~139.

럽 창설되기 시작했는데 1920년대에 이르면 기독교 계열의 여학교가 관사립여학교를 압도하면서 여성교육에서 주도적인 위치를 점하게 된다.

대표적인 교회 여학교로는 중국 최초의 여학교인 성마리아여학교(聖瑪利亞女校)[7] 및 중서여숙(中西女塾)[8]을 들 수 있다. 이들 교회 부속 여학교는 설립초기에는 신도양성을 주요 목적으로 삼고 학비와 숙비를 무상으로 지원하면서 학생을 모집하는 자선활동의 성격이 짙었는데 당시 사회에 미친 영향력은 미미했다.[9] 그러나 교회학교들은 19세기 말에 이르면 비싼 학비와 서양 교육체제를 도입하고 영어를 사용하는 이중언어교육을 실시하는 등 귀족학교의 면모를 앞세워 기존의 소

---

7 성마리아여학교는 근현대기 상하이에서 외국인이 창설한 최초의 여학교이다. 이 학교의 전신은 1850년 미국의 여전도사가 창설한 중국 최초의 여학교 선문여숙(裨文女塾)과 이듬해 미국 기독교 성공회 여전도사 존슨이 세운 문기여숙(文紀女塾)으로 1881년 문기여숙이 선문여숙을 병합하고 '성마리아여학교'으로 개명하여 20세기에 대표적인 여자귀족학교 중 하나로 성장한다. 현대문학의 대표적인 작가인 장아이링(張愛玲)이 1931년부터 1937년까지 다닌 여학교가 바로 성마리아여학교이다. 『上海掌故辭典』, 上海辭書出版社, 1999, p.277.

8 중서여숙은 기독교 감리회 소속 여자중학교이다. 1887년 전후에 감리회 교당 동쪽에 교사를 신축하고 여자 소학교를 창설, 이를 미국 감리회 창시자의 이름을 따서 '墨梯女子小學(Motyeire School for Girls)'이라고 명명한다. 초기에는 여자소학부만 존재했으며 여고부(女高部)는 1916년 별도의 택지에 교사를 신축하여 증설했다. 중서여숙은 구미의 전통적인 여학교 과정을 실시했으며 영어 위주로 수업을 진행하면서 국어, 산수, 음악 및 가정 등의 교육에 힘쓴, 상하이의 여학교 중에서 상당히 높은 수준의 교육을 제공한 학교 중 하나이다. 송칭링(宋慶齡) 자매가 미국 유학 이선 어린 시절 다닌 학교가 바로 중서여숙이다. 『上海掌故辭典』, 上海辭書出版社, 1999, p.264.

9 문기여숙 창립 초기 남긴 기록에는 이런 면이 고스란히 드러난다. "학비를 면제했을 뿐만 아니라 돈을 주고 의복을 제공하며 해마다 설비를 갖추고 우대를 했으나 학생은 여전히 몇 되지 않았다." 「聖瑪利亞女校校史」, 李楚材編著, 『帝國主義侵華敎育史資料 : 敎會敎育』, p.239.

극적인 국면을 전환시킨다.[10] 이에 비해 관사립 여학교는 1900년 무렵부터 세워지기 시작했는데 무본여숙(務本女塾)[11]이나 애국여학(愛國女學)[12]은 건학 이념에서 모성으로서의 여성 교육이나 여성 국민의 양성 목표를 뚜렷이 드러냄으로써 상대적으로 공공적인 성격을 지니고 있었다. 그런데 이러한 교육이념의 차이는 서구적인 교육체제가 완비되는 1920년대에 대폭 줄어들고 한 방향으로 합류하기 시작한다. 이때 가사 및 가정 과목의 도입은 여성교육의 성격과 진로를 결정하는 데 중요한 역할을 한다. 이는 교회 부속 여학교가 주도적으로 가사 교육을 도입하고 관사립학교가 이 방향을 답습하여 가사교육을 진행시킨 데 따른 것이다.

이 장은 이상의 상황을 배경 지식으로 두고 관사립 여학교의 가사 교육 양상과 의미 등을 중점적으로 살펴보고자 한다. 곧 상하이의 여

---

10 이러한 학교의 성격 전환은 중서여숙에서 개시되었다. 중서여숙의 창시자인 미국 전도사 린위에즈(林樂知)는 무상교육이라는 교회교육의 원칙에 불만을 품고 귀족교육으로의 방향을 모색하기 시작한다. 린위에즈의 교육방향전환에 대해서 다음을 참고. 胡衛淸, 『普遍主義的挑戰: 近代中國基督敎敎育硏究(1877~1927)』, 上海人民出版社, 2000, p.320.

11 중국인이 설립한 초기 여학교 중의 하나로 1902년에 상하이의 신사인 우화이주(吳懷疢) 선생이 창설한 학교이다. 그는 여자교육을 수명(修明)하는 것을 뜻으로 삼아 가숙(家塾)을 여숙으로 확대하고 '무본(務本)'이라는 이름을 짓는다. 초기 창설과정과 상황에 대해서 다음 자료를 참고. 吳若安口述, 夏世錫整理,『憶上海務本女塾』, 1986년 7월 31일. 朱有瓛主編, 『中國近代學制史料』第二輯下冊, 華東師範大學出版社, 1989, p.602에 수록.

12 애국여학은 근현대의 유명사상가이자 교육가인 차이위안페이(蔡元培)가 1902년 상하이에 세운 여학교로서 민족주체성의 확립을 강조하는 교육을 실시한 것으로 유명하다. 특히 개교 초기에 이러한 경향은 강했는데 차이위안페이의 다음가 같은 회고에서 이를 확인할 수 있다. "이 시기 고급 과정에서는 혁명의 의미를 더하여 가르쳤는데 가령 역사 시간에는 프랑스혁명사와 러시아 아나키스트 이야기를 가르쳤으며 이화(理化) 시간에는 폭탄 제조법 등을 중점적으로 가르쳤다." 蔡元培,「愛國女學三十年年來之發展」,『愛國女學校三十五週年紀念刊』, 1937.

학교에서 가사교육이 실시되는 과정과 잡지 등에서 실린 논의들을 통하여 각 시기 가사교육이 현실적으로 어떤 의미를 지니고 있었는지 그리고 이는 어떤 실제적인 기능을 하고 있었는지 등을 검토하고자 한다. 먼저 1절에서는 '가사'과목이 정식 교과명칭으로 등장하기 이전인 초기의 가사 교육 현황을 관사립 여학교의 커리큘럼을 통해서 중점적으로 살펴보겠다. 그리고 2절에서는 20세기 초 일본에서 번역된 '가정' 교과서가 유통되면서 가사교육을 둘러싼 논의가 활성화된 양상과 그 성격을 다루겠다. 여기에서는 '가사'가 기능 위주의 기존 의미를 수정하고 새로운 내함을 획득하는 과정을 번역된 교과서와 잡지에서의 논의를 통하여 중점적으로 추적한다. 3절에서는 이런 과정을 통해 방향이 설정된 '가사'교육이 어떤 내용을 담고 있으며 실제적인 작용은 무엇인지를, 가사교육이 저변을 넓힌 1930년대에 대중적으로 통용되던 상무인서관(商務印書館)에서 출판한 가사교과서를 통하여 살펴볼 예정이다. 더불어 결론에서는 이러한 논의를 통하여 상하이에서 이루어진 가사과목과 가사교육이 여성 개념의 창안과 어떤 관계를 맺는지를 소략하게 검토하고자 한다.

1. 가사'학' 이전의 가사교육

가사과목은 상당히 늦게 편성된 교과목 중 하나이다. 다른 과목들 또한 현대 이후의 산물이라 할지라도 가사 과목은 비교적 후기에 발전한 과목 중 하나로서, 20세기 초에야 정식과목으로 인정받아 정규화되는 과정을 밟는다. 이러한 상황은 근현대 중국 상하이 여학교의 역사에 반영되어 있는데 가사과목이 커리큘럼에 유입되는 과정은 여성 형상의 재구성을 이해하는 데 중요한 대목을 형성한다. 곧 일반적인 가정일(家事)이 '가사(家事)' 혹은 '가정(家政)' 과목으로 전환하는 과정은 여성을 형상화하는 방향과 내함을 드러내는 과정에 다름 아니다. 그 과정에서 어느 부분을 특별히 강조하고 또 어느 부분을 경시했는지에 주목한다면, 교육이 여성의 행위와 이에 대한 관념을 어떻게 구성했는지를 알 수 있다.

상하이의 초기 여성 교육에서 가사과목은 명확한 이름을 얻지 못했다. '가사'라는 명칭을 사용하더라도 가사와 관련 있는 내용들을 하나로 담아내지 못했다. 이후에 가사과로 편입된 내용들은 원래 몇 개 과목에 흩어져 존재했고 일정한 범주(개념)를 형성하지 못했다. 즉, 수공(手工), 바느질(針黹), 재봉(裁縫), 가사(家事), 가정위생(家庭衛生) 등의 명칭으로 각 과목에 분산되어 존재했는데 이러한 명칭은 초기 가사 관련 교육에서 '길쌈'에 상당하는 '여홍(女紅)'적인 성격이 중시되었음을 드러낸다. 그러나 이는 결코 중요한 과목은 아니었는데 이 점은 무본여숙(務本女塾)과 애국여학(愛國女學) 등의 초기 여학교의 커리큘럼 수정 과정 속에서 두드러지게 드러난다.

1905년 무본여숙은 제2차 수정규칙을 제정하는데 이때 예과(豫科) 2년, 본과(本科) 3년, 사범과(師範科) 2년으로 학제를 개편한다.[13]

---

13 무본여숙의 예과와 본과 과목 명칭은 다음과 같이 기본적으로 일치한다. 수신(修身), 국문(國文), 외국문(外國文), 이과(理科), 산수(算術), 지리(地理), 역사(歷史), 그림(圖畫), 노래(唱歌). 여기에 본과는 교육과(教育課) 한 과목이 첨가된다. 한편 사범과에서 배우는 과목은 다음과 같다. 윤리(倫理), 교육, 국문, 이과, 산수, 지리, 역사, 그림, 노래 등. 이에 대해서는 다음을 참고. 『光緒三十一年(1905)女學校第二次改良規則』, pp.591~592.

그런데 전 학년을 통틀어 수공은 정식과정으로 편입되지 못했으며 다만 '과외학습'으로 지정되어 있다.[14] 유일하게 가정위생과목이 예과 2학년 이과 과정에서 동식물지식과 같은 과목으로 정식으로 배치되어 있을 따름이다. 이후 6년 동안의 학습과정 중에 가사와 관련있는 과목은 정규 과정표에 등장하지 않는다. 같은 해 무본여숙은 소학부(小學部)를 개설하는데 학교는 이를 초등, 고등 여자소학부로 나누어 새로운 커리큘럼을 선보인다. 그리하여 초등여자소학부는 수신, 국어, 산수, 체조를 정규과목으로 정하고 그림, 노래, 바느질, 수공을 부과목으로 설치하며, 고등여자소학부는 수신, 국어, 영어, 산수, 본국역사, 지리, 이과, 체조, 바느질을 정규과목으로, 그림, 노래, 수공을 부과목으로 삼고 있다.[15] 여기에서 바느질은 고등단계에서 정규 과목으로 편성되었으며 수공은 초등, 고등과정 내내 부과목으로 설치되어 있음을 알 수 있다. 그런데 양자는 모두 간단한 조작기술을 배우는 것을 주내용으로 하고 있는바, 구체적인 학습내용은 바느질법, 일반 의복 재봉법, 간단한 세공 등으로 구분되어 있다.[16]

애국여학교는 1902년 창설된 이래 1902년과 1903년에 잇달아 두 차례 장정(章程)을 제정하고 1904년 가을에 또 한 차례 장정을 수정·보완한다. 여기에서 학제는 크게 예과와 본과 두 개의 과로 나누어져 있는데 예과는 다시 초급과 이급(二級) 두 학급으로, 본과는 문과와 질

---

14 제3장 과정의 제8절에는 다음과 같은 규정이 등장한다. "체조, 수공, 음악은 모든 과외에 학습한다." 앞의 책, p.592.

15 『光緒三十一年(1905)務本女塾增設初等, 高等女子小學規則設置大義』, p.594.

16 『光緒三十一年(1905)務本女塾增設初等, 高等女子小學規則設置大義』, pp.595~596.

과(質科)로 나누어진다.[17] 그런데 동시기의 무본여숙과 비교하면, 애국여학교는 가사, 수공, 재봉 세 과목을 설치하는 등 가사 교육에 상당한 관심을 가지고 있는 것으로 보인다. 그러나 이 또한 체계적인 교학 방안을 형성하지 못하고 있는데, 이는 기술 위주의 과목을 설치한 내용에서 분명히 드러난다. 뿐만 아니라 같은 해 애국여학교는 여자 수공 전수반(女子手工傳習班)을 별도로 설치하여 여성직업교육 문제를 전문적으로 사고한다. 여기에서 애국여학교가 가사교육에 대해서 가지는 관심의 방향을 엿볼 수 있는데, 무엇보다 중요한 것은 '여성 수공' 기능을 배우는 것이며 아직까지 뚜렷한 학문적인 체계를 갖추지는 못했다는 사실이 드러난다.

위에서 서술했듯이 이때 관련 가사 과목은 여자 수공을 위주로 배치된 기능적인 학습에 머물러 있고 '가사' 혹은 '가정' 과목이라는 범주는 아직 정식으로 성립하지 않았다. 가사 관련 교학 내용은 분산된 형식으로 출현하였으며 하나의 교과 과정으로 집중적으로 체현되지는 않았다. 여성교육에서 수공 위주의 기능학습 과정은 현대의 학제가 요구하는 면모를 형성하지 못했고 단지 과거의 여성들이 담당했던 일을 답습하여 커리큘럼에 편입됐을 따름이다. 당시 중국과 상하이의 여학교에서는 여성을 국민이나 신도로 양성하는 데 주력했으며 '여성성'

---

17 구체적인 수업 내용을 보면 예과 초급 과정은 수신, 산수, 국문, 습자(習字), 수공, 체조로 구성되어 있고 예과 이급과정은 수신, 산수, 국문, 역사, 지리, 이과, 가사, 재봉, 수공, 체조, 음악, 그림으로 구성되어 있다. 본과 문과과정은 윤리, 심리, 논리, 교육, 국문, 외국문, 산수, 역사, 지리, 법제, 가사, 그림, 체조로, 질과 과정은 윤리, 교육, 국문, 외국문, 산수, 박물(博物), 물리, 화학, 가사, 수공, 재봉, 음악, 그림, 체조로 이루어져 있다. 『光緒三十年 (1905)秋季愛國女學校補訂章程』, p.619.

을 형성하는 교육이념에 특별히 주목하지는 않았다. 이 때문에 이러한 여자 수공 과정의 교육수준은 피상적인 데 머물렀다. 그리고 이러한 면모는 이 시기 교회부속 여학교도 별반 다르지 않았다.[18]

2. 가정관리에서 가사과학으로: 일본교과서의 번역과 가사'학'의 성립

당시 여자 수공 위주의 가사 교육이 피상적이긴 했지만 가정 교과서는 이미 존재했는데 대개가 일본에서 나온 교재를 번역한 것들이었다. 20세기 초 가사 교과서는 '가정'이라는 이름으로 출판되며 관사립 보통여학교의 분산적인 가사 커리큘럼과 공존하고 있었다. 그러나 이러한 가정 교과서의 출현은 기존의 체제에서 미비하던 가사 교육과 여성 교육에 참조할 틀을 제공하면서 영향력을 미친 것으로 보인다.

당시 중국의 교과서 출판 흐름은 서양 전도사에서 일본 유학생 수중으로 넘어가고 있었다.[19] 갑오전쟁 이후, 일본 유학생이 급증하자 일

---

18 귀족여학교를 표방한 중서여숙은 창설 초기부터 학비를 받았는데 초기의 학비명세서를 보면 가사교육이 중국인이 세운 관사립학교와 마찬가지로 바느질법이라는 이름으로 행해졌음이 드러난다. 그러나 기타 비용과 비교했을 때 적지 않은 비용이 든 점으로 비춰 봐서 고급 재료 등으로 수업을 실시했음을 알 수 있다. "영어와 중국어를 배우는 자는 매년 20위안의 학비를 내야 하고 바느질을 배우는 데 6위안, 풍금을 배우는 데 10위안, 숙비로 40위안을 추가로 낸다." 『中西敎會報』, 1892년, 第2期, 吳洪成, 『中國敎會敎育史』, 西南師範大學出版社, 1998, p.17에서 재인용.

19 이전에 교과서 편찬권은 기본적으로 서구 선교사의 수중에 있었다. 1877년에 성립한 학교 교과서 편찬위원회는 익지서회(益智書會)라고 불리기도 했는데 이 모임의 영문명은 School and Textbook Series Committee였다. 1890년에 이 모임의 역대 성과 보고서가 작성되었는데 14년 동안 자체 편집해서 출판한 서적은 총 50종 74권이며 도표는 40여개이다. 이외에 학교에서 사용할 수 있도록 심의 검정한 책은 48종 115권이다. 두 항목을 합하면 모두 98종 189권으로 자연과학서적이 가장 많은 비중을 차지하고 있다.

본 유학생이 그동안 서구 전도사가 번역에서 해온 주도적인 역할을 대체하였다. 1898년에서 1911년까지 출판된 157종의 역서 중에서 중국인이 번역한 서적은 131종으로 83퍼센트를 차지한다. 그 속에 가정과목과 관련있는 교과서가 출현한다. 대표적으로 1902년 작신사(作新社)에서 출판한 『신편가정학』(新編家政學)을 들 수 있는데, 이는 이 출판사의 합작자 중의 한 명인 시모다 우타코(下田歌子)가 쓴 교과서이다.[20] 시모다 우타코는 일본의 유명 교육가로서 중하층계급의 여성교육 보급에 힘써서 제국부녀협회를 만들었고 여성교육에서 "동양여성의 덕과 서구과학의 지식(東洋女德之美與西歐科學之智)"을 결합시킬 것을 주장하였다. 1899년부터 그녀는 여학교와 여자공예학교를 설립하기 시작했는데, "현재 사회에 적응하는 실학을 전수하고 실천 공행하는 현모양처를 양성"하는 것을 설립목표로 했다.[21] 그런데 그녀가 편찬한 『가정학』은 이러한 학교설립이념을 더욱 확실하게 표현하고 있다. 가령 「서문」은 이 점을 도드라지게 표명하고 있다.

지금 우리나라의 만사를 갱신하는 데 여자교육보다 더 급한 것은 없다고 생각하여 찬조하려고 한다. 가정학 책은 원래 서양인의 학리로

기타 수학류 8종, 과학류 45종, 역사류 4종, 지리류 9종, 도학류 19종, 본류 1종, 기타 12종이다. 이상의 각종 서적은 1890년까지 총 3만여 권이 출판되었으며 절반 가량인 1만여 권이 판매됐다. 이에 대해서 다음을 참고. 鄒振環, 『晚清西方地理學在中國』, 上海古籍出版社, 2000, p.269.

20 작신사(作新社)는 1901년 상하이에 등장한 일본교과서 번역 전문 출판사이다. 이 출판사는 일본 유학생 지위앤청(戢元丞)과 일본의 유명 교육학자인 시모다 우타코가 합작하여 설립했다. 이에 대해서 다음을 참조. 鄒振環, 앞의 책, p.182.

21 孫石月, 『中國近代女子敎育史』, 中國和平出版社, 1995, pp.99~100.

집안을 다스리는 일을 추론하고 그 책임을 주부에게 지운다. 주로 집안을 다스리는 것에 대해 이야기하고 있다.[22]

교과서의 전체적인 틀은 총론(總論), 가족에 대한 감독(家人之監督), 일가의 풍모(一家之風範), 위생(衛生), 일가의 재정(一家之財政)과 같은 다섯 부분으로 나누어져 있다.[23] 여기에서 이 책이 가정을 훈육의 공간으로 묘사하면서 감독과 관리의 관점에서 새로운 가정 개념을 수립하고자 한다는 것을 엿볼 수 있다.

1910년은 일본교과서 번역물이 봇물 터지듯 쏟아진 해였다. 가정학 교과서도 이러한 붐에 힘입어 출판되는데 이해 광지서국은 『가정학』이라는 이름의 교과서를 출간한다.[24] 이 교과서 또한 주부의 직무를 강조하기는 마찬가지였다. 다만 '일가의 건강과 경제'라는 장을 제일 앞에 놓고 '가족의 감독과 일가의 풍모'를 제일 마지막에 둔 배치만이 달랐는데 이로써 실용성을 강조한 점이 드러난다. 전체적으로 볼 때, 이와 같이 번역된 일본교과서들에서 두드러진 특징은 가정을 감독과 관리의 공간으로 자리매기는 점이다. 여기에서 교육은 여성이 가사일을 어떻게 갈무리하고 가족을 관리하는지를 가르치는 데 방점이 놓여 있으며 바로 그 대목에서 여성이 가정에서 차지하는 위치 —— 곧 감독과 관리의 주체가 되는 —— 를 형상화하고자 한다.

---

22 [日] 下田歌子, 『新編家政學·序』, 作新社, 1902. 이하 인용문의 구두점은 원본에 따랐음을 밝힌다.

23 [日] 下田歌子, 앞의 책.

24 [日] 清水丈之輔撰, 『家政學』, 廣智書局, 1910.

이렇게 일본교과서의 번역서로 유포되던 '가정' 과목은 1910년대 들어 대대적으로 보급되기 시작하는데 이러한 흐름을 주도한 것은 교회 부속 여학교였다. 1914년 가을, 중서여숙은 가정 과목을 정식으로 개설하여 가사를 정규커리큘럼으로 도입하는 데 선도적인 역할을 한다. 이는 미국에서 1911년 대거 가정 과목을 가르치며 정규화하는 과정과 깊은 관계를 가진다.[25] 중서여숙은 학생들에게 서구의 가사지식을 익히고 미국의 가사실습을 숙지하게 하는 데에 방점을 뒀다는 점에서 관리에 중점을 둔 일본의 가정교육과 다른 면모를 보인다.[26] 다시 말하면 중국에서 서구 가사과목의 도입은 관리감독의 공간으로서의 '가정(家庭)' 개념과 그 감독관으로서의 여성 개념이 강한 일본의 '가정(家政)' 관념을 수정하며 가사지식 등을 중시하는 '가사(학)' 개념을 기입한다. 이런 차이는 중국 가사 교육에서 계승된바, 중서여숙에 가사 과목이 개설된 10여 년 뒤인 1924년 교육부는 여자중학교에 가사과를 개설하고 가사실습을 진행하며 가사실습에 필요한 설비를 구비할 것을 요구하는 훈령을 내린다.[27]

이러한 양상은 가사교육의 필요성을 역설하고 있는 1927년의 글들을 통해서 확인되는바 그 내용을 살펴봄으로써 상하이 여성교육에서 가사교육 내용이 변경되는 지점을 짚어낼 수 있다.

상하이의 상무인서관에서 발행한 저명잡지 중의 하나인 『부녀잡

---

25 윤인경, 「미국의 가정과 교육」, 『한국가정과 교육학회지』 6권 1호, 1994, 103쪽.
26 薛正, 「我所知道的中西女中」, 中國人民政治協商會議上海市委員會文史資料工作委員會編, 『解放前上海的學校』, 上海人民出版社, 1988, 307쪽.
27 李九思, 「改良家事教育談」, 『婦女雜誌』 第13卷 第1號, 40쪽.

지』는 1927년 1호에 '가사연구호(家事硏究號)'를 표제로 다량의 글을 싣는다.[28] 이 글들은 총체적인 이론에서 자세한 조작에 이르기까지 가사와 관련된 문제를 전면적으로 논의하면서 새로운 가사교육 범주를 구획하고 있다. 첫 번째 글의 저자인 셰충더(謝崇德)는 비교적 긴 분량으로 여자교육에서 가사학의 위치를 논하고 있는데 이 글은 이 특집호의 서론이라 할 만하다. 그는 현재 학교에서 실행하고 있는 가사학 교육에 대한 검토를 통하여 가사학의 범위와 미래의 가사학 교육방향을 새롭게 구상하고 있다. 이를 위해서 그는 미국가사교육의 발전사를 간단히 소개한다. 그 가운데 미국의 가사학이 그림(圖畵) 과목에서 가사학으로 발전되었다는 사실이 드러날 뿐만 아니라 가사학의 발전이 여학교의 발전과정과 긴밀한 연계를 가지고 있다는 점도 강조된다. 이는 중국 여성 교육의 발전 경로와 관련하여 시사하는 바가 큰데, 미국 여성 교육제도는 가사학의 합리화를 통하여 점차적으로 구체적인 형식을 획득하고 이로써 여성교육의 위치를 새롭게 확정한 것이다. 셰충더는 가사학 범주가 혼재되어 있는 상황을 지적한 다음 이를 분석한다.

현재 가사학의 명칭은 수다하다. 도대체 어떤 것이길래 우리들을 이렇게 헷갈리게 하고 혼란스럽게 만드는가? 명칭이 너무 많은 까닭이다. 왜 가사학의 각 부문의 학술명칭이 하나의 완전한 목적을 표현할 수

---

28 『부녀잡지』는 당시 중국에서 가장 많은 정기구독자를 지닌 잡지 중 하나이자 근현대 여성잡지 중 최장기출판이라는 기록을 지니고 있는 잡지이다. 『부녀잡지』에 대한 자세한 설명으로 다음을 참고. Wang Zheng, "A Case of Circulating Feminism: The Ladies' Journal", *Women in the Chinese Enlightenment: Oral and Textual Histories*, Berkeley: University of California Press, 1999.

없는가? 이는 아마 학교에서 이 작업의 목적을 상세하게 분석하지 않았기 때문일 것이다.[29]

그는 이어서 "가정생활의 정당한 이상"을 점차 부각시키는데, 이는 "국가가 흥성하려면 순결한 가정생활을 유지하고 사회생활을 유지해야만 한다. 사회생활도 가정에서 이루어지는 가치있는 교육을 필요로 한다"는 진술로 요약될 수 있다. 이 때문에 그는 "가사학의 명칭"이 이러한 생활에 대하여 "직접적으로 책임을 져야 한다"고 판단한다. "왜냐하면 이 학문은 건강하고 정결하며 사회 각 문제에 관한 연구를 포함하고 있기 때문이다." 이는 가사학의 새로운 정의를 통하여 '가정' 공간에 대해 관심을 가지는 것을 합리화하는 것에 다름 아닌데, 그는 이러한 진술을 통하여 '가정' 및 '가사' 과목에 대한 새로운 기준을 제기한다. "만약 청년들이 진심으로 이러한 학문을 연구한다면, 우리 청년들의 현재 생활은 별도의 새로운 기준으로 제고될 수 있을 것이다. 뿐만 아니라 그녀들에게 서비스와 협력의 생활태도를 길러 줄 수 있다."[30] 이는 어떻게 가사학에 합리성을 부여할 수 있는지에 대한 문제를 지적하고 있는 것이다. 그리하여 그는 여기저기 흩어진 가사학의 명칭을 정리하고 개괄할 것을 제안한다. 그는 특히 '가사교육의 제고'를 주장하는바, 사람들이 "가사학을 요리 더하기 재봉과 조금 다른 것으로만 여기는 것"을 반대하고 이를 '복잡한 과학'으로 제고하여 분산

---

29 謝崇德, 「家事學在女子敎育上的地位」, 『婦女雜誌』 第13卷 第1號, p.10.
30 謝崇德, 앞의 글, pp.10~11.

적인 기능과목과 분명하게 구분함으로써 학과의 성격을 바꾸어야 한다고 주장한다.

> 가사학은 하나의 과목이다. 가정문제와 기타 가정과 동질적인 성격을 갖고 있는 문제들을 연구의 중심으로 삼는데 여기에서 사물, 주거, 의복 세 방면의 연구를 포함한다. 이로써 위생적이고 경제적일 뿐만 아니라 가족 성원간의 관계 및 사회관계의 각 방면에 합당한 원리를 참고와 근거로 삼는다. 이는 넓은 의미의 가사학 개념이다. 일반적으로 가사학을 요리 더하기 재봉과 조금 다른 것으로만 여긴다…. 그러나 다르다라는 것만으로는 가사학을 연구하는 목적을 만족시킬 수 없다.[31]

> 가사학…. 그 구성은 허다한 연구면을 결합하여 복잡한 과학이 된다. 가사학과 관련 있는 것으로 부가적으로 연구해야 할 허다한 과학이 있다. 가령 생물학, 화학 등등이 그러한데… 우리들은 이 표를 보면 가사학은 실제로 매우 복잡한 과학이며 인생과 밀접한 관계를 지니고 있다는 것을 알 수 있다.[32]

여기에 새로운 사고가 등장한다. 곧 '복잡한 과학'이라는 이름으로 여성의 가사를 '과학성'을 지닌 작업의 영역에 편입시키는 것이 그것이다. 더 나이기 이에 대한 교육을 통해서만 가사와 육아 등의 일을

31 謝崇德, 앞의 글, p.11.
32 謝崇德, 앞의 글, p.11.

담당할 수 있는 자격이 부여되는 것으로 간주된다. 다시 말하면 바로 과학의 세례를 통하여 여성을 다시 가정으로 돌아오게 하는 작업이 합리화되고 있는 것이다. 역설적이게도 가사교육의 과학성이 여성을 '가정'으로 재편입시키는 데 중요한 잣대로 기능하고 있으며 이런 교육을 받은 여성만이 이 공간에 들어갈 충분한 자격이 있는 것으로 묘사되고 있다. 이와 동시에, 가정은 사회적으로 주목할 만한 공간으로 개조된다. 이로써 '여성'은 간단한 가사조작을 넘어 복잡한 과학지식을 지녀야 하는 존재로 점차 고정된다. 뿐만 아니라 이러한 지식 획득의 임무에 모종의 사명감을 부가하여 전체적인 틀을 규정짓는데, 곧 가사교육이 '국가의 생명문제와 개조문제'에 긴요하다는 소명까지 받음으로써 가정을 관리할 임무는 더욱 중요하고 긴박해진다. 이로써 여성은 가정과 자사를 더욱 집중적으로 책임져야 하는 주체로 호명된다.

지금 세계는 여자가 가정에 있는 것을 추세로 한다. 그녀들은 책임을 다하여 병자를 간호하고 아동을 양육하며 가사와 음식절약, 의복, 연료 및 기타 각종 공급재료를 경제적으로 계획하고 처리해야 한다. 또 여자는 기교를 사용하고 갖가지 방법을 고안하여 세계의 고통을 위로해야 한다. 이 모든 것이 여자가 마땅히 다 해야 할 책임이다. 이후의 추세로… 어쨌든 가사학은 학교에서 반드시 중시될 것이다. 왜냐하면 이는 국각의 생명에 관한 학문이며 필요성이 매우 크기 때문이다. 이후의 사회는 바로 가정의 도움을 필요로 한다. 가정의 모든 능력으로 국가 생명과 개조의 책임을 져야 한다. […] 우리들은 여자에게 현실 생활의 기회를 제공하고 가정과 국가의 생명이 그리고 극가의 생명과 진보가 어떤 관계에 있는지를 알려줘야 한다. […] 가정은 인민생활의 중심이자 좋은 세력의 중심이 되어야만 한다. 좋은 세력이란 무엇인가. 이는 바로 남자와 부녀를 도와서 인생문제에 대해 정당한 태도를 얻을 수 있는 것을 가리킨다.[33]

이를 위해서 셰충더는 흥미나 필요 위주로 편제된 가사학과정을 보통교육의 체계적인 과정으로 바꿈으로써 교육에서 가사학의 위치를 공고히 해야 한다는 주장을 전개한다.[34]

오늘 이후 학교에서 여자는 누구든지 가사학 훈련을 받아야 하며 보통교육의 일부가 되어야 한다…. 또한 그녀가 결혼 이전에 어떤 직업을 가졌던 간에, 모두 그녀에게 가사학을 훈련하여 어떻게 가정을 보조하고 가족 성원의 건강을 증진시키는지를 알게 하여 공중을 위해 봉사하게 한다.[35]

이런 과정에서 수작업적인 조작에 대한 관심과 이 작업 특유의 감각은 약화되고 지식성이 비교적 강한 가사학 과정이 탄생한다. 이후 출판된 가사학 교과서에는 가사실행에 있어서 이론에 대한 관심이 뚜렷하게 반영되어 있는바, 지식성이 강한 내용을 전달하여 여학생에게

---

33 謝崇德, 앞의 글, pp.13~14.
34 가사학이 보통교육으로 전환하는 방법에 대하여 중점적으로 논의한 글로 같은 호에 실린 다른 논문을 참조. 李九思, 앞의 글, pp.39~40.
35 謝崇德, 앞의 글, p.14.

시간과 품을 들여 이러한 지식을 습득하고 일상적인 가정일에 응용할 것을 요구한다. 이러한 양상은 기능적이고 분산적인 가사 교육을 지식의 성격이 강한 보통교육의 체계로 편입된 학문-과목으로 변모시키는 과정을 보여 주고 있다.

3. 가사교과서의 실례: 상무인서관의 가사교과서

1930년대 광범위하게 유통된 상하이 소재의 상무인서관(商務印書館)에서 출판한 초급 중학교과서는 이런 상황을 뚜렷하게 드러내고 있다. 이 교과서는 총 3권의 시리즈로 구성되어 있으며 매권마다 서너개의 '단원(敎段)'으로 가사 관련 문제를 논의하고 있다. 그리고 각 단원 아래에는 별도로 몇 개의 '문제'를 제시하여 구체적인 상황을 토론하도록 구성되어 있는데 매 단원은 마지막에 이 과에 대한 실습과 관련된 제안을 싣고 있다.

예를 들면, 초급 가사 중학교과서 제1권의 제1단원은 '개인 의복 문제'인데 아래에 5개 문제가 제시되어 있으며 이에 대한 각각의 대답이 기술되어 있다. 이러한 문답법으로 학생들이 구체적인 상황을 분명하게 이해하도록 돕고 있는 것이다. 제1단원의 구체적인 문제는 다음과 같다. "나는 어떻게 깨끗하고 아름다운 외모를 가질 수 있는가", "나는 의복을 어떻게 보관해야 복장을 적절히 할 수 있는가", "나는 어떤 종류의 지식이 있어야 내가 건강할 수 있는 의복을 선택할 수 있는가", "천의 재료에 대하여 어떤 종류의 지식이 있어야 하는 앞치마와 내의에 적당한 재료를 선택할 수 있는가", "나는 어떤 지식이 있어야 재봉

틀을 사용할 수 있는가".[36]

　이 교과서는 '개인'적인 생활습관과 행위 규범을 어떻게 기를 수 있는가를 중점적으로 서술하고 있다. 이는 각 단원의 제목에서 가장 잘 드러나는데 이 특징은 제1권에서 가장 두드러진다. 1권의 단원 제목은 '개인 의복 문제', '개인 침실의 배치와 정리' 및 '개인 음식 문제'이다. 문제는 이 '개인'을 어떻게 정의하는가 하는 방식과 내용에 있다. 이와 관련된 것으로 서술방식에 우선적으로 주목할 수 있는데, 교과서는 각각의 문제를 자문자답식으로 설정하여 독자 스스로 자신을 문제의 구도 속으로 대입할 수 있도록 서술되었다는 점에서 이채롭다. 각각의 단원문제의 주어로 '나'라는 1인칭 주어를 채용함으로써 개인생활의 규범과 성격을 도드라지게 표현하고 있는데, 이는 기존의 대가족 제도의 상상을 허무는 동시에 개인성을 재구성하는 과정을 표현하면서 개인행위의 특징을 적극적으로 묘사하는 데 적당한 방법이라 하겠다. 게다가 이런 질문방식은 개인으로 하여금 문제가 설정한 구도 속으로 들어가 '나'에게 이런 규칙을 즐겁게 준수할 수 있게끔 만드는 기제로 작용한다. 그 중에서 가장 자주 등장하는 구문은 '나는 어떤 지식이 있어야 (무엇을…) 할 수 있는가' 구문이다. 가령, '나는 어떤 지식이 있어야 건강한 옷을 선택할 수 있는가?', '개인 침실 배치에 대해 나는 어떤 지식이 있어야 아름답고도 적당하게 만들 수 있는가?', '나는 어

---

36 陳意編, 『初級中學敎科書家事』(第一冊), 商務印書館, 1933. 전 3권으로 이루어진 초급중학교과서 가사 각 권의 단원은 각각 다음과 같다. 개인의복문제, 개인 침실의 배치와 정리, 개인음식문제(이상 제1권), 의복문제, 아동양육법, 음식문제, 가정관계(이상 제2권), 가정간호문제, 아동양육, 개인 및 가정재정문제, 가정관계와 관리(이상 제3권).

떤 지식이 있어야 집에서 어린이를 돌보는 것을 도와줄 수 있는가?' 등
등이 대표적인 예문이다.

이렇게 가사 교과서는 개인의 구체적인 일거수일투족 행위가 과
학적인 지식을 통하여 '진리'의 위치로 제고되며 개인으로 하여금 '자
각'적으로 이러한 '진리'의 생활습관을 준수하도록 강제한다. 뿐만 아
니라 진리의 목소리로 권리가 있는 듯한 '나'를 일일이 호명하는데 그
리하여 이런 생활방식은 '나'에 대한 호명의 목소리 속에서 점차 준수
안 하면 안 되는 규범으로 상승하는 것이다. 이런 일들은 모두 '내'가
할 것으로 지정되어 있는데 ──실제로는 '당신'이 하기를 명령하는 것
인데 ──여기에서 개인의 주체성을 구성하는 형식이 드러난다.

그러나 문제는 이러한 '나'가 일반적인 개인이 아니라 특정한 시
각에서 서술된 개인이라는 점에 있다. 이는 개인 생활을 형상화하는
것이지만 동시에 여중생의 생활을 서술한다는 점에 주의해야 한다.
'나'로 호명된 그녀는 여기에서 어머니를 도와서 가정일을 처리해야
하는 사람으로, 그리고 미래에 가사일을 돌볼 잠재적인 주부로 이미 -
설정되어 있다. 그리하여 이 교과서에는 어떻게 가족을 돌보고 가정관
계를 처리하는지, 그리고 어떻게 가사일(의복, 음식, 기타 가계지출 등)
을 갈무리하는지에 대하여 집중적으로 서술하고 있다. 제1권과 비교
해 보면, 2권과 3권은 이 점이 더 두드러진다. 1권은 어떻게 독립적인
개인생활을 유지할 것인가를 중점적으로 묘사하지만 2권과 3권은 어
떻게 가족과 가정을 돌볼 것인가를 서술하는 데 치우쳐 있다. 가령, 똑
같은 '의복'을 다루는 단원이더라도 그 개념의 방점은 이동되어 서술
된다. 그리하여 1권에서는 "나는 어떻게 깨끗하고 아름다운 외모를 가

질 수 있는가"라고 한다면, 2권에서는 "나는 어떤 일이 어머니를 도와 동생의 옷을 고를 수 있는지를 알아야 한다"에 대하여 중점적으로 서술하고 있다. 뿐만 아니라 2권과 3권에서는 새로운 내용이 대폭 첨가된다. 2권은 '아동양육법'과 '가정관계'를 새롭게 첨가했으며 3권은 '가정간호문제', '아동양육', '개인과 가정재정문제', '가정관계와 관리'로 단원이 구성되어 있다. 여기에서 전체적인 구성이 가정과 아동을 위해서 배치되어 있으며 여학생들을 가족의 생활을 잘 돌볼 수 있는 '개체 여성'으로 양성하는 것을 목적으로 하고 있음을 알 수 있다. 이런 점에서 이 교과서가 염두에 두고 있는 가족모델이란 성별 분업에 따라 여성 하나하나가 개체로서 바쁘게 집안일을 갈무리하는 가정이라는 것이 드러난다.

그런데 개인사와 가정생활을 처리하고 관리하는 데 중점을 두는 이러한 가사교육에 구현된 기본적인 특색은 특정한 역사조건과 현실 생활을 반영하고 있다. 곧 대공업생산체제가 영향을 끼친 생활방식으로, 이는 1930년대 가사학 교과서 편제과정의 또 다른 특색을 형성한다. 관건은 이러한 교과서들이 관심을 가지는 지식의 특색이 무엇인가에 놓여 있다. 교과서가 특히 중점적으로 가르치는 것은 물건 고르기 등과 관련된 구매활동이다. 가령 "나는 어떤 종류의 지식이 있어야 몸에 건강한 옷을 고를 수 있는가", "나는 어떤 종류의 지식이 있어야 앞치마와 내의에 적합한 옷감을 선택할 수 있는가", "나는 무엇을 알아야 음식을 살 수 있는가", "나는 의복예산표를 어떻게 계획해야지 사용하기에 적당하면서도 적정선의 지출을 넘기지 않을 수 있는가" 등등이 대표적인 예로 이러한 구매활동은 의류와 식품에 집중되어 있다.

이런 점에서 스스로 만든다는 기존의 수작업적인 개념을 기각하고 있는 가사 교과서란, 중국 자본주의의 발전에 따라서 확산된 대공업생산체제의 흔적이 각인된 것으로 해석할 수 있다. 이 점은 기존의 가사 관련 과목에서 중심이었던 '여홍(女紅)'의 수작업적인 색채가 희석되고 옷을 고르고 사는 방법에 치중해서 가르치는 의복 단원에서 가장 두드러지게 표현되어 있다. 이와 관련하여 같이 언급할 만한 것은, 상무인서관 교과서에는 음식 만들기를 정면에서 서술한 대목이 거의 없다는 사실이다. 교과서는 음식 문제에 관해서 서술하고 있지만 그 서술의 초점은 음식을 어떻게 만드는가와 같은 조작의 문제에 놓여 있지 않다. 교과서의 서술은 이보다 어떻게 건강하면서도 영양 있는 생활습관을 기를 수 있는가, 어떻게 좋은 식품을 살 것인가와 같은 생활습관과 구매원칙을 서술하는 데 초점이 맞추어져 있다. 이렇듯 이 시기 교과서는 실제적인 조작방면의 내용이 대폭 생략되어 있으며 이를 대신하여 어떻게 물건을 사고 보관하며 배분할 것인가 등에 대한 서술이 대종을 이루고 있다는 점이 특징적이다. 곧 어떻게 해야 아름답고 깨끗하면서도 적절하게 신체를 유지하고 주거환경을 만들 수 있는지, 어떻게 시간과 업무를 배분할 수 있는지, 어떻게 어린이와 환자를 돌보고 관리할 수 있는지 등등이 주요한 내용을 이루고 있는 것이다. 개인은 이러한 관리와 분배, 구매에 대한 학습을 통하여 대공업생산체제에 적응한다. 이는 중국의 1930년대 가사학 교과서가 독자들에게 새롭게 내놓는 관념 중의 하나라고 말할 수 있다.

궁극적으로 말해서 가사학을 위주로 하는 교육체제란 노동의 성별분업에 따라 실행된 것이다. 이 때문에 여성은 직업에 있어서 보조적인 작업밖에 할 수 없거나 한정적인 작업 ── 가령 판매원, 여공, 그리고 가정주부와 같은 ── 을 하는 것으로 상상되어 있다. 이 점은 여성 직업교육 항목에서 비교적 두드러지게 표현되고 있으며[37] 위에서 살펴봤듯이 가사학 과정도 이러한 관념을 뚜렷하게 체현하고 있다. 더구나 재부상한 가사노동의 이러한 면모는 이론에의 관심이나 지식의 색채를 덧칠하는 등 일의 과학적인 성격에 대한 강조를 통하여 은폐되고 있다는 점이 중요하다. '가정주부'라는 신조어는 이러한 교육과 대중매체의 상상을 통해 보급되기 시작한다. 이러한 가사 교육의 보급과 강조는 여학교의 교육이념을 여성성을 강조하는 교육으로 전환시키는 데 중요한 역할을 한 것으로 보인다.

가사과가 주도하여 확정해 낸 이러한 관념은 현대중국의 대표적인 화보 중의 하나인 『양우』(良友)에서 대중화된 표현을 얻는다.[38] 1935년 1월 『양우』는 '소가정학(小家庭學)'이라는 제목으로 일련의 사

---

37 직업학교는 여성에게 또 하나의 출로를 계획했다고 할 수 있다. 그러나 노동의 성별구분은 여기에서 더욱 뚜렷하게 표현되고 있는데 모두 여성이 은행이나 상점에서의 일 혹은 간단한 노동이나 전문가를 보조하는 과정 또는 단도직입적으로 가정학을 배우는 데 집중하고 있다. 예를 들어 당시 상하이의 유명 직업학교 중의 하나인 상하이고급직업학교(上海高級職業學校)의 교육과정은 은행회계, 문서타자, 가정(家政) 3조로 나뉘어져 있다. 그 세부내용은 다음과 같다. 경제개론, 상업개론, 부기, 상업수학(商術), 주산, 은행개론, 회계와 회계감사, 상업통계, 국내외환어음, 상법개요, 상업응용문(이상 은행회계); 서법공문, 타자연습, 기계부품 해부와 수리, 행정법규, 속기술, 공문개념, 상업공문, 행정공문, 시회용응문, 통계개요(이상 문서타자); 요리와 실습, 재봉과 실습, 간호학, 약물상식, 구급법, 우생학, 아동병리학, 아동보육법, 가정경제학, 아동학, 원예, 신윤리학, 가정문제토론(이상 가정). 中華職業教育社編, 『全國職業學校概況』, 商務印書館, 1934, pp.16~17.

38 『양우』는 상해양우도서공사(上海良友圖書公司)가 1926년부터 1945년까지 발행한 잡지로, 최초로 대중적 성공을 거둔 화보잡지라고 할 수 있다. 이 잡지와 관련하여 2부의 1장의 논의를 참고.

진과 글을 실었는데 여기에는 여성이 집에서 한마음으로 남편을 위해 일을 하는 장면을 제시하고 있다. 각 사진마다 가상의 서술을 첨가하고 있는데, 이는 가사 교과서의 이념을 적절하게 시뮬레이션해 주고 있다. 가정주부를 연기하는 사진 속 여성의 눈길과 표정은 걱정과 조급한 마음이 가득 어린 채 자신의 일을 재삼 확인하고 있는 장면을 표현하고 있다. 가령 서재를 청소하는 사진 아래에는 "그의 서재는 어떤 일이 있어도 다른 사람이 정리하게 해서는 안 되지요"라는 설명이 나와 있으며 '저녁식사 준비'라는 제목의 사진 아래에는 다음과 같은 사진설명이 붙어 있다. "[…] 그런데 내가 한 요리를 그가 좋아하지 않으면 어떡하지? […] 나중에 내가 음식을 맛있게 만들 수 있다면 정말 즐거울 텐데. 점심을 먹고 난 다음 저녁식사를 걱정한다. […] 그저께 사온 요리책에 있는 몇 가지 서양요리를 오늘 해봐야겠다. 그래! 이거라면 그는 분명 좋아할 거야!"[39]

---

39 이 기사의 영문 제목은 "Preliminary Lessons for the House-keeping Bride"이다. 여기에서는 여성의 하루 일정을 다음과 같이 나누어 묘사하고 있다. 아침 청소, 남편 서재 정리하기, 꽃꽂이, 저녁식사 준비, 독서, 바느질, 그가 돌아왔다, 물건사기, 음악, 가정회계. 「小家庭學」, 『良友』第101期, 1935年 1月. 본문에서 인용한 서술 이외에 다른 예를 들어 보면, 위의 제목 가운데 여성이 유일하게 독자적인 활동을 전개할 수 있는 '독서'라는 제목의 책을 읽은 사진 아래에는 다음과 같은 설명이 붙어 있다. "사상(思想)에서도 그를 따라가야겠다. 그리고 취미에서도 그를 따라갈 수 있도록 노력해야겠다. 이건 부부생활에서 정말 중요한 요소 중의 하나야. 그저께 그가 사온 외국잡지 몇 권을 나는 아직까지 다 못 읽어봤어. 잘 이해가 안 되는 곳이 있던데 그가 돌아오면 자세히 물어봐야지."

4. 가사교육이 주조하는 '여성'과 '가정'

위의 서술을 통하여 이 글은 근현대 중국 상하이에서 이뤄진 여학교의 가사교육이 여성을 가정과 연관된 존재로 체계화하는 과정을 검토했다. 근현대 이전에는 '여성'의 존재가 부각되지 못했던 것과 마찬가지로 '가사'도 체계적으로 교육되지 않고 가전(家傳)되었다. 이러한 비제도적 성격은 근현대 초기에도 갱신되지 않고 잔존하게 된다. 근현대 초기 여학교의 커리큘럼에 반영된 가사 관련 내용들은 하나의 체계적인 과목을 형성하지 못했으며 분산적이고 단편적인 형태로 각기 다른 과목에 배속되어 있는 형국을 띤다. 그리하여 가사 수업은 아직 학적인 체계를 가지지 못한 수공이나 기능 위주의 교육에 대부분의 시간을 할애한다. 이때 여성 개념도 의미있는 독자적인 내함을 가지지 않은 채 신도양성이나 국민양성을 위한 목적 아래 복속되는 양상을 지닌다.

그러나 가사 교육이 체계적인 면모를 띠면서 그간 중시되지 않았던 여성 개념이 활성화되는데, 이러한 면모는 가사교과서의 출현으로 가시화된다. 초기 유통되던 교과서는 일본에서 번역한 『가정』(家政) 교과서로 여기에서는 가정(家庭) 관리 및 감독이 중점적으로 기술되어 있으며 여성의 역할 또한 이러한 관리와 감독의 주체라는 점에 방점이 찍혀 있다. 이렇게 번역된 일본의 '가정' 교과서는 가정의 관리 및 감독 주체를 새롭게 쓰는 양상을 보인다. 여기에서는 전통사회에서 남성이 주재하던 가(家)가 여성이 관리하고 감독하는 공간으로 탈바꿈한다. 그런데 이러한 관리감독의 공간으로서의 '가정' 개념과 그 감독관으로서의 여성 개념이 강했던 일본의 '가정(家政)' 관념은 가사 지식을 중시하는 서구 가사과목이 도입됨으로써 수정된다. 이러한 가사 교과는 1910년대 이후 대거 보급되기 시작하는바, 중서여숙 등의 기독교여학교가 이 수업을 정규과목에 넣고 1920년대 들어서는 관사립여학교가 교육과정으로 수용하는 등의 과정을 통해 정규화된다.

중국에 가사교육이 뿌리를 내릴 때 중요한 대목은 바로 이러한 보급이 가사의 학문적 범주의 확립을 통해서 이루어졌다는 점이다. 기존 가사학 명칭의 혼란스러움에 대한 비판은 가사교육의 "제고" 요구로 갱신의 지점을 찾는다. 가정 및 가사는 "복잡한 과학"의 이름으로 '과학성'을 지닌 작업 영역의 일환으로 편입되면서 사회적으로 주목할 만한 공간과 작업으로 의미의 변환을 겪는다. 이와 동시에 여성 개념도 간단한 가사조작을 넘어 복잡한 과학지식을 숙지하는 존재로 새로이 규정된다. 과학의 세례를 통하여 여성을 가정으로 소환하는 작업이 합리화되고 여성은 이에 부응해야 하는 존재로 호명되고 있다.

이러한 가사교육은 이전과 완전히 다른 새로운 내용을 담고 있다. 1930년대 통용되던 가사 교과서는 '가정'과 '가사'에 대한 현대적인 갱신을 표나게 내세우는바, '여홍' 등의 수작업과 기능 중심의 기존 교육의 특색은 사라지고 지식성이 강한 내용이 대부분의 분량을 차지한다. 뿐만 아니라 이 교과서는 이들 여성을 '개인'의 이름으로 호명함으로써 가정에서 보조적인 역할을 하는 여성의 실제적인 자리를 지우면서 역설적으로 그 기능을 강화하는 수사를 구사하고 있다. 다른 한편, 이러한 수사에는 자원 및 작업의 관리와 분배 그리고 자원의 구매 등에 대한 학습이 강조되고 있는데, 이 대목에서 대공업생산체제의 흔적을 확인할 수 있다.

이렇듯 가사과목이 제시하는 가정이란 과거의 가정과 다른 새롭게 구획된 '가정'이다. 여기에서 새롭게 의미를 획득한 '가사' 등의 활동을 통해 '여성'은 새로운 생활방식을 운영하고 감수성을 표현하게 된다. 1930년대 중국에서 새로운 가정과 여성 이념은 가사교육을 통해 완성된다. 가사과목의 편제 과정은 '가사'가 과학의 '세례'를 받아 여성이 익혀야 하는 지식이 되고 '노동'의 성격이 비가시화되는 것을 미시적으로 보여 준다. 여기에서 가사의 현대화, 과학화와 가성의 여성화가 이뤄지며 여성은 가정과 결부된 존재로 위치지어진다.

2부

×

미디어는 어떻게 세계를 드러내는가

1장 화보잡지가 (비)가시화하는 세계

1. 대형종합 화보잡지의 출현

1926년 2월 15일 상하이에서 『양우』(良友) 창간호를 준비하며 편집자 우롄더(吳聯德)는 독자들의 반응을 초조하게 기다렸다. 당시 상하이에서는 한 장으로 인쇄된 타블로이드 화보가 유행하고 있었지만 『양우』처럼 단행본의 형태로 이뤄진 화보는 아직 선보이지 않고 있었기 때문이었다. 게다가 직전에 우롄더는 『소년양우』(少年良友)라는 유사한 이름의 타블로이드판형 아동용 화보를 냈다가 실패한 전력이 있었다.[1] 그러나 결과는 대성공이었다. 초판으로 찍었던 3천 부는 동이 났고 나

---

[1] 『양우』와 『소년양우』는 편집과 내용 면에서 상이하지만 이름은 유사하다. 그리고 영문명은 동일하게 Good Companion을 사용했다. 상무인서관에서 편집을 담당하는 우롄더는 단장(單張)으로 이뤄진 타블로이드판 아동화보 『소년양우』를 냈으나 독자들의 반응을 얻지 못해 3기를 끝으로 정간한다. 이에 대해서는 마궈량 등의 진술을 참고. 馬國亮, 『良友懷舊: 一家畫報與一個時代』, 三聯書店, 2002, p.11.

중에 창간호는 4천 부를 추가 인쇄했다.[2] '중국 최초의 대형종합성 화보'[3]라는 이름을 얻은 『양우』는 사진을 중심으로 뉴스와 읽을거리를 한권의 책으로 동판 인쇄한 화보로서[4] 이후에 유사한 화보 신문 및 잡지들의 출간 붐을 이끌면서 평균 4만여 부가 판매되고 1945년 10월까지 장기 발간되어 이 시기를 대표하는 화보로서 자리를 굳힌다.[5]

표지에서 속지까지 사진을 표나게 내세운 화보의 성공은 대중들이 세계에 관여하는 방식이 바뀌었고 이를 구조화하는 새로운 테크놀로지가 부상했음을 알려준다. 무엇보다도 사건이나 사실을 기술하는 것이 아니라, 직접적으로 보여 주는 시각이 중요한 감각으로 부각된 것이다. 이는 독서경험의 변화와 밀접하게 관련된다. 근대 이전의 말하기-듣기 위주의 독서 경험은 근대 이후 인쇄기술의 발전과 더불어 대량 출판이 가능하게 됨에 따라 문자 위주로 구성된 '눈으로 읽는' 방식으로 전환했다. 그런데 화보 잡지의 독서방법는 여기에서 한 걸음 더 나아가 사진촬영술과 동판인쇄술 등의 발전과 더불어 정미한 사진

---

2 1백기 출간을 기념하는 우롄더의 회고를 참고. 伍聯德, 『良友一百期之回顧與前瞻』, 『良友』第100期, p.4, 1935년 12월 15일 발행(이하 발행 생략).

3 趙家璧, 重印全份舊版良友畵報引言, 『良友畵報』 影印版, 上海書店, 1986, p.2.

4 『양우』의 인쇄기술은 이후에 꾸준히 진화하며 독자들을 끌어 모은다. 창간호에서 25기까지는 동판인쇄를 했으며 26기부터는 영사인쇄를 사용했다. 새로운 기술이 선보일 때마다 판매부수는 급신장하여 영사본이 최초로 출간된 26기의 판매부수는 3만 부에서 4만 부로 급성징한다.

5 『양우』는 1926년 2월에 창간되어 1945년 10월에 폐간된다. 20여 년에 걸친 기간에 다섯 명이 주편집자를 맡는데 그 중에서 우롄더(1기~4기, 1926년 2월~1926년 5월)와 량더쉬(梁得所, 13기~78기, 1927년 3월~1933년 8월), 마궈량(馬國亮, 79기~138기, 1933년 9월~1938년 6월)이 주편한 시기가 『양우』의 전성시대로 평가된다. 각 편집자에 대한 평가는 자오자비의 위의 글을 참고하라.

인쇄가 가능해짐에 따라 '보는 방식'으로 전면적으로 재구축되면서 시각성이 특권적인 감각으로 자리하게 되는 것이다.[6] 그리하여 『양우』의 대중적인 성공은 비단 독서 경험에서뿐만 아니라 시각을 중심으로 한 새로운 인식방법과 생활태도가 등장한 것을 알려주는 의미심장한 사건이라 할 수 있다. 이는 시각이 인간 경험을 구성하는 중요한 축이 되었음을 드러내는 중요한 표지로 자리한다. 특히 1920, 30년대 중국에서 출판과 잡지 출간의 중심지였던 상하이에서 이러한 전회는 도드라졌다. 대표적인 사례가 이 글에서 주요한 사건으로 다뤄진 『양우』의 성공이다. 『양우』는 여성해방의 주장을 설파하며 두터운 독자층을 형성했던 『부녀잡지』의 논설의 세계를 밀어내고 새로운 여성 독자 시장을 개척하며 시각적인 대중문화의 중요한 축으로 등장한다.[7]

이러한 (근)현대에 들어서 특권화되는 시각성에 대한 논의는 꾸준하게 진행되어 왔는데 그간 이러한 현상에 대해 비판적인 견해가 적지 않게 제출되었다. 대표적으로, 맥루한(MacLuhan)과 옹(Ong)은 모더니티란 시각 중심적이며 인쇄술의 발명이 이러한 특권화를 강화해 왔고 이러한 지각의 장이 '근본적으로 비성찰적이며 시각적이고 양적'

---

6 근대기에 이뤄진 필사문화와 초기 인쇄문화의 공동체적 독서/음독이 개인적 독서/묵독으로 변천하면서 시각적 '텍스트성'이 자리잡는 과정에 대해서는 천정환의 다음 책 2장의 3절을 참고. 천정환, 「책읽기와 시각의 근대화」, 『근대의 책읽기: 독자의 탄생과 한국 근대문학』, 푸른역사, 2003. 중국에서 진행된 말하기-듣기의 설서 경험이 읽기로 독서 체험으로 바뀌게 되는 과정에 대해서는 천핑위안이 서사양식론에서 밝힌 바 있다. 진평원, 『중국소설 서사학』, 이종민 옮김, 살림, 1994.

7 1920, 30년대 상하이 대중문화의 양상과 이 가운데 시각성이 도드라진 대중문화 미디어인 화보와 만화잡지 및 영화가 기능했던 방식과 의미에 대해서는 본서 2부 3장을 참고.

이었다고 비판을 가한다.[8] 한편 현대성의 시각 문화에서 지배적인 시각 양식으로 원근법(perspective)이 지목되면서 근대적인 시각 양식에 대해서 전면적인 재검토가 이뤄진다. 곧 현대성의 시각 체제[9]는 15세기 르네상스 이탈리아에서 창안된 원근법이라는 합리화된 시각 양식이 지배하는 시각장이며 이 시각 양식에 의해 설정되는 주체는 데카르트의 코키토와 마찬가지로 시각의 장에서 자기 의지적이며 대상 세계와 거리를 둔 채 통제력을 행사하는 세계의 중심이고 초월적인 주체로 규정된다.[10] 그리하여 근대가 비판적으로 성찰되면서 현대성은 '시각성의 헤게모니'로 규정된다.[11] 이에 따라 이러한 근대의 지배적이고 헤게모니적인 시각모델인 '데카르트적인 원근법주의(Cartesian Perspectivalism)'의 합리화된 시각 질서는 비판의 도마에 오르게 된다.[12] 곧 근대의 지배적인 시각모델인 데카르트적인 원근법주의는 주체와 대상을 분리시켜 전자를 초월적인 것으로, 후자를 움직일 수 없

8 Marshall McLuhan, *Understanding Media: The Extensions of Man*, McGraw-Hill, 1963. Walter J. Ong, *The Presence of the Word: Some Prolegomena of Cultural and Religious History*, Yale University Press, 1967. 마틴 제이, 「모더니티의 시각 체제들」, 핼 포스터 엮음, 『시각과 시각성』, 최연희 옮김, 경성대학교 출판부, 2004, 21쪽에서 재인용.

9 시각 체제(scopic regime)는 영화학자인 크리스티앙 메츠(Christian Metz)가 처음 제시한 용어로, 일반적으로 본다는 행위가 물질적이고 제도적인 배치에 의해서 사회문화적으로 구조화된다는 것을 의미한다.

10 주은우, 『시각과 현대성』, 한나래, 2003, 24~25쪽.

11 데이비드 레빈, 「시각의 헤게모니」, 데이비드 레빈 외 엮음, 『모더니티와 시각의 헤게모니』, 정성철 외 옮김, 시각과 언어, 2004.

12 시각예술에서 르네상스적 원근법 개념과 철학에서 주체의 합리성에 대한 데카르트 사상과 동일시하여 이 모델을 '데카르트적인 원근법주의'로 명명한 대표적인 예로 마틴 제이의 논의를 들 수 있다. 마틴 제이, 「모더니티의 시각 체제들」, 『시각과 시각성』, 2004, 24쪽.

는 것으로 만들어버림으로써, 형이상학적 사고와 경험과학 그리고 자본주의 논리를 구성해 왔다는 비판이 그것이다.

이와 관련하여 핼 포스터가 편집한 『시각과 시각성』에 참여한 필자들은 시각 체제가 많은 사회적 시각성들을 하나의 본질적인 시각으로 만들거나 혹은 그것들을 시선의 어떤 자연적인 위계 속에 배열하기 위해서 차이들을 폐지하고 있다고 판단한다. 그리하여 이러한 전일적인 시각성 논의에 반해서 시각성을 '역사화'시키는 가운데 대안적인 논의를 모색한다. 이들은 시각이 어떤 역사를 지니며 시각성에는 서로 다른 체제들이 존재한다는 인식을 보여 주면서 대안적인 시각 체제를 탐색하고 있다.[13] 가령 조나단 크래리(Jonathan Crary)는 데카르트적 원근법주의를 일관되거나 연속적인 것으로 보는 독해법을 거부하면서 19세기 초 기하학적 광학으로부터 시각에 대한 생리학적 설명으로 이행되면서 데카르트적 원근법주의가 이론적인 전치를 겪게 되는 것으로 서술하고 있다.[14] 한편 마틴 제이(Martin Jay)는 데카르트적 원근법주의 자체 내에 포함된 내적인 긴장들을 지적하면서 이것이 시종일관 강제적이지 않았다는 점을 밝힌다. 그는 이러한 데카르트적인 원근

---

13 그렇다고 이들이 시각성에 대한 일방적인 비판만을 수행하고 있는 것은 아니다. 편집자인 핼 포스터는 시각에 대한 현대적 분석을 정정하려는 것이 아니라, 오히려 그것들을 비판적으로 유지하려는 것이 문제제기의 의도라는 점을 밝히고 있다. 보다 정확하게 말하면 저자들은 부분적인 경향들을 전체적인 전통들로, 다수의 차이들을 극소수의 정적인 대립들로 바꾸려는 의도를 지니고 있다. 핼 포스터, 『시각과 시각성』, 2004, 18쪽.

14 조나단 크래리, 「시각의 근대화」, 위의 책. 근대적 시각의 생리학적 토대에 대한 크래리의 자세한 논의의 다음의 저서에서 살펴볼 수 있다. 조나단 크래리, 『관찰자의 기술: 19세기의 시각과 근대성』, 문화과학사, 2001.

법에 대한 대항 전통들로 레오나르도 다 빈치 등의 '종합적인 원근법'과 17세기 네덜란드의 '묘사의 미술', 바로크 미술의 시각의 광기 등을 거론한다.[15]

이 글은 모더니티에 대한 특히 철학적 관점에서 행해지는 비판과 유사한 관점으로 시각성이 특권화되는 현상을 문제로 삼거나 부정적으로 판단하는 데 전체적인 논지를 할애하지 않을 예정이다. 시각적 근대성에 대한 철학적 논의들은 모더니티에 대한 비판적인 사고를 진행하는 그대로 의미를 지니고 있다. 그러나 다른 한편 프레데릭 제임슨의 발언대로 우리는 가장 고도로 문명화된 단계가 인간성을 시각이라는 하나의 무소불능의 감각으로 변형시켰고 도덕주의로도 이 감각을 잘라낼 엄두를 내지 못하게 된 역설적인 현실에 살고 있다.[16] 이 때문에 이러한 현실이 어떻게 구성되었는지 그 동학과 기원을 거슬러 올라가 좀더 차근히 살펴보는 것이 더 긴요한 문제로 대두된다.

그리하여 이 글은 만연한 시각의 세계에 시각성에 대한 철학적인 논의를 통해 판단을 내리는 방식보다 이 시각이 어떻게 도래했는지에 대한 구체적인 대중문화 현실에 착목하여 근대 대중의 감각이 어떻게 재편되고 재구성되었는지 과정을 따져보고자 한다. 다시 말하면, 여기에서는 1920년대와 1930년대 상하이의 대표적인 화보 잡지인『양우』

---

15 마틴 제이,「모더니티의 시각 체제들」,『시각과 시각성』.

16 프레드릭 제임슨,『보이는 것의 날인』, 남인영 옮김, 한나래, 2003, 14쪽. 특히 사진이라는 특정 장르의 문제로 들어갔을 때 시각성이 우세하게 된 상황 일반에 대한 비판적인 입장을 취하는 철학적 논의와 달리 사진이라는 미디어 테크놀로지의 등장과 사용에 대해서는 입장이 다른 논의들이 전개된다. 사진과 영화의 등장을 민주적인 테크놀로지의 대두로 여겼던 벤야민의 논의가 대표적이다.

로 되돌아가 이 과정을 갈무리함으로써, 이러한 감각의 시대의 기원
을 살펴보고자 한다. 이 과정을 통하여 최초의 '시각적 전회(the visual
turn)'[17]가 어떤 과정을 통해 구조화되었으며 이 속에서 대중들의 세계
와 앎은 어떻게 배치되기 시작했는지, 그들의 감각과 욕망은 어떻게
재편되었는지를 검토한다.

그런데 화보 잡지를 통해 현대적 시각성의 기원을 따지는 일은 어
쩌면 더 멀리 거슬러 올라가야 할지도 모른다. 1884년에 점석재석인
국(點石齋石印局)에서 창간한 『점석재 화보』(點石齋畵報)는 시사적인
내용을 그림으로 세밀하게 그려 석판으로 인쇄한 화보로 27년 동안 발
행되어 큰 인기를 모았다.[18] 『점석재 화보』는 최초의 그림 신문으로 충
분히 검토될 만한 가치를 지니고 있다.[19] 그러나 황티엔펑(黃天鵬)이

---

17 원래 '시각적 전회(the visual turn)'는 1980년대 후반 혹은 1990년대부터 시각 또는 시
   각의 사회성과 역사성을 강조하는 '시각성(visuality)'의 문제, 특히 현대성의 '보는 방식
   (way of seeing)'의 문제에 대한 심층적인 연구가 이뤄지고 있는 현상을 가리켜 사용했
   던 용어이다. 이 글에서는 이러한 지각 방식상의 전환을 가리키는 말로 인용했다. 이 용
   어의 사용에 대해서는 다음 글을 참조하라. Teresa Bernnan, "The Contexts of Vision
   from a Specific Standpoint", *Vision in Context: Historical and Contemporary
   Perspectives on Sight*, Routledge, 1996.
18 黃天鵬(報學月刊編輯), 「五十年來畵報之變遷」, 『良友』, 第49期, p.36, 1930년 8월. 황티
   엔펑은 지난 50년 동안 화보의 변천을 다음과 같은 세 시기로 나눈다. 1) 석판인쇄시기
   (1894) 2) 동판인쇄시기(1920) 3) 영인본 시기(1930). 석판 인쇄 시기를 대표하는 화보로
   『점석재 화보』가 거론되며 동판인쇄와 영인본 시기를 주도하는 화보로 『양우』가 손꼽힌
   다.
19 『점석재 화보』와 관련하여 19세기 화보에 재현된/그려진 세계와 이를 읽는 연구자의 사
   로(思路)를 세심하고 꼼꼼하게 전개하고 있는 논문으로 민정기의 다음 글을 참고. 민정
   기, 「그림으로 '읽는' 근대 중국의 사회와 문화: 『점석재 화보』 연구를 위한 서설」, 『중국
   현대문학』 28호, 2004. 『점석재 화보』에 대한 전반적인 연구서로 다음을 참고하라. 문정
   진·민정기 외, 『중국근대의 풍경』, 그린비, 2008.

화보역사를 정리하며 평가했듯이 '그림과 설명에 인과론적인 미신의 맛'이 다분한 불균질한 세계의 풍경을 보유한 19세기의 화보라는 시간의 흔적을 보유하고 있다.[20]

이에 비해 점석재 화보에서 자주 등장했던 요괴 출몰 소식과 인과응보의 미담을 다룬 그림은 『양우』에서 모습을 감춘다. 『양우』는 '사진'을 통해 이질적이고 불안한 전통과 미신의 세계를 편집하고 보다 균질적인 시선과 공간을 전시한다. 미신과 전통의 세계를 대체하고 국내외의 뉴스사진과 여성사진, 아동사진 등으로 분류된 새로운 근대적인 세계를 제시한다.[21] 『양우』는 사진이라는 매체를 통해 근대적인 가치와 세계가 내면화된 이전의 그림 화보 세계와는 다른 조건을 보여준다. 그러나 무엇보다 『양우』에서 주목되는 것은, 이 화보잡지가 이러한 철저하게 근대적인 테크놀로지를 이용해 본격적인 모더니티의 풍경을 전시하면서 다른 한편 이에 길항하는 장면을 연출하기 때문이다.

다시 말하자면, 『양우』 화보 잡지의 비주얼한 화면에서 유추되는 것과 달리, '사진'과 '인쇄' 등 근대적이고 제국으로부터 수입한 미디어와 테크놀로지가, 서구의 그것 그대로 유럽 중심적인 시선을 일관되게 유지하고 있는 것은 아니라는 점이 문제적이다. 이 글은 상하이라는 반(半)식민지에 근거를 둔 『양우』 화보가 재현한 세계에서 식민주의로 무장한 서구 상품의 비주얼한 광고들과 정보, 눈길을 끄는 인물과 뉴

---

20 黄天鵬(報學月刊編輯), 「五十年來畫報之變遷」, 『良友』, 第49期, p.36, 1930년 8월.
21 사진을 나열하기만 했던 초기의 무질서한 편집은 제10기부터 다음과 같은 일곱 부분으로 정리된다. 미술면, 국내시사, 국외시사, 부녀면, 『양우』 소개, 아동면, 문예면. 이후에 코너의 가감은 있지만 이 일곱 부분의 기조는 대체로 유지된다. 「編者之頁 : 致讀者」, 『良友』 第10期, 1926년 11월 15일.

스사진들 틈새에서 울리는 목소리는 내셔널리즘의 그것이라는 점을 밝히고자 한다. 그러나 다른 한편 이러한 내셔널리즘의 목소리는 식민주의적인 시선과 대중문화 상품의 관계 속에서 변형되고 변용된다. 이 글에서는 내셔널리즘이 드러나고 변용되는 양상과 이것이 의미하는 바가 무엇인지에 주목하고자 한다. 특히 이 글에서는 이러한 특징이 사진을 위주로 한 화보 잡지라는 시각적 특성과 불가분의 관계를 맺는다는 점에 주목한다.

곧 초기 『양우』 화보를 중심으로 식민주의와 내셔널리즘이, 반식민지 상하이에서 발행되는 '화보'라는 대중문화상품의 시각적인 매혹 속에서 어떻게 전시되고 동원되며 관계를 지니는지에 대해서 중점적으로 검토하고자 한다.

2. 여성표지모델과 내셔널리즘이라는 이슈

『양우』는 잡지사 혹은 출판사에 기원을 둔 다른 잡지와 달리, 인쇄소에서 출발한 출판사에서 간행된 잡지이다.[22] 이 점은 화보를 출판하는 출판사가 '인쇄'라는 근대적인 테크놀로지에 일찌감치 주목하며 비주얼을 중시하는 새로운 맥락과 기제를 생산하는 데 주력했다는 사실을 알려준다. 그렇다면 여기에서 문제는 이 비주얼이 어떤 비주얼이며 어떤

---

22 양우도서인쇄공사는 창립 초기인 1925년 7월에 제1기 주식공모를 통해 4만 위안을 모집하여 인쇄에 투자하였으며 회사 이름도 '양우인쇄공사'로 짓는다. 이후 인쇄업에서 기초를 다진 후 2차 주식 공모를 통해 6만 위안을 모집하여 출판경영에 투자하여 『양우』, 『금대부녀』 등의 잡지를 출판한다. 양우도서인쇄공사의 연혁에 대해서는 다음 장정을 참고. 「上海良友圖書印刷有限公司第二次擴充招股簡章」, 『良友』第34期, 1929년 1월.

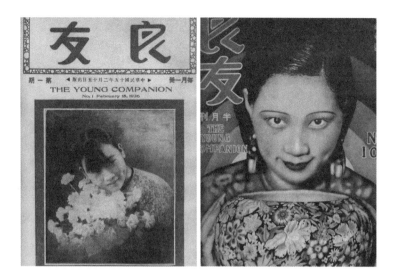

사진1 『양우』 제1기(왼쪽)와 제100기(오른쪽) 표지사진

성격을 지니고 있는 것인지가 중요하다.

　『양우』는 중일전쟁이 벌어지기 전까지 매 호 아름다운 여성을 모델로 내세워 표지를 장식한다.[23] 주로 여성의 얼굴이 클로즈업된 표지사진은 이 잡지를 전형적인 여성잡지처럼 보이게 만든다(사진1).[24] 그

23　중일전쟁이 발발한 직후 발간된 131기(1937년 10월)부터 『양우』는 군정계의 인사를 표지모델로 쓴다. 표지모델의 이러한 변화는 전쟁이라는 특수한 시기를 감안해야 할 것이다. 130기(1937년 7월)가 발간되는 10여 년 동안 표지모델은 계속 여성이 맡았다. 여성이 표지모델로 나서지 않은 것은 쑨중산(孫中山)이 표지에 나온 『쑨중산 선생 기념 특별호』 한 호뿐이다. 그러나 이것도 호외로 발간되었다. 그러므로 그 이전에 정식으로 출간된 『양우』 가운데 여성이 표지모델로 나오지 않은 것은 한 호도 없다고 해야 할 것이다.

24　리어우판에 따르면, 표지에 여성사진을 싣는 것은 만청시기 기원을 소개하는 타블로이드 신문(小報)의 전통을 연속한 측면이 있다. 그러나 리어우판은 『양우』 표지에 실린 여성은 '신식' 여성들이라는 점에서 만청 시기의 유명 기녀의 사진을 실은 타블로이드 신문과 결정적인 차이가 있다는 점을 지적한다. Leo Ou Fan Lee, "The Construction of Modernity in Print Culture", *Shanghai Modern: The Flowering of a New Urban*

러나 첫 페이지를 펼치면 이 기대는 어긋난다. 『양우』의 목차는 전체적으로 국내시사, 국외시사 등 뉴스를 앞에 배치하고 있으며 몇 페이지에 걸친 뉴스면 뒤에 여성면과 아동면, 문예면 등이 배치되고 있다. 이러한 전후반부의 배치를 통하여 이 화보가 시사 뉴스에 방점을 찍고 있다는 점을 알려준다.

전반부의 국내 시사 뉴스에는 주로 사건 사진과 군정계의 남성들의 사진이 게재되어 있어서 장식이 강조된 여성 표지 사진과 뚜렷한 대조를 이룬다. 남성들은 공적인 사건의 영역에서 뉴스의 중심적인 인물로서 등장한다. 이로써 이 배치는 이 화보가 소프트한 내용만을 다루는 것이 아니라 사회적이고 정치적인 경성(硬性)의 콘텐츠를 가지고 있는 매체라는 점을 강조하고 있다. 무엇보다 『양우』는 계몽과 구국의 사명을 지니고 창간된 잡지라는 점이 상기되어야 할 것이다. 왜냐하면 『양우』는 화보의 편집자인 우롄더가 "문화가 낙후한 우리나라에서 도화로 교육을 보급할 일을 하는 것이 적당"하다는 다소 계몽적인 판단에 입각하여 창간된 화보였기 때문이다.[25] 더 나아가 『양우』가 창간된 지 2년을 맞아 본 궤도에 오른 25기를 출간했을 무렵 「양우를 위한 발언」에서 우롄더는 『양우』가 교육 보급과 문화 발양을 사명으로 삼으면서 "출판업으로 나라를 보위하고 국민을 교육"시키고 "인쇄업으로 나라를 부강하게 만들고 국민을 강하게 단련시킨다"는 목표를

Culture in China, 1930-1945, Harvard University Press, 1999, p. 64. 취미와 오락 등을 중시했던 상하이에서 흥성했던 타블로이드 신문에 대한 전문적인 연구로 리난의 아래 저서를 참고. 李楠, 『晚清, 民國時期上海小報研究 : 一種綜合的文化, 文學考察』, 人民文學出版社, 2005.

25 伍聯德, 「良友一百期之回顧與前瞻」, 『良友』第100期, p.4, 1934년 12월 15일.

명백히 밝힌다.[26]

> 현재 우리들의 중국은 국민의 지혜가 아직 개화하지 않고 교육이 진
> 흥하지 않았다. 우리들은 책과 신문이 너무 적은 까닭이라고 감히 말
> 할 수 있다. 우리들이 국민의 지혜를 개화시키고 교육을 진흥시키려고
> 하는데 이를 이루는 유일한 길은 책과 신문을 많이 출판하는 일이다.
> 그러나 책과 신문을 출판하려면 반드시 인쇄에 의지해야 한다. 그래서
> 우리들 『양우』의 임무는 출판과 인쇄이다. 우리들은 출판과 인쇄의 직
> 업이 국민의 지혜를 깨우쳐 인도하고 교육을 보급하는 유일한 일이라
> 는 것을 굳게 믿고 있다. 그리하여 우리들은 열심히 분투하고 노력하
> 여 '양우'를 위하고, 또 '양우'가 또한 우리 중국에 보편적인 공헌을 할
> 수 있기를 희망한다.[27]

무엇보다도 창간 초기 『양우』의 성가를 드높인 것은 쑨중산 1주기
를 기념하여 발간한 『쑨중산 선생 기념 특별호』(이하 '기념특별호')라
는 점을 상기해보자(사진 2). 호외로 발간된 『기념특별호』는 쑨중산 선
생과 관련된 2백여 장의 사진을 58쪽에 걸쳐 싣고 각각 영어와 중국어
로 사진 해설을 붙이고 연보를 수록하여 그림으로 구성한 전기라는 의
미의 '화전(畫傳)'을 창출했다. 그리고 이러한 시각적인 재현 방식으로
내셔널리즘의 새로운 형식을 창출하고 있다.[28] 이러한 내용을 지닌 화

---

26 伍聯德, 「爲良友發言」, 『良友』 第25期, p.7, 1928년 4월 30일.
27 伍聯德, 앞의 글, p.7.
28 孫中山先生紀念特刊, 『良友』, 1926. 쑨중산 선생 특집호 출간에 대해서 『양우』 편집진은

보의 출간은 『양우』가 네이션(nation)의 건설을 중시한다는 점을 알려주면서 이와 동시에 네이션을 상상하고 전시하는 독특한 방식과 목소리를 지니고 있다는 점을 드러내준다.[29] 민족과 국가의 현실 및 미래에 대한 관심은 사진과 다양한 문양 등의 디자인으로 장식된 시각적인 재현물을 통해서 전달된다. 때로 『양우』는 중국을 개혁하고 혁명하기 위한 명분을 내세우면서 센세이션을 불러일으킨 사진을 게재한 의도를 강조하기도 한다.[30] 이와 같이 내셔널리즘은 시각적인 재현물에 테두리를 부여하는 목소리로 위치함으로써 이러한 시각적 재현물의 출현을 합리화한다.

그러나 여기에서 내셔널리즘이 순전하게 숭고한 목소리를 전달

사전에 출간 예고도 하며 출간 후에도 경과를 보고한다. 사전 출간 예고 및 경과보고에 대해서는 다음 기사를 각각 참고. 編輯者話, 『良友』 第9期, p.1, 1926년 10월 30일. 「致閱者」, 『良友』 第10期, p.1, 1926년 11월 15일.

29 이와 관련하여 김수연은 『양우』 잡지에서 실리는 부녀면 및 생활면 등에 실린 신체 사진과 관련 담론에 초점을 맞춰 이를 근대국가 담론으로 연결 지은 바 있다. 김수연, 「근대국가상상과 신체담론」, 『중국현대문학』 39호, 2007년. 김수연의 연구가 시각화된 신체 언표라는 주제에 집중하여 신체가 근대국가 담론과 연관되는 지점을 짚었다고 한다면, 이 글에서는 『양우』 화보잡지를 아우르는 전반적인 내용에 주목하면서 여기에서 드러나는 내셔널리즘과 제국주의 및 상업주의의 긴장과 그 관련 방식에 대해 다루고자 한다.

30 가령 『양우』 25기의 '독자 편지'에는 중국의 참상과 관련된 사진 보도에 대해 외국인의 중국인 모욕 등을 걱정하며 이런 사진의 게재를 반대하는 화교의 편지를 싣고 있다. 이에 대해서 『양우』 편집부는 중국 혁명의 필요성을 강조하며 격앙된 목소리의 답신을 게재한다. "우리들의 동포들의 생활은 마소보다 못합니다! 이 때문에 우리들은 혁명을 해야 합니다. 혁명의 목적은 마소의 지위를 벗어나 사람의 지위에 도달하기 위한 것입니다. […] 조만간 어느 날 진정한 혁명이 성공되면 중국 인민은 모두 마소의 생활에서 벗어나 사람의 생활이 있을 겁니다. 그때 국체(國體)는 비로소 진정하게 빛날 겁니다. 오늘날 모욕적이라고 느낄지라도 우리들이 노력하고 각계가 자기 역할 내에서 실사구시적으로 건설적인 일을 하도록 격려한다면 영광의 날은 곧 도래할 것입니다." 讀者通信, 『良友』 第25期, p.39, 1928년 4월 30일.

사진 2 쑨중산 선생 기념 특별호 표지

하는 데 주력하는 것이 아니라는 점에 『양우』의 특징이 존재한다. 『기념특별호』는 『양우』가 내셔널리즘의 내용을 지향하고 있다는 점을 드러내기도 하지만 다른 한편 그동안 대중과 거리가 있는 정치인을 대중의 우상처럼 모방해야 할 대상으로 '대중화'시키고 있는 방식에 주목해야 한다. 국가/민족이라는 구심점을 지닌 채, 대중의 일상 및 관습과 먼 것을 대중들 가까이로 바투 당기는 『양우』의 대중적인 편집 전략은 계몽적이며 엘리트 지향적인 기존의 활자/문자 위주의 잡지들과 또렷하게 구별되는 특징이었다. 『양우』는 시사와 정치가 지니는 심각함과 무거움의 무게를 덜어내고 이를 간편하게 즐길 수 있는 대상으로 전환시켰다. 이를 통해서 『양우』는 대중들에게 새로운 쾌감을 창출했다고 할 수 있다. 이는 대중들이 접근할 수도, 알 수도 없는 사건과 사고의 실체를 사진의 순간적인 장면으로 포착하여 이를 간취할 수 있다는 실제적인 감각을 독자들에게 부여한 것이다. 이러한 화보의 힘을 통해서 대중은 자신의 삶과는 거리가 있는 뉴스와 관련된 남성 정치인을, 언설이 아니라 클로즈업된 포즈와 삶을 통해서 친근하게 느끼게 되고 이 과정에서 동일시의 공간을 창출하게 된다.

한편 내셔널리즘이 공고하게 관철되는 것이 아니라 연성적인 방식으로 재구성되어 전달되는 이 화보의 특성은 시사뉴스면의 배치에서도 잘 드러난다. 뉴스와 관련된 남성 인물 사진들은 뒤의 '부녀면'의 일상적이거나 화사한 표정을 짓는 여성들의 사진과 연달아 배치되어 경성과 연성, 정치와 일상의 경계를 흩뜨리며 이 차이를 극복하거나 해소하는 방식을 도입한다.[31] 그리하여 이 화보를 사서 읽는 독자들은 정치를 일상적인 장면으로 수용하는 방식을 익히면서 이 과정을 통해 계급과 성별을 넘어서 동일한 국내외의 사건을 인지하는 대중으로서의 감각과 국민으로서의 귀속감을 생산하게 된다.

이는 '친구[良友]'와 같은 소박한 발화 위치를 지향하는 『양우』 편집의 말 걸기 방식이 획득한 성취이기도 하다. '좋은 친구'는 단순한 제호일 뿐만 아니라 이 화보 잡지의 편집 방향을 관통하는 입장이기도 하다. 이러한 소박한 말 걸기의 고갱이는 창간 초기인 제2기의 머리말에 잘 나타나 있다.

---

31 키치에 따르면 20세기 초 미디어들은 실용적인 권고 ── 가사, 패션, 건강, 그리고 다른 문제들에 대하여 ── 와 세계 뉴스, 그리고 흥미로운 피처 기사를 포함하는 조합을 선호했다. 이러한 내용조합은 20세기 대중문화가 '고급'과 '저급' 문화 사이의 경계를 체계적으로 희미하게 하는 방식의 초기적인 사례로 간주된다. Carolyn L. Kitch, *The Girl on the Magazine Cover : The Origins of Visual Stereotypes in American Mass Media*, University of North Carolina Press, 2001.

일하다가 피곤할 때『양우』를 들어서 한번 보세요. 당신의 힘이 솟아 나고 일이 한결 좋아질 거예요. 영화관에서 음악이 아직 울리지 않고 은막이 올라가지 않을 때,『양우』를 들어 한번 보세요. 사방을 두리번 거리는 것보다 한결 나을 거예요. 집에서 할일 없을 때『양우』를 들어 서 펼쳐보세요. 마작을 하는 것보다 훨씬 더 좋을 거예요. 침대에 누웠 는데 아직 잠이 오지 않을 때『양우』를 한번 펼쳐 보세요. 눈을 뜬 채 침대에 누워 잡다한 생각을 하는 것보다 훨씬 더 나을 거예요.『양우』 를 읽고 난 다음에는 편지를 써서 우리들의 약점을 알려주고 지적을 해주세요. 공손한 편지를 보내는 것보다 훨씬 좋아요.[32]

잡지에 관철되는 이러한 소박하고 친근한 어조는 국내 및 세계의 사건 및 사고 소식이 제공하는 장대한 장면과 대조적인 효과를 발휘하 며 사건이나 인물이 주는 거리감을 일시에 무화시켜 잡지의 내용을 소 화시킬 수 있도록 만든다. 이로써 중국과 세계를 '전망'하는 독자들의 시선은 압도되지 않으면서 흥밋거리나 취향 등 자신의 시선으로 소비 할 수 있는 방식을 익힌다. 독자 대중은 감각을 특권화하면서 시선을 동원하고 '당신'이라는 2인칭으로 독자에게 이야기를 조곤 조곤하는 편자의 대화체의 말에 귀와 눈을 맡기면서 뉴스 사진의 심각성과 장대 함을 소박한 어조의 설명들로 완화시키며 소비할 수 있게 된다.[33] 이는

---

32 「卷頭言」,『良友』第2期, 1926년 3월 25일.

33 『양우』는 매기 편집자 후기나 독자서신을 소개하는데 이 점에서 독자대중을 계몽의 대 상으로 삼는 기존 잡지의 편집 노선과 궤를 달리한다. 독자들의 원고 투고나 서신 투고 를 독려하는 한편, 촬영단 모집, 영아대회 개최, 별책부록 증정 등 좀 더 적극적으로 독자 를 '조직'하는 백화점식 마케팅을 적극적으로 차용한다. 일본에서도『양우』창간과 비슷

『양우』가 "생활의 무미건조함을 해소하는 것이 양우의 책임"이며 "사진과 글은 흥미를 위주로 발표"한다고 밝힌 『양우』 화보의 소재의 목표를 논한 편집후기에서 잘 드러나 있다. 사건의 '진상'은, '미화'와 '흥미'의 추구를 통해서 도달되어진다.[34] 이는 다른 곳에서 『양우』 화보의 목표로 언급한 '유쾌한 전사'라는 모순적인 태도의 사이좋은 병렬과도 일정한 연관을 가진다. 중국이 전쟁 상태에 처해 있지만 중국과 화보는 '전운이 밀집한 환경에서 생활과 사상의 독립성은 보존해야' 하며, 그런 환경에서도 '기회가 있으면 책을 읽고 그림을 그리고 휘파람을 부는' 태도를 지니기를 소망하는 것이 『양우』의 목표인 것이다.[35] 이렇듯 사건 주변에 창조된 가시적으로 '미화'된 공간은 사건을 객관적인 거리를 지닌 채 긴장을 풀고 소비할 수 있게 한다.

이는 심각하고 장대한 뉴스 사진을 '보는 법'을 알려줌으로써 대중들의 생활과 먼 소재를 일상화한다. 그리고 이러한 시사 화보는 새로운 보는 방식을 통해 대중들에게 국가적인 사건에 대한 새로운 습득기제를 획득하게 한다. 여성잡지의 외관을 띤 화보 잡지는 시사와 뉴스에 관철된 시각성을 통해 내셔널리즘의 목소리를 제시한다. 그러나

한 시기에 고단샤(講談社)에서 대중잡지인 『킹』(キング)을 창간한다(1925년). 사토 타쿠미(佐藤卓己)는 관련 저서에서 이 잡지를 부인잡지의 계열로 분류하면서 위탁판매제와 별책부록 등의 경품을 통한 독자의 조직화, 문화사업부의 창설 등이 백화점의 상법과 닮아 있다는 점을 지적하고 있다. 실제로 일본의 최초의 백화점인 삼월오복점 및 일본교본관과 『부인세계』(婦人世界), 『부인의 벗』(婦人之友) 등 부인 잡지의 등장은 시기적으로 겹친다. 佐藤卓己, 『キングの時代:國民大衆雜誌の公共性』, 巖波書店, 2002, pp.29~30. 일본 백화점의 탄생과 관련된 자세한 논의는 하쓰다 토오루(初田亨)의 다음 책을 참고. 하쓰다 토오루, 『백화점: 도시문화의 근대』, 이태문 옮김, 논형, 2003.

34 「編後記」, 第61期, 1931년 9월.
35 「編輯室談話」, 第65期, 1932년 5월.

화보잡지에 울려 퍼지는 계몽적이거나 '숭고'한 아우라를 띤 내셔널리즘의 목소리는 이와 모순되는 잡지의 전반적인 어조와 큰 충돌 없이 병렬적으로 제기되면서 그 효과를 상쇄시킨다. 결과적으로 내셔널리즘의 목소리는 소박하고 친근한 잡지의 지배적인 어조와 병렬되어 배치되면서 대중과 대화하는 낮춰진 톤으로 조정되어 전달되는 역설적인 효과를 낳는다. 이는 새로운 내셔널리즘의 형식이라 할 만하다. 그리고 이러한 과정을 거쳐 대중으로서 국민은 재조된다.

3. 문명과 야만의 시각적 재현

이러한 『양우』의 편집은 내셔널리즘을 내걸되 이를 '고양'하는 방향이 아니라 '하강'하는 방향으로 전달하여 숭고한 목소리의 효과를 경감시킨다. 이러한 편집의 효과는 '대중'으로서 국민이라는 감각을 창출하는 과정과 밀접한 관계를 지닌다고 볼 수 있다. 사진이라는 시각화된 표상을 통해 언표된 내셔널리즘은 추상적인 '이념'이 아니라, 근접하거나 접촉할 수 있다는 실제적인 촉각의 감각을 획득한다.

그러나 대중적인 친근함을 무기로 내세우는 이러한 하강의 내셔널리즘이 균질적인 네이션을 상상하고 있을까. 독자가 화보에서 도드라진 시각적인 표상을 통해 하강의 내셔널리즘으로 국민으로서 동일시할 때 이 내셔널리즘은 사진의 특징으로 인해 혹은 이 미디어가 전달되는 방식으로 인해 변용된다. 이 단서는 내셔널리즘이 상상하는 네이션의 바깥이자 경계에 위치한 외국과 소수민족을 묘사하는 『양우』의 서술에서 대표적으로 드러난다.

『양우』의 매혹은 국내외의 이국적이거나 일상적인 삶을 '풍경'으로 제시하는 방식에서 기인하는 바가 크다.[36] 이는 사진이라는 미디어의 힘에 상당부분 의지하고 있다. 특히 외국의 과학과 상품 및 유명인과 여성의 이국적이고 낯선 풍물은『양우』사진의 주요한 소재이다. 서양산 상품과 정보들은 사진을 통해 충분히 시각화되어 볼거리로서 제시되어 독자들을 쉽게 매혹과 설득 및 동의의 세계에 발 디디게 한다. 이로 인해 중국은 식민주의의 시각에 직접적으로 노출되고 포획된다.

그러나『양우』에서 두드러진 이러한 시각적 기술의 매혹과 식민주의적 시각은 서양의 첨단 기술과 상품, 이국적인 생활을 묘사할 때만 발생하는 것이 아니다. 혹은 발달된 중국의 도시상과 여기에 거주하는 도시의 남녀들의 사진을 전시할 때 식민주의적 시각에 침윤되거나 혹은 내셔널리즘적인 시각이 돌출되는 것이 아니다. 오히려 시각적인 기술은 발리의 원주민에서 중국의 소수민족에 이르기까지, 세계의 주변과 중국의 변경에 시선이 가닿을 때 더욱 효과를 발휘한다. 사진이라는 당대의 최첨단 테크놀로지는 중심이 아니라 주변을 대상으로 삼을 때 주변의 원시성을 도드라지게 강조하면서 이로써 문명을 드러낼 적절한 계제를 포착하게 된다. 여기에서 내셔널리즘과 식민주의의 문제가 복잡하게 착종되어 있는 일단을 드러낸다.

---

36 근대와 풍경의 등장과의 관계에 대해서는 가라타니 고진의 「풍경의 발견」에서의 논의를 참고할 수 있다. 가라타니 고진에 따르면 근대성을 작동시키는 주요한 기제 중의 하나인 주체와 객체의 분리가 가능해짐으로써 풍경이 일본근대문학에서 '발견'되어졌다는 논의를 전개한다. 이는 비단 일본의 근대문학에만 해당하는 것이 아니라 근대적인 미디어 일반에서 '풍경'이 등장하는 조건을 맥락화시켜 주고 있다. 가라타니 고진, 『일본근대문학의 기원』, 박유하 옮김, 도서출판b, 2010.

대표적으로 『양우』105기에 실린 발리 섬 소개 기사를 보자. 이 기사는 발리의 풍경과 주거, 그리고 가슴을 드러낸 여성 원주민 사진들을 다량 싣고 있다(사진 3). 발리는 "여성의 체격이 다른 곳에서 보기 드물게 건강하고 아름"다운 곳으로 초점이 맞춰져 소개된다. 가슴을 드러낸 여성을 찍은 사진에는 "체격과 발육이 아름답다. 근대 도시 여성은 이에 도달하지 못할 정도이다"라는 설명이 따른다.[37] 다른 한편 남양 군도를 다룬 107기에서는 타히티를 소개하고 있다. 타히티는 "풍경이 아름답고 주민생활이 단순하며 낭만적인 기질이 풍부"한 곳으로 묘사된다. 이러한 묘사 속에서 발리의 예와 유사하게 이곳의 풍물을 담은 사진과 관련 설명은 타히티의 여성에게 집중된다(사진 4). 가슴을 드러내고 웃는 타히티 원주민 여성 사진에는 발리의 유사한 포즈의 여성 사진과 비슷한 설명이 첨부되어 있다.

> 섬의 여성은 건강하면서도 아름다우며 활달하면서도 귀엽다. 신체의 아름다움은 문명국의 사람에 뒤지지 않는다.[38]

발리와 타히티 등의 원주민을 소개하면서 특히 여성 원주민에 초점을 맞추고 있다. 그리고 이 여성들을 원시성과 건강, 낭만으로 기호화하는 것은 서양이 원주민을 보는 시선과 유사하다. 발리와 타히티의 원주민은 서양의 시선을 투사하여 이에 대한 비평적 코멘트 없이 그대

---

37 「蓬島眞面目」, 『良友』 105期, p.40, 1935년 5월.
38 「藝壇觸目之南洋一島」, 『良友』 107期, p.40, 1935년 7월.

사진3 발리 여성 원주민 사진　　　　**사진4** 타히티 여성 원주민 사진

로 중국의 독자들에게 소개된다. 이 속에서 원주민은 원시성과 건강함을 표시하는 존재로서 재현된다. '문명'의 관점에서 파악된 원주민은 때 묻지 않는 원시성이라는 기표로 대별되어 드러난다.

　　그러나 이와 동시에 화보에 소개된 이들 원주민은 서양에 의해 소개되었다는 경로로 인해 특별한 지위를 부여받고 있다는 점을 주지할 필요가 있다. 잡지는 이들이 서양에 의해 '발견'되고 '소개'된 경로를 표나게 강조하며 이 발견된 원주민들에게 특권적인 위치를 부여한다. 그리고 무엇보다 서양의 권위에 의해 묘사된 이들 원주민은 원시성의 건강함이 부각되면서 이에 대해서 별도로 가치 폄하적으로 판단되지 않는다는 점에 주목할 필요가 있다.

　　발리는 동인도 미국 파라마운트 영화사가 이 지역에서 '레공(Legong)'이라는 제목의 칼라 영화를 제작하여 상당한 인기를 끌었다.

최근 또 발리의 로열 댄스단이 차례로 홍콩과 상하이에서 공연한 바 있었는데 마찬가지로 이 지역에서 선발된 소녀들로 구성되었다. 열대 지역의 이 작은 섬은 이 때문에 전 세계의 주목을 받았다. 본지는 현지의 생활환경 사진을 특별히 입수하여 이번 기에 게재한다. 발리의 봄 경치에 심취한 이들에게 더 많이 알 기회를 제공한다.[39]

타히티는 태평양 남안 남양 군도의 섬이다. […] 프랑스 인상파 화가 고갱이 이곳에 여행을 왔다가 2년 동안 머무르고 파리로 돌아가서 전시회를 열어 세상을 깜짝 놀라게 한 바 있다. 그 후 이 섬은 예술계 인사들이 주목하는 곳이 되었으며 일 년 가운데 특별히 이곳에 와서 그림을 그리는 이들이 상당하다.[40]

위의 소개에서 원주민들의 원시성은 서양 ── 제국에 발견된 것으로서 드러나되 야만성으로 폄하되지 않고 예술의 영역으로 정화되는 것으로 서술된다. 이를 보도하는 『양우』 잡지의 시각은 서양의 시선에 압도당하고 있다. 그리고 이러한 시각은 이들을 문명과는 '다른' 원시적인 열정의 지대로 게토화하거나 보호해야 할 대상으로 여긴다는 점에서 서양이 비서구를 보는 오리엔탈리즘 시선을 내면화하고 있다.

문제적인 것은 『양우』가 외부적 사안에 대해서 이를 식민화하고 문명과 구별짓는 시각을 작동시킬 뿐만 아니라 국내의 사안에도 이를

---

39 「蓬島眞面目」, 『良友』 105期, p.40, 1935년 5월.
40 「藝壇觸目之南洋一島」, 『良友』 107期, p.40, 1935년 7월.

적용하고 있다는 점이다. 문명과 비문명의 가치는 국내의 사안에 유효하게 작동되면서 내부를 식민화하는 시각을 발생시킨다. 뿐만 아니라 제국의 권위가 빠진 자리에 내셔널리즘 담론은 이를 치환하는 하나의 권위로 자리하면서 외국의 그것과 달리 국내의 원시성을 상찬의 대상으로만 제시하지 않는다. 중국의 소수민족인 '쿼뤄커'와 '시판(西蕃)' 민족을 소개하는 사진과 기사에서 이러한 표명은 선명하게 모습을 드러난다.

> 쿼뤄커(廓洛克, 현재의 궈러[果洛] 짱족 자치구)는 '어뤄(俄洛)' 혹은 '궈러'로 번역되기도 하는데 스촨, 간쑤, 칭하이, 캉현, 티베트 다섯 성이 인접한 곳으로 황허 구곡 가운데 첫 번째 골짜기이다. [⋯] 잡초가 무성하며 기후가 춥고 인가가 드물며 사람들은 아직까지 유목 생활을 하고 물과 풀이 있는 곳을 쫓아 살아간다. [⋯] 생활 습속은 수천 년 동안의 원시상태를 유지하고 있다. 바깥 세계와 접촉이 많지 않기 때문에 부근의 각 민족은 이들을 비밀스러운 나라라고 여긴 탓에 국내 지리에서도 이들을 홀락했다. 사실 이 민족은 무술을 숭상하지만 성정은 매우 순박하고 선량하다.[41]

> 쓰촨성 서북에 일반적으로 시판 민족이라고 불리는 고대 토번 부락이 있다. [⋯] 사람들은 유목을 위주로 생계를 잇는다. 한때 흥성했던 때도 있었으나 지금은 미개하다. 여성이 부지런하고 남성은 게으른 풍습

41 「廓洛克一民族」, 108期, pp.20~21, 1935년 8월.

이 있다. 모든 안팎의 일은 모두 여성이 담당한다. […] 여성 중심적인 사회이다.[42]

이렇듯 '외국'의 섬과 '국내'의 변경지대를 묘사하는 방식에는 차이가 발생한다. 유사하게 '문명'과 동떨어진 삶을 살고 있다는 점에서 주목을 받으나 외국의 섬 지역은 건강과 정열 등으로 기호화되는 반면 자국의 변경지대는 '미개'한 것으로 서술되고 있는 것이다. 서양의 시선을 따라서 식민화하는 시각이 작용할 뿐만 아니라, 이러한 식민주의적인 시선은 내면화되어 일국 내부를 위계적으로 재배열하며 식민화한다. 곧 중국의 소수민족은 원시성, 미개 심지어 순박함까지, 명확하게 낙후의 표식을 지닌 것으로 표명된다. 그리고 이때 '사진'은 이러한 기호를 도상화하는 결정적이고 중요한 계기로 자리매김한다. 사진을 통해서 문명과 야만이라는 가치는 차별화와 위계의 질서를 가시화된다. 다시 말하면 사진이라는 테크놀로지로 이를 담아냄으로써 이 가치를 균질적인 것으로 여기게끔 만든다.

여기에는 근대 일본의 박람회를 분석한 일본의 문화연구학자인 요시미 순야(吉見俊哉)가 언급한 '박물학적 시선'을 포괄하고 있다. 박물학적 시선이란 다양한 사물을 무질서하게 배열하는 것 같지만 실제는 이와 거리가 멀다. 이는 근대세계를 질서 짓는 기본적인 원리로 어떤 단계적인 우열의, 혹은 주객의 분리라는 기제를 내포하고 있다. 그리고 이러한 분류, 서열화하는 시선의 효과로서 세계가 기호화되고 액

---

42 「良友讀者旅行列車 今日之土蕃民族: 一個男惰女勤的社會」, 112期, p.16, 1935년 12월.

자 속 강목의 구체적인 항으로 치환되는 것이다.[43]

　　일견 객관적이고 중립적인 듯이 보이는 사진이라는 테크놀로지는 문명과 야만의 이항대립을 창출하는 데 이바지하며 식민주의와 내셔널리즘과 연관된 관념과 구상을 제시하는 데 작용한다. 이때 내셔널리즘은 식민주의적 시각과 무관하지 않다. 식민주의의 이념을 따라 내셔널리즘은 새롭게 발견되고 구성된다. 다시 말하자면 식민주의의 시선은 내셔널리즘적으로 변용되어 내셔널리즘 이념의 중요한 이념적 성분을 구성한다는 것을 알 수 있다.

4. 근대 테크놀로지의 이면에서

『양우』는 사진이라는 서구에서 들여온 근대 테크놀로지를 이용하여 서구의 상품과 정보, 생활에서부터 국내의 도시와 변경의 생활과 풍경에 이르기까지 국내외의 새롭거나 일상적인 풍경과 생활상을 파노라마적으로 제시했다. 그러나 이 파노라마적으로 제시된 풍경과 인물들의 재현의 틈새에서 울려 퍼지는 것은 내셔널리즘의 목소리라는 점을 본론을 통해서 논의했다. 여성들과 아동, 가족사진보다 앞면에 배치된 군정계의 사진과 관련 기사들은 『양우』가 사회적이고 정치적인 이슈에 민감하게 반응한다는 점을 알려주고 있다. 그러나 다른 한편 이러한 내셔널리즘은 사진이라는 시각성이 도드라진 미디어를 통해 전달됨으로써 논설이나 주장으로 제출되는 그것과는 다른 성격을 지닌다

---

43 요시미 순야, 『박람회: 근대의 시선』, 이태문 옮김, 논형, 2004, 36쪽.

는 점이 주요하게 논의되었다.

사진이라는 시각적인 재현을 통해 전달된 『양우』의 내셔널리즘은, 소박하고 친근한 목소리로 전달되면서 이를 고양하는 방향이 아니라 하강하는 방향으로 전개되었다. 그리고 이러한 양상은 이 이념이 갖는 숭고한 목소리의 효과를 경감시켰다. 사진이라는 시각화된 표상을 통해 언표된 내셔널리즘은 추상적인 '이념'이 아니라 일반적인 독자들이 근접하거나 접촉할 수 있다는 실제적인 촉각의 감각을 획득한다. 그리고 이러한 사진이 발휘하는 대중화의 효과를 통해 독자들은 국민으로서 창조된다.

그러나 다른 한편 시각화된 사진을 통해 연성화된 내셔널리즘은 그러나 식민주의적인 시선과 대치하지 않고 이 시선을 내재화하고 있다는 점이 밝혀졌다. 파노라마적으로 제시된 풍경과 인물들은 원칙 없이 나열된 것이 아니며 서구의 시선으로 문명과 야만의 가치에 따라 서열화된 질서를 표상하고 있는 것이다. 그리고 이러한 식민주의적 시선은 국내 지역을 소개할 때 내면화되어 더욱 차별적으로 위계화되어 적용되며 내셔널리즘의 중요한 이념적 성분으로 변용된다는 점이 드러났다. 이때 화보잡지에 게재된 사진의 시각성은 문명과 야만의 가치를 노골적이지 않고 미학적으로 감싸면서 이러한 식민주의와 내셔널리즘의 타협과 전환의 순간을 전시하고 이 이념이 내뿜는 언설의 강도를 순치하는 기능을 한다.

사진이라는 근대적이고 새로운 테크놀로지를 전격적으로 채용한 『양우』잡지의 등장과 이 잡지가 거둔 성공은 대중문화의 일반적인 산업적인 메커니즘의 구성에 따른 것일 뿐만 아니라 식민주의와 내셔널리즘이라는 이념들의 긴장과 타협, 부상의 순간과 관련되어 있는 것이다. 20세기 초 화보잡지인 『양우』를 읽을 때 사진술이라는 테크놀로지 이면에 작동하는 힘과 시선들에 주목하고 그것이 작동하는 방식과 비/가시화하는 세계와 이념들에 대해 눈여겨볼 필요가 있다.

2장 광고와 식민주의 문제

1. 식민주의라는 문제설정

이천년대 들어서면서 부상한 20세기 초 동아시아의 사회 문화를 분석
하는 연구에서 식민주의는 자주 조명되는 주제가 아니었다.[1] 식민지
조선과 중국의 일상은 늘 근대적인 것을 앞세운 시공간으로 분석되고
재현되곤 했다. 이에 비해 식민지 근대에서 식민주의 현실은 늘 괄호
쳐진 채 등장했다. 이는 동아시아 역사 연구에서 식민지 현실이 중요
한 토픽인 것과 이상한 대조를 이뤘다. 그동안 한국과 중국의 식민지

---

1 이천년을 전후로 동아시아 각국에서는 20세기 초반의 (반[半])식민지 현실을 문화론 혹
은 문화연구적인 각도에서 조명하는 연구가 대두됐다. 문화적인 현실에 초점을 맞춘 이
연구들은 '근대성(modernity)'에 주목했다는 점에서 공통적이다(modernity는 통상 '근
대성' 혹은 '현대성'으로 번역되는데 이 글에서는 '식민지 근대성'과 함께 '근대성'으로 옮겼음
을 밝힌다). 그 당시 이루어진 한국과 중국의 관련 연구로 다음을 거론할 수 있다. 김진송,
『서울에 댄스홀을 허하라』, 현실문화연구, 1999; 권보드래, 『연애의 시대』, 현실문화연구,
2003; Leo Ou Fan Lee, *Shanghai Modern*, Harvard University Press, 1999.

시대 역사 연구에서 '수탈론'과 '반제국주의'적인 '저항'이 주류적인 관점이었던 사정을 감안한다면 이즈음 떠오른 사회 문화 분석에서 식민주의적 관점이 결락된 것은 한번쯤 따져 봐야 할 문제였다.[2]

지난 세기 초 동아시아 문화현실을 다루는 연구에서 나타나는 이러한 공백과 과잉이 의미하는 바는 무엇인지를 따져보는 것이 이 글의 출발점 중의 하나이다. 동아시아 문화 현실 연구에서 식민주의의 생략과 근대성의 과잉된 서술은 어떤 시선을 노정하면서 감추고 있는 것일까. 이는 근대성의 구조를 좀 더 복합적으로 재조직하거나 문제 틀을 갱신하는 문제이면서 식민주의를 재개념화하는 문제이기도 하다. 더 나아가 새로이 식민주의적인 시각을 가지고 이 시기의 문화를 재검토하는 것은, 비가시화된 식민주의의 문제를 연구의 지평 위로 부상시키면서 근대성의 일상과 지각과 감각의 조직을 전면적으로 재구성하는 문제와 맞닿아 있다고 할 수 있다. 왜냐하면 식민주의를 탐구한다는 것은 착취와 수탈과 폭력과 차별로 얼룩진 '어두운' 기억과 항일을 구가하는 '승리'의 역사로 선명하게 이분화되어 우리에게 떠올랐던 시공간을 재방문하는 작업이기 때문이다. 그동안 '근대성'과 '식민주의'의 서술의 대립면을 거칠게 요약하면, 어두운 식민의 기억 대(對) 즐거운

---

2 한국의 경우 근대사 연구계에서 식민지 수탈을 둘러싸고 일어난 식민지 수탈론과 식민지근대화론 논쟁이 대표적이다. 이에 대해서는 다음 저서를 참고. 신용하, 『일제 식민지 정책과 식민지근대화론 비판』, 문학과지성사, 2006. 한편 중국과 한국의 문학사 연구에서도 전통적으로 반제반봉건이나 식민지 저항을 주요한 문제틀로 삼는 기술이 주류를 이뤘다. 이때 문학사 서술의 중심은 식민지의 척박한 현실과 이에 대한 문학적인 반응이 되곤 했다. 대표적으로 다음의 중국의 문학사 서술을 거론할 수 있다. 王瑤, 『中國新文學史稿』, 上海: 上海文藝出版社, 1951.

근대성의 일상이라는 대조적인 구도를 형성해 왔다고 할 수 있다. 역사학에서는 전통적으로 식민성에 주목하고 있었다고 한다면 새롭게 발흥한 문화연구에서는 근대성에 좀더 주목하고 있었다. 역사학과 문화연구 분야에서 이뤄진 기술 사이에는 이러한 장력이 보이지 않게 작용하고 있었다. 그런데 식민주의의 현실은 즐겁거나 새로운 근대성의 일상만 전개됐던 공간도, 어두운 기억과 역사만 존재했던 공간도 아닐 것이다. 이 시기 문화현실을 분석하는 데 식민주의적 관점을 개입시키는 것은 기존 근대성 논의에서 누락됐던 결절점을 복원시켜 새로운 감각과 경험과 인식의 존재와 의미를 밝혀내는 작업에 다름 아니라 할 수 있다. 이는 정치의 영역으로 보내 버린 식민주의를 일상과 미학의 영역으로 소환하여 이 시기를 독해하는 새로운 서술 관점을 획득할 수 있을지 검토하는 작업이기도 한 것이다.

그렇다고 식민주의 문제가 학계에서 논의의 표면에 떠오른 적이 한 번도 없었다는 말은 아니다. 서구, 특히 미국의 동아시아학계에서는 '식민지 근대성(colonial modernity)' 개념이 일찍부터 제기된 바 있다.[3] 동아시아 학계에서 근대성의 면모에 주목하고 있을 때 서구에서는 '식민지 근대성' 개념을 발굴하고 동아시아 각 지역과 한국에서의 전개 양상을 탐구한 바 있었다. 그러나 '식민주의는 글로벌 모더니티의 구성요소를 형성한다'는 타니 발로우의 말대로 이 개념이 식민주의에 대한 본격적인 고찰로 이어진 것은 아니었다.[4] 동아시아이 관련

---

3 Tani E. Barlow ed., *Formation of Colonial Modernity in East Asia*, Duke University Press, 1997.

4 Tani E. Barlow, "Eugenic Woman, Semi-Colonialism, and Colonial Modernity as

논의에서 놓치고 있던 '식민주의'라는 계기를 포착한 것은 이 개념에서 빛나는 지점이지만 이 식민주의의 계기는 어디까지나 근대성과의 관련 속에 부상되었다. 연구는 근대성의 국면에서 식민성의 위치와 그 관계를 밝히는데 주목했다. '식민지 근대성' 개념의 중점은 '근대성'에 있는 것이 명확했다.[5]

　　이 개념을 비판적으로 재전유한 한국에서의 '식민지 근대' 논의가 '식민지 근대성'개념과 차별적인 지점은 이 초점의 이동에 있다.[6] 한국에서 이천년대 중후반에 제기된 '식민지 근대' 개념은 용어만 봤을 때는 '식민지 근대성'의 동아시아 판본 같이 느껴진다. 유사 용어이거나 지역별 버전 같이 보이는 작명법이지만 '식민지 근대'는 논의의 시선을 양자 가운데 '식민지'로 훌쩍 옮겼다는 점에서 '식민지 근대성' 개념과 결정적인 차별성을 지닌다. "근대적 합리성의 발현 양상을 바탕으로 '근대가 동반하는 고유한 식민성'의 양상을 해명하려는 시도"라는 '잠정'적인 규정에서 알 수 있듯이[7] '식민지 근대'는 '근대성'보다 '식민지' 현실로 논의의 이동을 꾀한다. 그렇지만 '식민지 근대'론은 확

Problems for Postcolonial Theory", ed. Ania Loomba, *Postcolonial Studies and Beyond*, Duke University Press, 2005, p. 365.

5 '식민지 근대성' 개념에서 식민주의가 누락됐다는 지적은 한국에서의 '식민지 근대성'을 다룬 *Colonial Modernity in Korea*의 한국어 역자의 글에도 등장한다. 도면회는 '식민지 근대성 개념에서 식민주의에 대한 분석보다는 근대성 분석에 치중하고 있'으며 이는 '식민주의를 근대성으로 환원시키는 논리에 불과'하다고 지적한다. 신기욱·마이클 로빈슨 엮음, 『한국의 식민지 근대성』, 도면회 옮김, 삼인, 2006, 17~18쪽.

6 '식민지 근대' 개념과 관련 연구를 정리한 저서로 다음을 손꼽을 수 있다. 윤해동 외 엮음, 『근대를 다시 읽는다』(전2권), 역사비평사, 2006. 특히 '식민지 근대' 개념에 대해서는 윤해동이 쓴 「1부를 묶으며」참고.

7 윤해동 외 엮음, 『근대를 다시 읽는다』1, 역사비평사, 2006, 34쪽.

정적인 내연을 확보하는 것에는 이르지 못한 상태이다. '확정되지 못한 유연성을 가진 개념'[8]이라는 표명에서 드러나듯이 지금까지는 식민주의의 문제 중심으로 직진하기보다 '식민지 공공성'과 '회색 지대' 등 식민지 대중과 그 세계의 중층성과 저변을 드러내는 데 주력하고 있는 형편이다.[9] 이 가운데 '식민지에서 서구의 근대를 대상화하겠다'며 식민주의를 강하게 의식했던 식민지근대론의 문제의식은 상대적으로 약화된 것 같다. 왜냐하면 서구 근대 혹은 제국과의 관계보다 식민지 현실과 그 주체의 문제로 초점이 재조정된 경향이 있기 때문이다.[10] 이와 달리 제국주의와 식민주의에 상대적으로 더 많이 초점을 맞춘 다른 연구도 있다. 이천년 전후 한국의 문학 연구계에서 새롭게 일어난 식민지 조선에서의 파시즘 연구가 그것이다.[11] 그러나 연구는 제국과 식민주의의 궤적보다는 파시즘이 식민지 주체에게 어떻게 내면화되었는지, 그 구조를 밝히는데 초점을 맞추고 있어서 식민주의의 본격적인 전개양상을 검토하는 것과는 거리가 있었다.

　　중국의 경우도 마찬가지로 이 시기의 문화 현실에 대한 연구는 식민성보다 근대성에 주목해 왔다. 오히려 항일 승리의 역사 혹은 '반(半)식민주의'라는 현실로 인해 동아시아의 다른 국가보다 식민주의

---

8 위의 책, 34쪽.
9 식민지 회색지대와 식민지 공공성에 대해서는 다음 저서를 참조하라. 윤해동, 『식민지의 회색지대』, 역사비평사, 2003; 윤해동, 『식민지 근대의 패러독스』, 휴머니스트, 2007; 윤해동·황병주 엮음, 『식민지 공공성 실체와 은유의 거리』, 책과함께, 2010.
10 윤해동, 『식민지근대의 패러독스』, 휴머니스트, 2007, 70쪽.
11 신형기·김철 엮음, 『문학 속의 파시즘』, 삼인, 2001.

문제는 더 주목받지 못한 측면이 있다.[12] 최근 서구의 중국학계에서 진행됐던 '반(半)식민주의' 논쟁에서도 논의의 초점이 식민성을 넘어서 그 반대 면이라 할 수 있는 중국 조계지의 자율적인 국면이나 코스모폴리타니즘으로 옮겨 가면서 식민주의 문제는 휘발되고 있는 상황이다.[13] 그런데 근대성에의 경사와 식민주의 홀략(忽略)이라는 연구 경향은 조계지 연구에서만 도드라지는 것이 아니라 동시기 피식민지였던 만주국에 대한 연구에서도 노정된다는 점이 흥미롭다. 최근 한국과 일본 및 구미의 중국학계에서 인 만주국 연구에서도 만주국에서의 식민주의 문제는 과소하게 다루어지고 있고 근대적인 면모에 좀 더 초점을 맞추는 특징을 지니고 있다.[14] 이와 대조적으로 중국의 학계에서 만주국의 역사와 현실은 거의 주목을 받지 못하고 있는데 이는 최근 연구에 도드라진 식민성에의 홀략이라는 점과 관련하여 독해할 수 있는 대목이 존재한다.

물론 동아시아의 근대성 문화 연구는 최근 동아시아 학계가 거둔 일 성과이기도 하다. 이는 착취와 수탈을 강조하면서 민족주의 사관을 고취시켰던 기존의 식민지 역사 서술의 한계를 적시하고 그 반작용으

---

12 가령 타니 발로우의 다음 논문은 중국학에서 식민주의가 왜 주목받지 못했는지를 냉전 체제의 지역학과 관련하여 설명하고 있다. Tani Barlow, "Career in Postwar China Studies", *Formations of Colonial Modernity in East Asia*, Duke University Press, 1997.

13 문학 및 문화연구계에서 인 '반(半)식민주의' 논쟁은 스슈메이의 다음 저서에서 촉발된 바 있다. Shu-mei Shih, *The Lure of The Modern*, University of California Press, 2001. 이와 관련된 논쟁의 지형은 식민도시 연구방법론을 다룬 1부의 글에서 자세하게 다룬 바 있다.

14 대표적으로 다음의 연구를 거론할 수 있다. 프라센지트 두아라, 『주권과 순수성』, 한석정 옮김, 나남출판, 2008.

로 일어났던 식민지 근대화론 및 자본주의 맹아론과도 거리를 취하면서 자본주의 근대와 연관된 식민지 사회 및 대중의 일상과 문화를 복원했다는 점에서 일정한 의미와 성취를 획득했다. 그러나 근대성 연구에서 이와 중요한 계기를 형성하는 식민성에 대한 언급은 부재하며 모호하다.

곧 식민주의는 동아시아 근대의 일상과 문화를 다루는 연구에서 아포리아이다. 이 글은 오히려 이 아포리아를 연구의 출발선으로 삼는다. 연구와 텍스트에 미만한 식민주의 흔적 지우기는 징후적으로 읽어야 한다는 판단이 들기 때문이다. 식민주의라는 아포리아는 되려 다음과 같은 질문을 제기하게 한다. 식민주의는 왜, 그리고 어떻게 드러나지 않고 있는가. 비식민주의적인 재현과 상상은 현실의 식민주의와 무관한 것인가. 이러한 비가시적인 재현과 서술은 식민주의의 부재를 지시하는가, 아닌가.

만약 식민주의가 보이지 않는다면 이 보이지 않는 현실을 문제로 삼을 필요가 있다. 연구에서 부재하는 식민주의에 대한 서술과 관련되어 던진 이 질문에서 식민주의가 작동하는 기제와 방식이 모습을 어렴풋이 드러내고 있다. 이와 관련하여 식민성은 어떻게 비/가시화 되는가, 그리고 이 과정에서 말하는 것과 말하지 않는 것은 무엇인가, 이를 통해 어떻게 현실과 감각과 일상과 근대의 문제를 재해석할 수 있는가, 궁극적으로 이러한 비/가시성이 식민주의가 작동하는 방식은 아닌가, 등의 질문을 되던질 수 있다.

이 글은 식민주의가 이데올로기와 정책일 뿐만 아니라 더 중요하게는 테크놀로지로서 작동하고 있으며 또한 비가시성이란 것이 식민주의 테크놀로지의 주요한 특징 중의 하나라는 점을 결론으로 가정하고 있다.[15] 식민지 역사 서술에서 도드라진 폭압적이고 폭력적인 식민주의의 작동 방식도 존재하지만 1920년대 자본주의 세계체제에서 보다 유연한 식민주의 작동 기제도 존재한다. 오히려 중요한 것은 일상에 스며든 보이지 않고 그래서 더 강력한 효력을 발휘하는 후자의 작동 기제를 밝히는 일이다. 그런데 그동안 연구에서는 후자에 대해서는 추상적으로 서술됐을 뿐 이것이 작동하는 구체적인 기제와 구조를 밝힌 연구는 폭발적으로 성장한 근대성에 대한 연구에 비해서 소략했다. 이 글에서 나는 비가시적인 식민주의 테크놀로지가 1920년대 대폭 증가한 외국 상품 광고에서 본격적으로 검토되어질 수 있다고 판단한다. 상품 광고는 일차적으로 상품 구매를 소구하는 매체이지만 상품 광고가 또한 식민주의 이데올로기를 유효적절하게 담지하는 매체라는 점에 주목한다.

이 글은 20세기 초반 중국에서 발간된 유력한 잡지 중의 하나인 『부녀잡지』에 게재된 광고를 통해 이 식민주의의 아포리아를 구체적으로 살펴보고자 한다. 『부녀잡지』는 1915년부터 1931년까지 발간되었는데, 이 시기는 서구 제품과 광고가 본격적으로 중국에 전파되기

---

15 여기에서 테크놀로지란 용어의 쓰임새는 푸코에게서 빌려 왔다. 푸코는 분석의 초점을 이데올로기나 제도에 두기보다 테크놀로지에 두고 있는데 그는 테크놀로지를 기술 혹은 실천이라는 개념으로 사용하고 있다. 곧 사회적 실체와 개인 사이의 새로운 종류의 관계에 구체적인 형식을 부여하는 기술과 실천으로 본 것이다. 테크놀로지는 개인의 훈련과 변용을 함축하면서 일정한 태도를 획득하게 한다. 푸코는 테크놀로지를 네 가지로 형으로 구분했는데 '생산의 테크놀로지', '기호체계의 테크놀로지', '권력의 테크놀로지', '자기의 테크놀로지'가 그것이다. 이에 대한 언급으로 다음을 참고. 푸코, 『자기의 테크놀로지』, 이희원 옮김, 동문선, 1997, 36쪽.

시작하던 시기였다.[16] 기본적으로 지면에 실린 '광고'는 수용자의 반응을 알 수 없고 광고 집행자의 메시지가 일방적으로 전달된다는 점에서 자료상으로 다양한 면을 포괄할 수 없는 일정 정도의 한계를 갖고 있는 매체이다. 그렇지만 광고 매체가 갖고 있는 '직접성'이 서구의 에이전트의 시각과 의도를 더 잘 드러낸다는 점에서 광고는 식민주의를 다루는 이 글의 주제에 더 잘 부합하는 자료라고 할 수 있다. 광고를 통하여 식민주의의 이데올로기와 메커니즘이 어떻게 작동했는지가 구체적인 모습을 드러내기 때문이다.

1920년대 내내 『부녀잡지』에서는 의약품에서 전축기기에 이르기까지 서구의 상품을 선전하는 다수의 광고들이 자주 게재됐다. 이 글은 여기에서 어떤 식민주의와 관련된 언설이 드러나고 있는지, 식민주의의 테크놀로지가 무엇이며 어떻게 작동했는지를 상세하게 살펴보고자 한다. 중국 잡지에서 서구 제품 광고는 일견 인종차별이나 식민화의 의도와는 무관한 서사를 전하고 있는 것처럼 보인다. 광고는 제품의 성능을 설명하는 데 주력하고 있는 것처럼 보이며 이 속에서 중국인과 서양인은 사이좋게 공존하는 것처럼 보인다. 그러나 이 언설 속에서 식민주의의 테크놀로지를 발견할 수 있다는 것이 이 글의 주장이며, 이를 '지식'과 '세계', '심미' 등의 개념들의 프리즘을 통해 재구

---

16 『부녀잡지』는 상무인서관(商務印書館)이 1915년에 창간했으며 1931년에 폐간됐다. 1920년대 여성문제가 사회개조와 관련하여 주요한 이슈로 떠오른 만큼 1921년 지면쇄신 이후 특히 『부녀잡지』가 다루던 글은 주요한 사회적 관심을 받은 바 있다. 창간 초기의 상품 광고 지면 점유율은 미미했으나 1920년대 들면서 대폭 늘어났다. 『부녀잡지』는 1930년대 초반인 1931년에 폐간되었으므로 이 글의 주요 분석 시기는 1920년대라 할 수 있다.

성하고자 한다.

2. 기술, 지식, 위생

다양한 서구 상품들이 1920년대 내내 『부녀잡지』광고 지면을 장식하고 있었다. 상품의 종류도 비누, 치약 등의 위생용품과 로션 등의 화장품에서 위장약, 진통제, 칼슘보조식품 등의 의약품 그리고 분유, 콘플레이크, 코코아, 닭고기스프 등의 식품과 선풍기, 사진기, 필름, 레코드 등의 가전제품에 이르기까지 다채로웠다. 계몽주의와 내셔널리즘 색채가 짙은 이 잡지의 다수 광고 지면을 외국 상품이 차지하는 것을 중국인 독자들은 어떻게 받아들였을까. 『부녀잡지』가 창간됐던 1915년부터 폐간되던 1931년까지 외국 상품 광고는 줄지 않았으며 오히려 지면 분량이 더 늘어나고 종류도 더 다양해졌다는 사실에서 중국 독자들의 반응이 나쁘지 않았다는 것을 유추해 볼 수 있다.

아프리카 식민지의 잡지에 실린 광고와 달리 『부녀잡지』에 실린 외국 상품 광고들 중 인종차별이나 서구 문명의 우월성을 노골적으로 드러낸 경우는 많지 않았다.[17] 이런 노골적 과시를 대체하며 서구의 시선을 드러내주는 것은 상품의 우수성을 강조하는 광고 문구였다. 가령 "품질이 우수하고 향기로운 치아를 보호하는 절묘한 제품이로다. 이

---

17 서구가 식민지에서 광고를 통하여 전달하는 인종차별적이고 제국주의적인 담론과 관련하여 맥클린톡의 다음 저서를 참고. 특히 비누 광고가 아프리카에서 어떻게 이러한 담론을 전달했는지에 대해서 분석하고 있는 5장("Soft-Soaping Empire")의 논의를 참고하라. Anne McClintock, *Imperial Leather: Race, Gender and Sexuality in the Colonial Contest*, Routledge, 1995.

를 자주 사용하면 영원히 잇병이 없고 깨끗하고 하얗고 건강하게 되노니 치아를 아끼는 사람은 즉시 구매하여 써보시오"라는 문구를 게재한 1923년 『부녀잡지』에 실린 콜게이트 치약 광고(그림 1)가 대표적이다. '최신 발명한 재질을 취하여 귀중한 얼굴을 부드럽게 만들'(폰즈 배니싱 크림, 1919)[18]며 '소재가 순정하고 성격이 부드럽'고 '향기가 짙고 우아'(세이언 가둠 비누, 1926)[19]하며 '오십 년 동안의 사진기 업체의 진보'(코닥필름, 1930)[20]를 담지하고 있는 등 광고는 최신 발명된 품질 좋은 상품이라는 점을 대대적으로 선전하고 있다. 인종차별적이거나 제국의 위대함을 직접적으로 전파하는 광고를 대체하여 자리하는 것은 기술의 진보를 강조한 광고들이었다. 물론 이러한 기술력을 강조한 광고는 식민주의의 의도와 무관하지 않다. 그렇지만 전달과 작동 방식은 직접적이고 폭력적인 지배 방식과 상이하며 그 효과도 달랐다.

이는 광고에 등장하는 인물로 서양인도 있지만 상당수는 중국인을 내세운 점에서 잘 드러난다. 서구 제품을 사용하는 중국인이라는 도상은 이러한 기술력이 식민지 대중에게 어떻게 스며드는지 그 방식을 잘 보여 준다. 광고 속 중국인들은 서양에서 들여온 기술적으로 진보한 용품을 상품으로 대면하고 있다. 이들은 우수한 기술력을 내세운 일상의 새로운 물건 앞에서 무방비로 노출되어 있다. 제국과 문명과 서구의 우월성은 직접적인 언어로 표현되지 않고 기술력을 강조한 언어로 전치되어 식민지 대중 앞에 나선다. 식민지 대중은 발전된 기술

18 『婦女雜誌』 제5권 7호, 1919.
19 『婦女雜誌』 제12권 7호, 1926.
20 『婦女雜誌』 제16권 6호, 1930.

력 앞에서 피부와 위장까지 드러내 놓고서 보호해야 할 대상으로 변모시킬 것을 권유받는다. 치아, 머리카락, 피부, 위장까지 상품을 경유하여 '보호'할 대상으로 만들어야 하며 치약과 헤어로션, 화장품, 의약품이 이를 보호하는 상품으로 각각 호출된다. 식민지 대중의 신체는 상품의 보호 아래 무방비로 해제된다. 그리고 이는 신체가 보호라는 관념 아래 제국의 유통 회로에 얹힌 상품과 자본에 노출됐다는 사실을 알려준다. 이는 중국의 인민들이 전족과 변발에서 벗어난 지 얼마 되지 않았으며[21] 여성 단발에 대해서는 여전히 사회적인 논란이 일던 때 일어난 일이다.[22] '신체'를 단속하던 전통의 굴레에서 벗어난 식민지 대중의 신체를 포획한 것은 상품이었다.

그런데 서구 상품의 신체 포획은 단번에 이루어지지 않았다. 1920년대 동안 상품 광고는 단순한 기능의 소개에서 복잡하고 난해한 지식의 전달로, 상품 사용법을 알려주는 것에서 상품을 향유하는 것으로 서술상으로 점진적인 변화를 보인다. 상품 성능의 우수성을 내세운 광고 언어에도 불구하고 구입을 보류하는 식민지 대중에게 기술력과 더 강력한 설득과 동의의 언어가 유입되는 것은 1920년대 중반 들어서이다. 광고에 전문적이고 이론적인 과학 지식이 대거 등장한다. 그

---

21 이시기 전족과 방족(放足) 토론에 대해서는 다음 책의 3장 '발에 관한 담론'을 참고. 사카모토 히로코, 『중국민족주의의 신화』, 양일모·조경란 옮김, 지식의풍경, 2004.

22 여성의 단발은 1920년대 내내 논란이 되었다. 이에 대해서는 『부녀잡지』에 실린 다음 글들을 참고. 甯菱秋, 「這是我限制剪髮的意見」, 『婦女雜誌』 제14권 6호, 1928; 陶希聖, 「婦女不平衡的發展(一)」, 『婦女雜誌』 제16권 9호, 1930. 남성 단발과 여성 단발에 대한 지식인의 소회를 나누는 대목은 루쉰의 「두발 이야기」에도 나온다. 魯迅, 「頭髮的故事」, 『燈學』, 1920. 10. 10(루쉰전집번역위원회 옮김, 「두발이야기」, 『루쉰전집2: 외침·방황』, 그린비, 2010).

그림 1 콜게이트 치약 광고(9권 10호, 1923)[23]   **그림 2** 펩소덴트 치약 광고(10권 5호, 1924)

당시 『부녀잡지』에 가장 많이 실렸던 광고 중의 하나인 치약 광고를
살펴보자.

> 당신은 이미 아름다운 치아의 방법을 얻었다. […]
>
> 박막(薄膜)의 해(害): 치아에 박막이 부착되면 치아 틈새로 잠입하여
> 오염 물질을 받아들이며 검게 치석이 만들어지고 여기에서 세균이 생
> 긴다. 이 때문에 음식물이 다 모여서 퇴적하니 발효하여 이가 산화하
> 게 된다. 그리하여 점차 썩는데 과거의 치약은 공히 막을 제거할 능력
> 이 없었기 때문에 치통이 나날이 더해지고 아름다운 이는 나날이 줄
> 어들었다.

---

23 이 글에 실린 그림은 모두 『부녀잡지』에 게재된 것이므로 잡지명 표기를 생략한다.

제거 방법: 사람이 해를 입는 것이 과도하게 많아지자 과학방법을 사용하여 이를 제거하려고 생각해왔다. 수많은 탐구를 거쳐서 두 가지 방법을 얻었는데 하나는 단단히 하는 것이요 하나는 제거하는 것이다. 이 두 방법을 합하여 최신 치약을 만들었는데 바로 펩소덴트로 이는 박막을 제거하고 이를 보호하는 데 탁월한 공이 있다. […][24]

치약 광고 하나에 '박막', '치석', '세균', '발표', '산화' 등의 전문 용어들이 쏟아진다(그림 2). 단순명쾌하게 상품의 성능을 전달하는 것이 아니라 이론적이고 과학적인 용어로 성능을 설명한다. 뿐만 아니라 상당한 분량을 들여서 낯설고 난해한 과학 용어를 연달아 거론하며 상품이 진보한 과학의 산물임을 강조하고 있다. 이러한 광고는 비단 한두 종이 아니었다. 콘플레이크 제품에서 '무기물' 용어가 출현하고(퀘이커 프레이크, 1923)[25] 목 보호제 약 광고에서 '미생물', '전염'(포마민트액, 1927)[26] 등의 용어가 나오며 분유 광고에서도 '세균', '비타민', '초자외선(超紫光線)', '연골증', '괴혈병' 등의 과학 용어가 지면을 누비고(그림 3, 드라이코 분유 1928)[27] '의학', '화학', '미생물학', '수의학'의 검사를 통과한 유일무이한 '위생품'이라는 점이 강조된다(모밀크, 1929).[28] 이들 상품은 '과학'적이고 '진보'적이며(팜올리브 비누, 코닥) 대개의 경우

24 『婦女雜誌』 제10권 5호, 1924.
25 『婦女雜誌』 제9권 4호, 1923.
26 『婦女雜誌』 제13권 2호, 1927.
27 『婦女雜誌』 제14권 2호, 1928.
28 『婦女雜誌』 제15권 8호, 1929.

'세계'에서 '저명'한 '과학자'와 '전문가'와 '의사'가 연구하고 추천하고 있다는 점이 부기된다.

과학적인 지식과 이론으로 무장한 외국 상품 광고는 상품 성능의 우수성을 강조하는 일반 광고와는 다른 힘을 부여받는다. 과학 지식은 상품 설명으로 연결되면서 이를 구매하지 않는 소비자를 일순간 '무지(無知)'한 사람으로 분류하는 힘을 발휘한다. 기술력을 넘어 이를 추상화한 지식과 이론은 서양 상품 광고를 구성하는 중요 요소가 되며 식민지 대중에게 강력한 자력을 행사한다. '진보'한 과학과 지식 및 그 언어로 무장한 서구의 자본과 상품 광고는 식민지 대중에게 직접적인 식민화의 행위를 가하지는 않는다. 그렇지만 이는 상품을 사용하고 구매하는 행위를 앎의 영역으로 전환시킴으로써 작동하는 새로운 차원의 식민화 테크놀로지를 선보인 것이다. 허가/금지의 구분이 아니라 불매와 불복종의 사례를 '보여 줌'으로써 '포함된 배제'의 논리를 작동시켰으며, 통제와 강제가 아니라 설명과 논리를 통해서 앎의 구도를 재배치하여 상품 구매의 의미를 재구성하여 부여했다.[29]

식민지의 소비자는 난해하고 전문적이고 낯선 외래의 번역 용어의 포격 속에서 생경한 표정을 짓지만 이내 이 표정을 풀고 배제와 무지의 세계를 걸어 나와 '지식'의 세계로 진입해야만 할 것 같다. 식민지 대중은 어떻게 낯설고 생경한 외래의 것을 받아들이는지를, 과학 용어로 점철된 광고를 수용하는 과정에서 배운다. 서양의 낯선 상품에 깃

---

29 '포함된 배제' 용어는 아감벤의 '호모 사케르'에서 따왔다. 이에 대해서 다음을 참고하라. 조르조 아감벤, 『호모 사케르』, 박진우 옮김, 새물결, 2008.

든 과학 용어는 식민지 대중에게 강제와 통제가 아니라 용인과 선택의 범위를 제시하며 식민지 대중을 상품 세계로 포섭하는 데 있어서 결정적인 역할을 한다. 서구에서 들어온 낯설고 새로운 상품은 과학 지식으로 가득 찬 계몽적인 광고 문구를 통하여 식민지 대중에게 동의와 설득을 구하면서 생활로 유입된다. 이러한 양상은 1920년대 말『부녀잡지』광고에서 직접적으로 등장하는 '위생'과 '안전'에 대한 언급에서 절정에 이른다. 상품 광고는 단순한 상품 선전을 넘어서 기술과 지식을 전파하고 더 나아가 안전과 위생의 논리를 설파한다.

> 안전이 제일이다: 부녀위생은 의사의 권고를 받아들여야 한다.
> 안전은 위생의 제일의 중요한 이치이다. 어머니들은 건강에 무책임하여 이를 소홀히 여겨 집에서 개짐을 만든다. 그런데 이는 해가 많고 이익이 적다. 위생적이지 않고 안전하지 않으며 건강에 지장을 초래한다. 가격이 비록 싸지만 어찌 취할 만한가?
> 과학이 창명한 이래 코텍스 생리대가 세상에 나왔다. 의학계에서는 서로 증명하지 않는 자가 없다. [...][30]

1920년대 후반 이후 상품은 '안전'과 '위생'의 이름으로 재포장되어 구매해야 하는 것으로 재위치지어진다. 1928년에 처음『부녀잡지』에 등장한 코텍스 생리대 광고는 과학 지식이 어떻게 안전과 위생의 차원으로 전환될 수 있는지를 보여 준다(그림 4). '비위생'과 '비안전',

---

30 『婦女雜誌』제14권 5호, 1928.

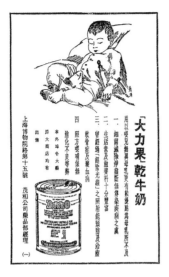

그림3 드라이코 분유 광고(14권 2호, 1928)　　**그림4** 코텍스 광고(14권 5호, 1928)

'불건강' 언급은 '포함된 배제'로서 위생과 안전, 건강 관념이 구축되는
장면을 선명하게 제시한다. 광고는 안전한 세계의 바깥에 추방된 자를
등장시킴으로써 안전과 위생의 세계와 논리를 구축하여 완성한다. 한
편 안전과 위생 개념의 등장은 억압과 통제가 아니라 관리와 조절이라
는 자기 통치성의 문제가 식민주의의 새로운 메커니즘으로 부상하는
장면을 보여 주기도 한다. 이는 푸코가 말한 주권이나 규율 등의 권력
유형보다 더 우월하고 강력한 '통치'라고 불릴 수 있는 새로운 권력 유
형이 등장한 순간이다.[31] 우리가 살펴본 것은 1920년대 말 상하이에서
이 권력 유형이 상품 광고를 통해 적극적으로 언표되고 있는 장면에

---

31 통치성의 출현에 대해서 다음을 참고하라. 미셸 푸코, 『안전, 영토, 인구』, 오트르망 옮김,
난장, 2011, 527쪽.

다름 아니다.

이렇듯 1920년대 『부녀잡지』에 실린 외국 상품 광고는 기술력에서 지식으로, 다시 위생과 관리의 문제로 초점을 옮겨가면서 식민주의가 어떻게 미시적으로 작동하고 합리화되는지 그 구체적인 궤적을 드러낸다. 식민주의는 합리성과 진보성의 의미를 상품 안으로 포섭하면서 작동하고 있다. 이는 내셔널리즘과 계몽주의의 언어를 싣고 있는 『부녀잡지』가 외국 상품 광고와 어떻게, 왜 조우할 수 있었는지를 보여주는 장면이라는 점에서 흥미롭다. 곧 1920년대 『부녀잡지』의 외국 상품 광고가 보여 주는 것은 '진보'적인 '과학'과 '이론'이 상품의 세계와 배치되지 않는다는 사실이다. 오히려 서구 상품 광고는 지식과 과학을 통해 설득력 있게 전달됐으며 식민주의의 논리도 이를 통해 은밀하게 구축되고 확산됐다. 1920년대 상하이에서 광고는 단순히 물건을 판매하기 위한 것이 아니라 진보적이고 과학적인 지식까지 압축하고 있는 매체이다. 1920년대 말에 이르면 서양 상품 광고는 이론과 자본과 상품을 한 몸으로 패키지화하고 있다. 1920년대 상하이에서 식민성은 강제와 폭력보다 이러한 상품 광고를 경유하여 상품과 더불어 식민지 일상에 안착한다.

타니 발로우는 1920년대 상하이의 광고에서 동원되는 이론에 사회학이 다수인 것에 주목하여 '버내큘러 사회학(vernacular sociology)'이라는 개념을 제안한 바 있다. 그는 1920년대 중국의 도시 소비자 계급은 아카데믹한 사회학과 구분되는 일상적이고 통속적인 '버내큘러 사회학'이라는 자기표현 수단을 창조했으며 이 속에서 사회 생활의 새로운 경험을 전달하고 계급과 젠더 용어를 합리화시켰다는 주장을 전개한다.[32] 특히 이 일상 사회학이 상품과 맺는 관계에 주목하면서 상품광고의 콘텐츠가 일상 사회학이었다는 점을 강조한 바 있다. 사회학 이론의 일상화가 상품 판매와 시장 확장의 결과라는 점을 밝히고 있는 타니 발로우의 작업은 사회학 이론과 상품을 학술과 세속이라는 별개의 영역으로 사고했던 기존 논의의 문제점을 적시하고 양자의 연결점에 주목했다는 점에서 유의미하다고 할 수 있다.

광고를 분석하는 이 글 또한 양자가 분리된 것이 아니라 연관됐다는 점에 주목한다. 그러나 이 연결의 의미와 결과를 분석하는 지점에서는 차이가 있다. 타니 발로우의 견해는 일상 사회학이 광고 및 여성 이데올로기의 창조에 관련되어 있다는 점을 밝히는 데 주력하고 있다면 이 글은 서양 상품이 '진보'적인 '이론'과 '과학'의 전파에 힘입어 유력하게 유통됐으며 이 과정이 바로 식민주의가 작동하는 주요한 방식이자 기제라는 점에 주목한다. '진보'적인 '과학'과 '이론'을 통해 상품 판매는 확산될 수 있고 이 과정에서 식민지 대중은 계몽과 관리의 대상으로 규정되면서 식민주의의 위계와 기제가 작동될 토대를 다졌다. 지식과 이론을 통해 상품이 유통됨으로써 식민주의의 세력과 범위도 더불어 확산됐다. 상품을 유통시킨 중요한 지렛대로서 지식과 이론은 다른 한편으로 식민주의를 자연화시키고 투명하게 전파하는 데 중요한 역할을 했다. 지식의 힘으로 식민성을 무효화하고 지워 버린 것이다. 식민주의의 주요한 테크놀로지로서 지식이 활용됐으며 이 테크놀

---

32 Tani E. Barlow, "Wanting Some: Commodity Desire and the Eugenic Modern Girl", *Women in China: the Republican Period in Historical Perspective*, eds. Mechthild Leutner and Nicola Spakowski, LIT Verlag, 2005, p. 312.

로지는 식민주의를 비가시화 하는 작용을 한다. 이는 맥클린톡이 언급한 상표의 마술의 다른 측면이다. 제국의 캐주얼한 권력을 작동시키는 것으로서 상표의 마술이 자리한 것인데[33] 곧 상품 광고에 실린 지식을 통해 상표는 제국의 권력을 캐주얼하게 작동시키고 있다. 상품과 광고를 통해 식민주의는 폭력과 통제의 체제를 훈육(discipline)과 탈취(dispossession)의 테크놀로지로 변환시켰다.[34] 식민주의의 테크놀로지는 직접적인 식민화가 아니라 상품 광고에 깃든 기술과 과학, 위생의 담론을 경과하면서 식민지 대중의 심상에 자본과 제국의 상을 투명하게 각인시키고 있는 것이다.

3. 세계, 쾌락, 심미

『부녀잡지』에 실린 광고에서 품목을 막론하고 가장 많이 등장한 단어 중의 하나는 '세계'이다.

중국 잡지의 상품 광고에서 빈번하게 출현한 '세계'는 어떤 의미를 지닐까. 상품광고에서 '세계'가 등장하는 양상은 이러하다. 상품은 '전세계적으로 모르는 사람이 없'(팜 올리브비누, 1924)고 '세계적으로 유명'(바이에르, 1929)하며 '전세계적으로 환영'(수입가죽구두, 1921; 쑹성 운동용품, 1921; 퀘이커 콘플레이크, 1923)받으며 '세계에서 가장 아름다운' 제품(비엘라, 1930)이라는 점이 강조된다. 그리하여 모방품이 아

---

33 Anne McClintock, *Ibid.*, p. 225.
34 Anne McClintock, *Ibid.*, p. 226.

니라 진품을 확인하라는 문구(선셋비누염색, 1920; 콜게이트 치약, 1921)
가 뒤따른다. '세계'를 강조하는 것은 우선적으로 상품의 가치를 돋보
이게 하는 것과 관련 있다. 세계 최고의 상품을 사용한다는 감각을 개
재시키는 것이다. 그런데 무엇보다 흥미로운 것은 세계 최고에 대한
강조 이면에는 내셔널의 감각을 지우는 작업이 관련되어 있다는 사실
이다. 세계의 비누와 약품과 구두와 운동용품과 문구류와 식품과 분유
와 옷감과 치약을 언급할 때 광고에서 중국이라는 내셔널은 존재하지
않는다. 이때 중국을 매개하지 않고 초월하여 '세계'와 맨얼굴로 대면
한다는 감각이 생겨난다. 때로는 '서구'라는 이름으로 출현하기도 한
'세계'에 대한 감각이 어떻게 구축됐는지 다음의 광고를 통해 살펴보
도록 하자.

> 커피를 그만두고 포스텀을 마시자
> 커피를 마시는 것은 서구에서 유행이 아니다. 왜 그런가. 왜냐하면 안
> 에 카페인이라는 독 물질이 있어서 사람의 입맛을 없게 하고 밤에 잠
> 을 못자게 하기 때문이다.
> 포스텀의 맛은 커피와 비슷하지만 순수한 보양 식품으로 마시면 정신
> 이 진작되고 음식을 잘 먹을 수 있게 하며 심장이 건장해지고 신경이
> 안정된다. 이 때문에 서양에서 커피를 마시는 사람이 하루가 다르게
> 적어지고 포스텀을 마시는 사람이 하루가 나르게 늘어난다. 만약 군의
> 건강을 귀중하게 생각한다면 지금부터 포스텀을 마시라.[35]

35 『婦女雜誌』 제6권 8호, 1920.

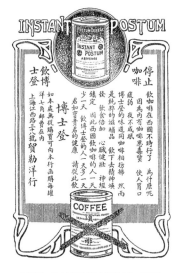

그림 5 포스텀 차 광고(6권 8호, 1920)　　**그림 6** 포스텀 차 광고(6권 1호, 1920)

　　포스텀 차를 선전하는 논리는 기묘하다(그림 5). 차의 주요 산지 중의 하나인 중국에서 커피를 대신하여 미국산 차를 마시라고 권유하는 것은 아이러니한 면이 있다.[36] 이러한 논리적인 비약이 가능한 것은 이때 선택의 논리가 '서구'의 '유행'이기 때문이다. 서구의 유행에 따라서 건강에 유해한 커피가 아니라 그리고 중국차가 아니라 포스텀 차를 마셔야 된다. 중국차는 이 광고에서 비교나 언급조차 되지 않는다. '중국'이라는 국가명은 광고에서 발음조차 되지 않는다. 중국차는 아직 상품

---

36 실제로 포스텀 차는 커피와 유사한 색을 지닌 곡물차이다. 그렇지만 중국 상표명으로 '포스텀 차(博士登茶)'라는 용어를 사용함으로써 중국잎차를 연상하게 하는 작용을 한다. 여기에 인용된 광고에서는 차라는 상표명이 명시되지 않았으나 그 전에 집행됐던 광고들에서는 '포스텀 차'라는 상표명을 크게 부각시키고 있으며 중국에서 이 음료는 포스텀 차로 알려졌다. '포스텀 차'라는 상표명을 크게 부각한 광고로 같은 해 『부녀잡지』 1호(그림 6)에 실린 광고를 참조하라.

과 유통의 세계로 진입하지 못하여 비교급에 오르지 못한 상품-이전의-산물이다.

이렇듯 세계 최고의 물건을 사용한다는 감각 안에는 어떤 생략과 은닉이 담겨 있다. 광고에서 소실된 것은 중국이라는 내셔널의 감각이다. 광고에서 '세계'적인 브랜드의 비누와 약품과 구두와 운동용품과 문구류와 식품과 분유와 옷감과 치약을 언급할 때 중국이 사라진다. 광고 속 그림에서 분명히 중국 여성과 아동과 남성이 등장함에도 불구하고 중국을 상기시키는 현실은 거의 언급되지 않는다. 세계 최고의 상품을 선전할 때 비교급으로 중국의 그것이 등장할 만하지만 광고에서 중국이라는 글자는 발음되지 않는 것이다. 세계가 언급되고 서구가 상기될 때마다 중국이 사라지는 것은 우연의 일치가 아니다. '세계'는 '중국'이 완벽하게 지워진 자리에서 솟아오른 것이다. 왜냐하면 세계는 중국을 제압하고 굴기했기 때문이다. 광고에서 '세계'가 '중국'의 자리를 완벽하게 점거한다는 것은 식민지 현실에 대한 우회적인 비유라고 할 수 있다.

광고에서 중국의 이 빈 자리를 채우는 것은 세계적인 상품을 거리낌 없이 구매하고 향유하는, 내셔널의 감각이 소거된 식민지 대중의 현대적인 일상이다. 1920년대 상하이의 상품 광고에서 도처에 출현한 '세계'는 중국을 은근슬쩍 지워 버리고 그 빈 터에서 새로운 제국과 자본과 도시의 문화와 일상을 표현하고 건축하고사 했다. 이 가운데 식민지 현실이 망각된다.[37] 이 시기 상하이에서 부흥한 코스모폴리타니

---

37 김수림은 1935년 식민지 조선의 잡지 『中央』에 실린 「新版 京城地圖」라는 기사를 분석하

즘 감각은 어떤 면에서는 상품과 광고에서 드러나듯이 이러한 소거와 망각된 현실로 인해 가능해진 표현이라고 할 수 있다. 곧 이는 내셔널과 식민지 현실에 대한 망각을 담보로 작동하는 감각인 것이다. 이 감각은 동일 지면에 간혹 실리던 국산품 광고에서 '국산품(國貨)'이라는 점이 강조되던 것과 선명한 대조를 이룬다.[38] 이는 반제국주의 운동과 국산품 애용운동이 일어나던 1920년대 중반, 계몽주의와 내셔널리즘을 호소하던 『부녀잡지』에서 일어난 일이다. 네이션의 표식이 지워지는 상황에서 대척점에 선 식민성의 문제도 무효화하는 힘이 작용한다.

내셔널의 감각이 소거되고 세계에 대한 감각이 이 자리를 꿰찬 국면에 '쾌락(快樂)', '쾌적(舒適)', '즐거운 사용(樂用)' 등의 용어가 지면에 대거 등장하는 것은 우연이 아니다.[39] 네이션이라는 매개가 사라지고 '세계'가 전면을 차지하는 광고 문구에서 현실의 구체적인 경험이나 고통은 좀처럼 상기되지 않는다. 이 자리에 광고 속 인물들이 '세계

면서 경성을 식민지라는 상황에서 비롯된 국가적 배치를 묻지 않는 공간으로 묘사한 점에 주목했는데 유사한 시기 식민지 도시 문학의 현현 방식을 논구한 그의 연구는 이 글의 논지와 일정하게 공명하는 바가 있다. 그에 따르면 국가와 주권의 문제가 봉인된 채 이루어지는 경성에서의 유희는 세계가 식민성의 문제에서 해방된 사건에 수반되는 귀결로서 식민성을 초극할 수 있게 된다. 김수림, 「제국과 유럽」, 『상허학보』 제23집, 2008, 143~144쪽.

38 대표적으로 '구국의 제일방책은 바로 적극적인 국산품 제창이다'를 제목으로 내건 상무인서관 광고를 들 수 있다. 『婦女雜誌』 제11권 9호, 1925.

39 이러한 기조는 식민지 조선에서는 에로, 그로, 넌센스 및 명랑성의 서사로 드러난 바 있다. 동아시아 식민지에서의 유사한 취향과 서사의 생성이라는 관점에서 상하이의 즐거움과 쾌락을 강조한 광고와 비교 연구할 만한 대목이 있다. 식민지 조선에서 어떻게 엽기와 명랑의 서사가 탄생했는지 연구로 다음을 참고하라. 김예림, 「조선, 별천지의 소비에서 소유까지」, 『1930년대 후반 근대인식의 틀과 미의식』, 소명출판, 2004; 김수림, 위의 글.

최고의 상품'을 순진하고 순정하게 만끽하는 표정을 짓고 즐거움을 강조하는 표현들이 들어선다. 치약은 '인생 쾌락의 기초'이면서(콜게이트 치약, 1921) '즐겁게 사용되어야 하고'(펩소덴트 치약, 1924) 티눈약은 '쾌락의 묘가 있'고(겟츠잇, 1924) 코닥 필름을 통해 '촬영술의 즐거움을 누리'고(코닥 필름, 1926) 전축은 '청각의 즐거움을 최대한 만족시킬 수 있'으며(가오팅 전축, 1927) 생리대는 '부녀들이 즐겁게 사용할 수 있'고(코텍스, 1928) 분유를 '아침저녁으로 한잔씩 마시면 심신이 쾌적' 해지고(홀릭스 분유, 1930) 파우더를 뿌리면 '청량하고 상쾌하며' '목욕 후에 사용하면 매우 즐겁게' 된다(탈컴 파우더, 1930). 광고 문구에서 즐거움은 여느 가치보다 최상의 것으로 승격해 있다. 승리전축의 다음 광고들은 즐거움이 어떻게 일상의 중요한 가치가 되고 있는지를 보여 주고 있는 대표적인 사례라고 하겠다(그림 7, 그림 8).

> 휴대용 승리 전축, 여름날을 보내는 오락으로 가장 적당하다.
> 여름날이 일 년 같다. 무덥고 무료할 때 휴대용 승리 전축 한 대를 가
> 지고 가본다. 서너 명의 친구들과 같이 야외나 해변으로 가서 바람을
> 맞으며 전축을 켠다. 그 우렁차고 큰 소리와 높고 맑게 울리는 음은 귀
> 를 즐겁게 하여 즐겁게 듣는다. 기뻐서 절로 춤을 추는 자가 나온다.[40]

> 어떻게 한가하게 시간을 보내니.
> 한가하게 할 일이 없고 가장 적막감을 느껴서 느긋하고 유쾌하고자

---

40 『婦女雜誌』 제15권 5호, 1929.

그림7 승리 전축 광고(15권 5호, 1929)   **그림8** 승리 전축 광고(16권 3호, 1930)

하면 승리 전축을 사야 한다. 일상에서 전축을 틀면 즐거움이 그 안에 있다. 때로는 손님을 즐겁게 하기 위한 용도가 될 수도 있다. […][41]

상품 사용의 즐거움을 묘사한 광고는 특히 1920년대 중후반에 대거 등장한다. 치약에서 전축에 이르기까지 다양한 품종의 상품이 주는 즐거움이 다채롭게 그려져 있다. 이때 이성과 과학의 딱딱하고 계몽적인 언어와는 다른 부드럽고 말랑한 일상의 언어가 제시된다는 점이 특기할 만하다. 이 언어들은 앞 장에서 언급했던 이성과 과학의 언어와는 차원이 다르지만 또한 동시기에 전개된 언어이기도 하다. 1920년대 후반의 광고 지면을 살펴보면 위생과 안전이라는 관리와 통치의 언

---

41 『婦女雜誌』 제16권 3호, 1930.

어가 등장하는 다른 한편에서 즐거움과 쾌락에 대한 찬미의 언어가 제시되고 있다. 내셔널이 지워진 자리에 세계가 열리고 그 순간 이성과 과학의 언어의 한 대척점에서 즐거움과 쾌락의 일상에 대한 묘사가 개시되고 있다. 즐거움과 쾌락의 언어는 위생과 안전이라는 언어와 대조되는 언어인 것 같지만 자기 관리와 자기 통치 기술이라는 점에서 연관되어 있다. 이 속에서 식민지 현실과 대중들은 일방적인 교정의 대상과는 다른 관리와 조정의 대상이면서 또한 힘들고 척박한 현실 면이 가려진 즐거운 일상을 사는 존재로 재규정되어 부상한다. 고통스럽고 힘든 일상은 사라지고 '한가'하고 '무료'하고 '적막'한 일상이 부상되며 그 속에서 '즐거움'과 '쾌락'의 감각이 돋을새김 된다. 그리고 이는 무엇보다 '상품'을 통해서 획득되고 완성되는 일상이다. 즐거운 일상 속에서 식민지 대중은 관리와 조절의 '대상'이면서 동시에 다른 한편으로는 소비의 '주체'로 재위치지어진다. 그 가운데 내셔널의 감각은 소거되고 그 대척점에 있는 식민성의 흔적도 동시에 사라진다.

1920년대 후반에 두드러진 '쾌락'이라는 감각은 일상의 심미화라는 작업과 관련된다. 1920년대 초반까지 비누와 치약, 의약품 등의 실용적인 일용품 위주의 광고 지면은 1920년대 중반을 지나면서 일상을 심미화하는 상품으로 가득 찬다. 1920년대 초중반의 광고들이 실용적인 품목의 '효능'과 '신용'을 강조했다고 한다면 1920년대 후반의 광고들은 '쾌락'과 더불어 '아름다움'과 '귀여움'을 강소한다. 야외와 댄스홀에서 댄스를 추는 남녀들이 등장하고(승리전축, 1929) 성장을 하고 헤어크림을 바른 신가정의 부부가 외출준비를 하고(스타콤, 1930) 피아노를 치는 남성 곁에 바이올린을 켜는 여성이 등장하며(포마민트,

그림 9 콜게이트 비누 광고(15권 7호, 1929)　　**그림 10** 시몽 크림 광고(15권 3호, 1929)

1930) '쾌적'한 파우더를 뿌리는 모자(母子)가 등장하며(콜게이트 에클
랑 파우더, 1930), '세상에서 가장 아름다운 플란넬' 옷감으로 지은 옷을
입은 여성의 자태가 출현한다(비엘라, 1930).

　　따라서 쾌와 아름다움이 지상의 가치인 이 시기에 목욕하는 나체
의 여성 그림이 등장하는 것은 이 논리의 자연스러운 귀결이다(그림 9).
한편 고통스럽고 힘든 식민지 현실을 연상시키는 '내셔널'에 대한 언
급이 사라진 자리에서 '쾌'와 반대되는 '불쾌'에 대한 구체적이고 미시
적인 언급들이 등장하는 것은 흥미롭다.

　　시몽크림, 주름이 나타나는 것을 방지한다.

　　분명히 아름답고 다채로운 자태인데 얼굴에 드문드문 주름이 보인다.
부녀들은 여기에 반드시 불쾌한 느낌을 드러내기 마련이다. 주름을 보

이지 않게 하려면 시몽 크림을 자주 사용하여 순수하고 부드러움으로 피부를 보호하여 하얗고 부드러우며 아름답게 할 수 있다. 시몽비누 및 파우더와 함께 사용하면 더 아름다울 수 있다.[42]

'내셔널'에 대한 언급이 사라진 자리에 '불쾌'에 대한 언급이 등장한 것은 '내셔널'이 완벽하게 지워지고 제외됐다는 방증이다(그림 10). 내셔널의 거시적인 현실에 대한 언급은 사라지는 순간 '불쾌'라는 '개인'적인 감정이 오롯이 도드라진다. 불쾌라는 개인적인 감정에 집중할 때 내셔널한 현실은 주변화된다. 쾌락과 아름다움에 대한 찬미가 광고의 중심 언어 중 하나가 되는 과정 속에서 내셔널의 피식민 경험은 도상적으로 보이지 않게 될 뿐만 아니라 평가받을 가치와 위치도 상실한 것이다. 제국의 상품 광고는 현실을 재현하는 시각과 틀을 완전하게 변경시키면서 내셔널이라는 관념을 재현의 틀 바깥으로 밀어버린다. 화보 잡지에 실린 외국 광고나 그 속의 여성 재현에 대한 식민지 지식인의 비판적인 시선은 이러한 프레임 안으로 들어갈 여지가 없는 상황과 관련되어 나온 일 반응이라고 할 수 있다.

4. 식민주의 통치 테크놀로지

지금까지 1920년대 『부녀잡지』에 실린 외국 상품 광고를 통해 식민주의가 어떻게 비/가시화되고 있는지 살펴봤다. 중국 잡지에 실린 외국

---

[42] 『婦女雜誌』 제15권 3호, 1929.

상품 광고는 표면적으로 문명과 제국의 우월성을 드러내놓고 과시하지는 않는 편이었다. 그러나 이러한 현상이 중국에 식민성이 부재했다는 것을 의미하지 않는다. 오히려 식민성과 제국은 비가시화되고 있으며 그 흔적을 지우면서 은밀하게 산포되고 있다. 식민성이 비/가시적으로 존재했기에 식민지 현실에 대한 문화연구에서 식민성은 부재하듯이 서술되거나 심지어 이 공간이 자율적인 것인 양 서술하게까지 했다. 말하자면 이러한 연구는 비/가시적인 식민성이라는 현실의 일반영이라고 할 수 있다. 그러나 그러한 현실이 폭력적이고 억압적인 통치보다 더 근원적이고 지속적인 효력을 발휘한 식민주의 통치 테크놀로지라는 것이 이 글의 분석이었다.

문제는 이것이 어떠한 테크놀로지이며 어떻게 발휘되었는지 그리고 식민지 대중에게 어떤 효과를 발휘했는지에 놓여 있을 것이다. 앞에서 이 시기 광고에서 빈번하게 등장하는 '기술'과 '세계'에 대한 언급이 일차적인 상품 선전에 그치는 것이 아니라 그 속에서 내밀하게 식민주의 테크놀로지를 작동시키고 있다는 점을 밝혀냈다. 상품 광고에서 기술에 대한 언급은 '기술력'에서 '지식'과 '위생'에 대한 논의로 확산되면서 상품 구매가 앎과 동일시되고 더 나아가 관리와 조절이라는 자기 통치성의 메커니즘을 구축하는 과정을 노정한다. 한편 '세계'에 대한 언급은 세계 최고의 상품을 사용한다는 감각을 부여하면서 내셔널에 대한 감각을 지운다는 점에도 주목했다. 당시 첨단의 사회 이론과 학설을 주장하는 잡지 중의 하나인 『부녀잡지』의 광고 면에서 중국을 상기시키는 언급이 사라지는 것은 기묘한 면이 있다. 중국의 자리를 완전히 소거한 곳에 등장한 식민지 대중은 상품을 통해서 쾌락과 심미적인 주체로 재조정되며 네이션의 표식을 뗀 코스모폴리탄으로 완성된다. 네이션의 흔적이 사라진 곳에서 대척점에 선 식민성의 문제도 동시에 사라지고 무효화된다. 이러한 과정을 통하여 식민성의 문제는 식민지 문화현실에서 비가시화된 것이다. 20세기 초반 중국의 문화현실을 다루는 연구의 다수가 초점을 맞춘 근대성의 일상이란 사실 지식과 세계에 대한 상상이 언표되지 않는 식민주의와 맺는 긴장 관계의 결과 부상했던 현실이라 하겠다.

3장 좌익영화의 멜로드라마 정치

1. 1930년대 상하이 대중문화의 양상

1930년대 상하이에서는 공업과 소비가 부흥하고 화이트칼라 계층 및 임금노동자 계급 등이 형성되는 등 대도시의 면모가 갖추어지면서 새로운 문화 형식인 '대중문화'가 출현하기 시작한다. '대중'의 출현과 더불어 도시는 이들이 향유할 수 있는 새로운 미디어를 등장시킨다. 이 시기 상하이 지역의 문화형식은 새로운 면모를 지니는데, 화보와 만화, 대중소설, 음악, 영화, 라디오 등의 대량 생산 및 대량 소비가 가능한 미디어가 대중문화의 총아로 떠오르며 상하이 대도시를 배경으로 하여 이전과 다른 감수성의 세계를 선보인다.

이들 미디어 중에서 기존의 문화 생산 및 소비 판도를 바꾼 대표적인 사례로 화보 잡지 ─ 읽는 잡지가 아니라 보는 잡지 ─의 등장을 들 수 있다. 1926년에 창간한 중국 최초의 화보잡지인 『양우』는 독자를 '친구[良友]'라는 친근한 새로운 호칭으로 부르고, 문자를 줄이고 사진 등의 화보를 대폭 채택하는 등 대중적으로 독자층을 확대하는 전략을 구사하여 시장에서 대성공을 거둔다.[1] 사진 위주로 구성된 대중화된 화보의 등장은 기존의 문자 위주의 지식인대상의 잡지 판도를 뒤바꾸며 시각성을 위주로 한 새로운 잡지 편집 형태를 굳힌다. 그리하여 『양우』는 여성 해방의 주장을 설파하며 넓은 배포망을 자랑하던 『부녀잡지』의 논설의 세계를 밀어내고[2] 새로운 여성 독자시장을 개척하며 당시의 중요한 대중문화현실을 구성한다.[3]

이렇듯 전통적인 연희와 오락 장르와는 다른 새로운 시각과 청각의 미디어 세계가 '대중'의 등장과 더불어 1930년대 상하이에 본격적

---

1 『양우』는 상해양우도서공사(上海良友圖書公司)에서 펴낸 화보잡지로 1926년에 창간하여 1945년에 폐간하는 동안 중국에서 가장 중요하고 가장 영향력 있는 잡지의 지위를 누렸다. 양우 발간과 관련한 사정으로 4대 편집자를 지냈던 마궈량(馬國亮)의 다음 회고록을 참고할 수 있다. 馬國亮, 『良友億舊: 一家畵報與一個時代』, 生活·讀書·新知三聯書店, 2002.

2 『부녀잡지』는 상하이의 유력출판사인 상무인서관에서 출간한 여성을 위한 잡지로 1915년에 창간하여 1931년에 폐간된다. 부녀잡지가 중국 페미니즘 담론과 현실에서 이룬 성과와 한계에 대해서는 다음 논문을 참고. Wang Zheng, "A Case of Circulating Feminism: The Ladies' Journal", *Women in the Chinese Enlightenment: Oral and Textual Histories,* Berkerley: University of California Press, 1999.

3 만화잡지도 이 시기 광범위하게 유통되는데 『상하이만화』(上海漫畵), 『시대만화』(時代漫畵) 등이 대표적이다. 『상해만화』는 1928년 1월 상하이 만화회(上海漫畵會)가 편집을 맡아 창간한 만화잡지로 본격적인 만화 간행물의 시대를 연 잡지로 자리매김할 수 있다. 특히 1930년대 전반기는 '잡문과 만화'의 전성시대로 상하이 지역만 하더라도 불완전한 통계로 20여종의 만화간행물을 출간했다는 기록이 있다. 이때 출간된 만화잡지로 다음과 같은 간행물이 있다. 『시대만화』(時代漫畵), 『군중만화』(群衆漫畵), 『만화생활』(漫畵生活), 『만화계』(漫畵界), 『만화만화』(漫畵漫畵), 『영화만화』(電影漫畵), 『현상만화』(現象漫畵), 『중국만화』(中國漫畵), 『독립만화』(獨立漫畵), 『우두만화』(牛頭漫畵), 『만화의 벗』(漫畵之友). 이 잡지들은 그림을 주로 하고 대사나 설명을 부수적으로 처리하여 시각성과 가독성을 최대한 강화하는 만화잡지의 시대를 개창한다. 정격의 사진과 그림을 다루는 화보잡지와 달리 만화 잡지는 캐리커처와 시사만화의 형태로 좀 더 대중적이며 때로는 통속적인 내용을 다루기도 했다.

으로 개창되며 대중을 새로운 감수성과 경험의 세계로 인도한다. 그 가운데 대중들을 가장 강력하게 사로잡았던 장르는 '영화'였다.[4]

1927년 당시 상하이에는 이미 26개 영화관이 존재했으며 1930년 대에는 호화 영화관 설립이 붐을 이뤄 1933년에 문을 연 대광명(大光明) 영화관은 에어컨디셔너 설비에 2천여 석의 소파좌석을 구비하고 있었다. 그리고 1930년대 말 경에는 32개소 내지 36개소의 영화관이 상하이에 존재했다. 뿐만 아니라 『은성』(銀星), 『영롱부녀도화잡지』(玲瓏婦女圖畵雜誌) 등의 영화 전문 잡지도 이 시기에 다수 출간되어 영화가 일으킨 대중적인 인기를 짐작케 한다.[5]

그런데 1930년대 이전에 이러한 상하이의 영화붐에서 주도적인 위치를 차지한 것은 할리우드 영화였다. 중국영화로는 전통희곡과 탐정모험물, 코미디물, 윤리적인 설교 유(類)의 대중적인 오락작품이 상연되었으나 큰 반향을 얻지는 못하였다. 이러한 외국영화가 주도한 상하이에서 이뤄진 영화 관람 형태는 1930년대 들어 변화의 조짐을 보인다. 이는 1930년 설립된 롄화영화사(聯華影業公司)가 '국산영화 부흥(復興國片)' 슬로건을 내걸고 제작한 국산영화의 흥행 성공이 밑거

---

4 1930년에 이뤄진 대학생 86명을 대상으로 한 인터뷰 조사에서 39명은 일주일에 적어도 한번 영화를 관람한다고 대답했으며 16명은 2주일에 한번 영화를 보러간다는 대답을 한다. Ji Bing, "Daxuesheng yu dianying"(University students and film), Dianying(Movie monthly) 5(Dec. 20, 1930), pp. 69~71; Laikwan Pang, *Building a New China in Cinema: The Chinese Left-wing Cinema Movement 1932-1937*, Lanham: Rowman & Littlefield Publishers, Inc., 2002, p. 25에서 재인용.

5 Leo Ou-Fan Lee, *Shanghai Modern: The Flowering fo a New Urban Culture in China 1930-1945*, Cambridge: Harvard University Press, 1999, pp.83~85. 1930년의 한 보고서는 '구미의 모든 대형 영화제작사는 상하이에 대리점과 발행인을 두고 있다'고 서술하고 있다. 앞의 책, 84쪽에서 재인용.

름이 되었다.[6] 그리고 1931년 일본의 1·28 상하이 침공 이후 상하이에 애국주의 정서가 미만하자 기존의 거대영화사였던 스타영화사(明星影業公司)가 좌익작가를 극작가로 영입하면서 이러한 경향은 강화된다.[7] 이 두 영화사를 중심으로 제작된 영화들은 할리우드 영화와 오락물 일색의 중국 관객의 관람 형태를 바꿔 놓기 시작하며 영화 내용에 사회정치적인 색채를 부여한다.

통상적으로 1930년대 상하이에 흥성한 좌익영화에 대한 기존의 평가는, 5·4전통의 영화 및 좌익 영화가 1930년대 초기부터 영화계를 점령하기 시작했으며 이 영화들이 영화계의 성격을 개조시켰다는 것으로 집중된다. 곧 이 좌익영화가 1920년대에 미만했던 문명희(文明戲) 전통과 연관된 오락물 위주의 중국영화를, 혁명의 대의에 복무하는 사회비판의식을 지닌 영화로 그 성격을 바꿔 놓았다는 것이다.[8]

---

6 1930년 롄화영화사가 제작하고 쑨위(孫瑜)가 감독한 2편의 영화 「고도춘몽」(古都春夢)과 「야초한화」(野草閑花)가 박스오피스에서 큰 성공을 거둔다. 이 두 편의 영화의 성공은 중국 관객에게 할리우드가 아닌 지역에서 제작된 영화를 관람하게 하고, 이로써 좌익 영화 제작의 경로를 열었다는 의미를 가진다. 이듬해인 1931년 롄화는 10편의 영화를 제작하고 그중에서 부완창(卜萬蒼)이 감독한 「의무와 연애」(義務與戀愛), 「일전매」(一剪梅), 「도화가 피눈물을 흘리다」(桃花泣血記)가 흥행에 성공한다. 1932년에 제작된 「인도」(人道)는 외화와 국산영화를 망라하여 기존의 상하이 개봉관 흥행 기록을 깬다. 롄화영화사의 설립과 성공과 관련된 자세한 논의로 다음을 참고. Laikwan Pang, *Building a New China in Cinema: The Chinese Left-wing Cinema Movement 1932-1937*, pp. 24~28.

7 이때 영입된 좌익 극작가로 샤옌(夏衍), 톈한(田漢), 양한성(楊翰笙) 등이 있다. 스타영화사의 좌선회에 대한 상세한 진술로는 Pang의 다음 저서의 2장("The Left-wing Cinema Movement")을 참고. Laikwan Pang, *Building a New China in Cinema: The Chinese Left-wing Cinema Movement 1932-1937*.

8 程季華·李少白 外著, 『中國電影發展史』, 北京: 中國電影出版社, 1963, pp.171~244. 슈테판 크라머의 『중국영화사』(이산, 2000)에서 재인용.

그러나 피코위츠(Pickowicz)는 1930년대 중국 영화가 5·4운동의 급진적인 사상을 계승했다는 중국 영화사의 주류적인 해석에 반대한다.[9] 그는 1930년대 중국 영화의 기본적인 정치적인 경향은 급진주의라기보다 개량주의였으며, 이때 '멜로드라마'라는 형식이 급진주의를 표현하는 데 제약으로 작용했다고 판단한다.[10] 좌익 영화인들은 '멜로드라마'라는 형식을 비판 없이 받아들였으며 이것이 5·4사상의 복잡성을 드러낼 수 없는 것으로 영화의 운명을 정해 버렸다고 주장한다. 좌익영화는 '멜로드라마와 초급 맑시즘의 결혼'이었으되 멜로드라마적인 동인이 더 크게 작용했으며 이에 따라 5·4지식인은 영화를 개조하기보다 이에 의해 보수화되어 가고 동화되어 갔다. 그에 따라서 "좌익 영화인은 스스로 '멜로 드라마' 형식을 빌려서 맑스주의를 선전한다고 생각했겠지만 실제로 맑스주의의 실질적인 내용은 이미 이 형식에 함몰되었고 천편일률적인 방식으로 변했다"는 것이다.[11]

좌익영화의 멜로드라마적 요소를 지적한 것은 비단 피코위츠만은 아니었다.[12] 뿐만 아니라 좌익 영화 중에서는 할리우드 영화를 각색

---

9 Pual Pickowicz, "Melodramatic Representation and the 'May Forth' Tradition of Chinese Cinema", Widmer, Ellen and Wang, David Der-wei, *From May Fourth to June Fourth*: *Fiction and Film in Twentieth-Century China*, Cambridge: Harvard University Press, 1993, pp. 300~301.

10 이때 피코위츠는 중국 좌익 영화에 체현된 멜로드라마를 '과도한 수사, 과장된 연기와 윤리의 강조'로 정의내리고 있다. 멜로드라마 개념에 대한 자세한 서술로는 Singer의 다음 글을 참조하라. Ben Singer, "Meanings of Melodrama", *Melodrama and Modernity* : *Early Sensational Cinema and Its Contexts*, Columbia University Press, 2001.

11 Pual Pickowicz, 위의 글, p.312.

12 슈테판 크라머는 좌익 영화의 상당수 작품에서 당시 중국에서 대중적 인기를 누리

한 작품이거나 혹은 유사한 소재를 다루고 있는 작품도 존재한다.[13] 그러나 좌익 영화의 멜로드라마적인 요소가 어떻게 작용했는지에 대해서 본격적으로 논의한 예는 드물었다. 피코위츠는 좌익영화에 내포된 '멜로드라마'적인 구성을 부상시켜 이로써 좌익영화의 좌익 이념성을 해제시키고 이데올로기적으로 중화되었다는 주장을 전개한다. 그런데 피코위츠의 논의와는 달리, 멜로드라마적 구성을 가지고 있기 때문에 자연스럽게 좌익 영화의 이념성에 흠집이 나는 것이 아니라 좌익영화에 개재된 멜로드라마는 그 자체로서 좀더 복잡한 문제를 소지하고 있는 것처럼 보인다. 피코위츠의 논의는 좌익영화에 두드러졌으되 그간 논의되지 않았던 멜로드라마성에 과감하게 초점을 맞췄다는 점에서 선구적인 의미를 지니고 있다고 할 수 있다. 그러나 이때 사용된 '멜로 드라마' 개념은 불변의 자연적 장르적 개념에 더 가까워 보인다. 그의 논의에서 1930년대 중국-상하이라는 역사적이고 지정학적인 사회정치적 배경 속에서 이 장르가 새롭게 배분되고 배치될 가능성이 거의 존재하지 않는다. 그리하여 좌익영화에서 멜로드라마성은 좌익 이데

던 코미디나 할리우드식 멜로 드라마, 소련 혁명영화의 영향을 지적하고 있다. Stefan Kramer, *Geschichte des chinesischen Films*, Stuttgart: Verlag J. B. Metzler, 1997(슈테판 크라머, 『중국영화사』, 황진자 옮김, 이산, 2000, 49쪽).

13 「거리의 천사」(馬路天使, 1936)는 할리우드 영화 Street Angel(1928)의 리바이벌판이다. 「신녀」(神女, 1934)를 할리우드의 조셉 본 스턴버그(Jesef von Sternberg) 감독의 「금발의 비너스」(Blonde Venus, 1932) 영화의 중국식 리메이크판이라고 보는 견해도 있다. 슈테판 크라머, 앞의 책, 55쪽. 할리우드에서 일한 전력이 있는 우용강의 이력과 그의 대표작인 「신녀」와 할리우드 영화 「금발의 비너스」를 비교한 글로는 다음을 참고할 수 있다. William Rothman, "The Goddess: Reflection on Melodrama East and West", ed. Wimal Dissanayake, *Melodrama and Asian Cinema*, Cambridge : Cambridge University Press, 1994.

올로기적인 경향과 '배치(背馳)'되는 요소로서만 기능하는 것으로 설명된다.

그러나 멜로드라마 개념은 본격적인 연구의 대상이 되어야 할 뿐만 아니라 지리적으로 예각화하여 재편성하고 이를 다시 역사적으로 재정위시켜 볼 필요가 있다. 왜냐하면 이런 각도에서 멜로드라마 개념에 접근할 때야만, '아시아'에서 발견되는 '멜로드라마'적 경향을 지닌 '좌파이념'의 영화라는 일견 어울리지 않는 조합이 어떻게 현실로 구축되었으며, 이것이 기능하는 바는 무엇인지를 따질 수 있고 이를 새로운 문제로 제기할 수 있기 때문이다.

1930년대 중국-좌파-멜로드라마영화의 문제를 살펴보는 작업은, 먼저 과거 20세기 전반기뿐만 아니라 현재까지도 유효한 장르로 대중문화에 영향력을 끼치는 아시아의 멜로드라마 장르의 맥락과 의미를 적극적으로 역사화시키는 문제와 관련된다. 이는 지역의 경험과 감수성을 중심에 두고서 멜로드라마 문제의 사회정치적 의미와 구조를 따져보는 작업과 연관되며 또 좌익 문예를 중심에 두고 중국/아시아에서 멜로드라마 구조가 작동되는 양상에 대한 연구와도 관련된다. 그리하여 1930년대 상하이의 좌익영화의 멜로드라마 문제를 살펴보는 작업은 지리적 —— 중국에서 아시아로 —— 으로, 역사적 ——1930년대부터 현재까지 —— 으로 연장되는 문제군들과 다시 대면하는 과제이기도 하다.[14]

---

14 상하이의 좌익영화를 '멜로드라마'라는, 영화사적으로는 보편적인 개념에 기반해 있되 중국 문화사적으로 봤을 때 주목되지 않았던 개념으로 접근하는 것에는 상기한 피코위츠 등의 논의에 힘입은 바 있지만 이와 별도로 특별한 의도가 있음을 밝힌다. 이는 그동

이 글은 1930년대 상하이의 좌익 영화에 두드러진 멜로드라마적인 구성이 어떤 구조를 가지고 있으며 기능은 무엇인지 등을 지리역사적인 정치의 관점에서 살펴보고자 한다. 2절에서는 멜로드라마 개념이 새로운 해석의 틀로 대두하는 경로들을 검토해 보면서 지금 멜로드라마 논의를 전개하는 의미를 짚어보고자 한다. 3절에서는 본격적으로 1930년대 상하이 좌익 영화의 멜로 드라마적 요소에 대해서 논의하는데 좌익영화의 멜로 드라마적 요소가 무엇이며 또 어떻게 작동하며 어떻게 의미화되는지를 '가정', '선악 이분법', '로맨스'라는 멜로드라마적인 코드를 중심으로 살펴본다. 분석 대상 영화는 1930년대 좌익 영화 가운데 비평계와 대중적인 반응 양쪽으로부터 환영을 받은 작품을 중심으로 한다.[15]

안 이 시기를 다루는 중국문학/문화사에서 통상적으로 중시되던 '대중화'의 문제를 새로운 지평에서 평가하는 문제와 연관되기 때문이다. '대중화'의 각도에서 접근했을 때 도드라지지 않거나 묻혀 버리는 현실문화의 문제들이 '멜로드라마'라는 각도로 제기되었을 때 문제적으로 부상한다. 이러한 문제들로 모더니즘, 리얼리즘, 사회주의 리얼리즘 등의 (탈)근대성의 제문화형식들과 문제설정이 포괄된다. 이러한 문화형식과 문제에 대한 개입에 좌익영화에 미만했던 멜로드라마라는 하위장르는 유효한 작용을 한다. 한편, 이는 1930년대 아시아에서 범람했던 멜로드라마 영화에 대해 공시적이고 역사적인 이해를 도모하는 것과도 연관된다. 이에 대해서는 한국의 신파극 연구가 "서구 멜로드라마 형식과의 비교선상에서 신파성의 세계문학적 가능성"을 타진하는 방향으로 전환하고 있는 것을 참고로 할 수 있다. 한국 신파극 연구경향에 관한 위의 정리는 다음의 논문에서 인용했다. 이위정, 「동양극장과 근대성의 체험」, 연세대학교 비교문학협동과정 석사논문, 2005, 6쪽.

15 본글에서 주요 분석대상에 오른 영화는 다음과 같다. 「작은 장난감」(小玩意, 1933, 감독: 쑨위[孫瑜]), 「자매화」(姊妹花, 1934, 정정추[鄭正秋]), 「신녀」(1934, 차이추성[蔡楚生]), 「신여성」(新女性, 1935, 차이추성), 「뱃사공처녀」(船家女, 1935, 선시링[沈西苓]), 「도리겁」(桃李劫, 1935, 잉윈웨이[應雲衛]) 등. 당시 흥행과 관련된 목록은 팡(Pang)이 『상하이 데일리』(*Shanghai Daily*) 신문의 영화광고란에 근거하여 정리한 '상하이 개봉관 영화 상영기간 중국 영화 목록, 1932년 1월~1937년 7월'(부록 2)을 참고했다. Laikwan

2. 멜로드라마 개념 다시 쓰기

1930년대 좌익영화의 멜로드라마 정치를 살펴보는 데에는 몇 가지 맥락들이 자리하고 있다. 이는 주로 멜로드라마 개념의 재정의와 관련되는데 좌익 영화에서 멜로드라마 구조가 부각이 되는 배경에 이러한 담론적인 맥락들을 고려했을 때 의미를 획득할 수 있다.

멜로드라마가 개념으로 복원되는 과정에는 먼저 서구의 페미니즘 영화 비평과 대중문화 비평이 그 동안 폄하되었던 멜로드라마를 재평가하는 맥락이 존재한다.[16] 여성을 주요 관객/캐릭터로 삼으며 일반적으로 저급 문화로 인식되는 멜로드라마는 페미니즘 비평과 대중문화 비평의 시각에서 새롭게 조명된다. 여기에서 초점이 되는 것은 멜로드라마가 대중의 도피주의의 도구에 불과하다는 통념을 깨뜨리고 (demystify), 멜로드라마적인 스타일의 과장에서 도피주의적인 논리가 아닌 이데올로기 비판의 지점을 발견하는 데 있다.[17] 이것은 1960,

Pang, "Appendix II Chinese Films with the Longest First-Run Screening Periods in Shanghai, January 1932 to July 1937", *Building a New China in Cinema: The Chinese Left-wing Cinema Movement 1932-1937.*

16 대표적으로 Elasesser의 글을 거론할 수 있다. Thomas Elsaesser, "Desire Denied, Deferred of Squared?", *Screen* 29, 3(Summer 1988).

17 Mitsuhiro Yoshimoto, "Melodrama, Postmodernism, and Japanese Cinema", *Melodrama and Asian Cinema*, p.101. 좀 더 부언 설명하면 페미니즘 영화 비평의 관점에서 멜로드라마는 억압된 여성의 목소리를 표현하게 하는 토론장을 제공하고 주변화된 여성경험을 전면에 배치하는 것으로 새롭게 평가된다. 이에 따라 멜로드라마는 가부장제의 구속을 완전히 깨뜨리는 데 성공하는 것은 아니지만 여성 자의식의 발전에 중요한 계기를 구성하는 것으로 위치지어진다. 한편 대중문화 비평의 관점에서는 그동안 비판받았던 멜로드라마에서의 과잉과 극단이 재평가되는데 이는 캐릭터가 소외되었다는 것을 보여 주는 기표이자 이데올로기의 작동을 인식할 수 있는 유용한 통로로 정위된

70년대 할리우드에서 흥성했던 홈 멜로드라마 등의 영화 해석을 둘러 싸고 서구에서 새롭게 제기한 멜로드라마 재평가 양상이다.

두 번째 맥락은 이를 아시아라는 지역 맥락에서 재구성하는 작업과 관련된다. 할리우드에서는 과거의 장르인 멜로드라마가 아시아에서 유독 강세인 현상을, 저발전의 문제가 아니라 새롭게 해석해야 할 현실의 문제로 보는 시각이 1990년대를 전후하여 대두한다.[18] 이에 관심을 가진 연구자들은 이러한 시각 조정을 거쳐 아시아에서 멜로드라마가 가지는 의미를 밝혀내는 작업을 전개했다. 이는 멜로드라마를 초기 자본주의의 사회적 환경으로 위치지었던 피터 브룩스의 멜로드라마적 상상(melodramatic imagination)의 해석적 논리를, 시간적으로도 지역적으로도 훌쩍 뛰어넘는 시도였다.[19]

가령 『멜로드라마와 아시아 영화』 편집서의 서문을 쓴 디사나야케(Dissanayake)는 아시아 사회에서 멜로드라마는 서구의 역사와는 상이하다고 단언하면서 악한이나 고통 등 서구와는 다른 아시아의 멜로드라마 개념들의 쓰임새들을 지적한다.[20] 한편 일본의 멜로드라마

다. Wimal Dissanayake, "Introduction", *Melodrama and Asian Cinema*.

18 아시아에서 멜로드라마 개념 재론은 1990년대 초에 일기 시작한 '근대성(modernity)'에 대한 근본적인 반성 혹은 대안적 근대성에 대한 문화적 모색과도 무관하지 않다. 디사나야케가 편집한 『아시아 멜로드라마와 영화』에 실린 논문 대다수도 아시아 각국의 근대성의 동학과 관련하여 멜로드라마의 기능을 살펴보고 있으며 최근의 연구서도 근대성과 멜로드라마 형식의 관계에 대해서 탐구하고 있다. Ben Singer, *Melodrama and Modernity: Early Sensational Cinema and Its Contexts*, New York: Columbia University Press, 2001.

19 Peter Brooks, *The Melodramatic Imagination : Balzac, Henry James, Melodrama, and the Mode of Excess*, Columbia University Press, 1985.

20 Wimal Dissanayake(1994), "Introduction", *Melodrama and Asian Cinema*.

를 다룬 요시모토 미쓰히로(Yoshimoto Mitsuhiro)는 장르 양식으로서 멜로드라마의 문제를 제기하면서 장르 비평을 급진화시키는 것으로 멜로드라마에 얽힌 서구라는 올가미를 해제한다. 그에게 장르 범주는 자연적인 대상이 아니라 구축되어진 것으로 "텍스트의 형식과 내용이 사회역사적인 모순 및 이데올로기와 교차하고 절합하는 사회적인 제도"로서 중요한 문화연구의 대상이다. 그리하여 장르비평의 궁극적인 목적은 "장르의 완전성이라는 환상을 해체하고 차별적인 장르로 구축되어진 침전된 이데올로짐[21]의 층을 분석하는 것"이다.[22] 마찬가지로 일본 멜로드라마 영화에 초점을 맞춰 연구를 진행한 캐더린 러셀(Catherine Russell)은, 멜로 드라마적 구조가 일본의 내셔널 아이덴티티 개념과 동일시될 수 있는 특수한 이데올로기적 경향을 지니고 있다는 점을 논의한다.[23]

이러한 논의들에서 아시아의 멜로드라마는 각국의 특수한 사회정치적 하위텍스트를 매개하는 형식으로 자리한다는 점이 드러난다. 곧 아시아에서 제기한 멜로드라마 담론에서 멜로드라마는 내용이 확정된 형식이 아니라 아시아 국가의 사회적 현실과 관련하여 새롭게 내용

---

21 이데올로짐(ideologeme)은 제임슨이 정치적 무의식에서 사용한 용어로 요시모토는 제임슨의 용어를 따라서 이를 사용한다. 이때 이데올로짐이란 "사회 계급들의 본질적으로 적대적인 집단적 담론들에서 인지 가능한 최소 단위"를 가리킨다. Frederic Jameson, *The Political Unconscious: Narrative as a Socially Symbolic Act*, Ithaca: Cornell University Press, 1981, p.76.

22 Mitsuhiro Yoshimoto, "Melodrama, postmodernism, and Japanese cinema", *Melodrama and Asian Cinema*, pp.104~105.

23 Catherine Russell, "Insides and Outsides: Cross-cultural Criticism and Japanese Film Melodrama", *Melodrama and Asian Cinema*.

과 기능을 획득하고 있는 실천적인 형식으로 조정되는 것이다.

　세 번째 맥락으로는, 아시아라는 지역 현실에 고정시켜 검토된 멜로드라마 논의를 지역(region) 바깥으로 연장시켜서 이를 지역적 특수성의 문제로 한정짓는 것이 아니라 자본주의 체제와 관련된 보편적 현상의 한 종류로 적극적으로 자리매김하는 시도가 있다. 대표적으로 프라사드(Prasad)가 멜로드라마를 재론하는 논지를 거론할 수 있다. 프라사드는 아시아 맥락에서 멜로드라마 담론의 새로움이란, 아시아 국가의 사회적인 현실과 연관하여 멜로드라마적인 본질이 거론되는 점이라고 지적한다.[24] 프라사드는 관련논문들이 멜로 드라마적 형식을 아시아의 사회과정을 이해하는 데 본질적인 구성 요소로 설명하는 점에 착안하여, 멜로드라마가 특정한 역사적 순간에 리얼리즘의 기준에 맞지 않는 것으로 정의되던 상황을 아시아적인 시각에서 역전시켜 사고하는 계기로 삼는다. 곧 아시아에 미만한 멜로드라마 양식을 이 지역이 지체되었거나 불균등하게 발전된 것으로 보는 것이 아니라 자본주의 체제 내에서 병존 가능한 양식으로 전향적으로 바꿔 볼 것을 제안하는 것이다. 그의 의견에 의하자면 멜로드라마가 리얼리즘에 통합될 수 없는 잉여로서 부정적으로만 정의될 수 있다면, 아시아 지역에서 두드러진 멜로드라마 양식의 지속과 주도라는 양상은, 미학적이고 정치적인 형식의 배치에서 새로운 전지구적 지도 그리기를 현시하는 것이다.

---

24 M. Madhava Prasad, "Melodramatic Polities", *Inter-Asia Cultural Studies*, 2(3), 2001, pp.459~460.

그런데 이는 제1세계 지역에서 상대적으로 고립되어 전개된 미학적 '시기'에 대한 직선적인 역사(멜로드라마-리얼리즘-모더니즘-포스트모더니즘)를 재사고하는 문제와 연결된다. 프라사드에 따르면 이러한 차이들은 사회정치적인 논리에 근거한 공시적인 공간적 배치를 가지고 있는 것으로 파악된다. 그리하여 그는 리얼리즘과 멜로드라마와 같은 미학적인 양식이 단일한 사회형식에서 모순적이면서도 보완적인 미적 표현일 가능성을 제기한다. 곧 멜로드라마는 "엄격한 미학적 정의 너머에 있는 고정되지 않은 자율적인 범주이지만 정치, 경제와 같은 사회구성의 다른 실체와 연관된 문화적 장으로서 기호화될 수 있"는 범주인 것이다.[25]

이러한 논의를 통하여 멜로드라마는 저급한 하위 장르라는 평가에서 벗어나 각국의 사회현실의 심층을 조명하는 매개로서 적극적으로 자리매겨지고, 더 나아가 아시아 지역에서 멜로드라마 양식의 지속과 주도 양상은 서구의 선적인 역사서술을 재사고하게 하는 유력한 현실로서 제기되고 있다. 이러한 논의의 흐름에서 (탈)구축되는 장르로서 각국의 사회현실에서 포착된 멜로드라마라는 개념은 자본주의적인 문화 양식으로 적극적으로 절합될 계기를 부여받는다. 여기에 1930년대 상하이의 좌익 영화의 멜로드라마 경향을 살펴봄으로써 위의 논의의 흐름에서 결락된 또 하나의 고리를 떠올릴 수 있다. 위의 논의가 자본주의 문화양식과 이념으로서의 멜로드라마에 초점을 맞춰

---

25 M. Madhava Prasad, "Melodramatic Polities", *Inter-Asia Cultural Studies*, 2(3), p. 460.

진행되었다면, 이제 여기에서는 빠져 있는 다른 진영이나 이념에서 매개된 멜로드라마 형식도 문제 삼아야 할 사안이 된다. 이때 좌익 영화가 어떻게 멜로드라마와 절합하는가, 어떤 하위 텍스트를 다시 기입하는가, 또 이는 어떤 기능을 하는가 등이 적극적으로 검토되어야 할 문제로 제기된다.

3. 좌익 영화의 멜로드라마 정치

1930년대 상하이의 좌익 영화에서 멜로드라마는 중요한 하위 장르로 음각적으로 새겨져 있다. 이 시기 좌익 영화는 멜로드라마 형식을 빌리면서 서구 부르주아의 서사로서 멜로 드라마가 지녔던 이데올로기적 내용을 변경시키는데, 이때 재기입되는 내용은 (탈)[脫]가정의 멜로드라마이며 선악의 이분법에 근거하여 이를 넘어서는 서사이자 로맨틱한 내셔널리즘의 서사들이다. 아래에서는 멜로드라마 형식이 좌익 이데올로기 및 사회적 모순과 어떻게 교차하고 절합하는지, 이때 양자는 위배되는 것인지, 아니면 한쪽에 함몰되는 관계인지 등을 따져보면서 좌익 멜로드라마 구조가 제기하는 문제들을 살펴보고자 한다.

가정의 안과 바깥──(탈)가정의 멜로드라마
좌익영화에서도 서구의 멜로드라마와 마찬가지로 가족/가정은 중심적인 서사 공간 중의 하나로 등장한다. 그러나 좌익영화에서 가정은 '완전한' 부르주아 소가족의 형태로 등장하지 않는다. 편모슬하(「신여성」) 혹은 편부 슬하(「뱃사공처녀」)이거나 이산한 가족(「자매화」)이며 소가족을 이뤘다 하더라도 곧 한쪽이 죽음(「도리겁」)을 맞이하여 편부모 가정으로 재현되는 양상을 띤다. 이처럼 좌익영화에서 가족은 애초부터 '결손'의 양태로 등장하면서, 캐릭터의 불완전하고 하층민적인 삶의 조건을 드러내주는 계급적 표식으로 작용한다. 이 점에서 상하이 좌익영화에서 가정은 노웰 스미스가 주장한 서구의 가정 멜로드라마 형태, 즉, "부르주아 주체 입장의 관점에서 서술된 외디푸스 가족 이야기로서 가정영역의 비극"이 되고 "권력의 장소가 가부장적인 가족 내부에 봉쇄되고 전치되어진" 형태를 띠지 않는다.[26]

이 시기 좌익 영화가 서구 멜로드라마의 주요 공간인 가정을 가져오면서 치환하는 방식을 좀 더 살펴보자. 이는 좌익영화의 주인공이 주로 여성인 점을 고려할 때 할리우드의 멜로드라마와 다른 여성을 재현한다는 점에서 중요하다.[27] 왜냐하면 이러한 삶의 불완전한 조건은

---

26 Geoffrey Nowell-Smith, "Minnelli and Melodrama", ed. Bill Nichols, *Movies and Methods*, vol. 2, Berkeley: University of California Press, 1985, pp.190~194; Mitsuhiro Yoshimoto, "Melodrama, Postmodernism and Japan Cinema", *Melodrama and Asian Cinema*에서 재인용.

27 그동안 1930년대 상하이의 좌익 영화에 대한 논의 중에서 가장 많은 부분을 차지하는 것이 '신여성'의 문제와 관련된 것이었다. 곧 여성이 어떻게 재현되었는지에 초점을 맞춘 내용이다. 이에 대한 논의는 많이 다루어진 바 있으므로 여기에서 별도로 다루지 않고 다음과 같이 기존의 논의를 소개하는 것으로 대신하겠다. 좌익 영화의 여성재현의 문제성을 본격적으로 다룬 이는 재미중국학자인 장잉진인데 그는 좌익 영화가 여성의 목소리에 방점을 두었으나 그 방식은 여성성의 거세와 좌익 남성성의 지배로 향했음을 지적한다. 이에 대해 팡은 좌익 영화에서 여성성은 제거된 것이 아니라 강조되었으며 로맨스와 가정 이야기가 지배적인 지위를 차지하고 있다고 반박한다. 팡에 따르면 장잉진의 여성성 거세 주장은 좌익 영화에서 여성성에 대한 탐사가 지니고 있는 영화의 복합성을 은폐한다. 팡은 좌익 영화에서 여성재현의 양상을 변증법적으로 읽어내고 있다. 곧 좌익영화는 여성 캐릭터를 희생시키는 것과 영웅화하는 것 사이의 변증법, 그들의 노예상태와 자율적인 존재 사이의 변증법으로 영화속 담론적인 형성과정을 드러내 주었다. 그리고 좌익영화의 여주인공은 남성의 자기알레고리화와 새로운 혁

영화 속에서 가족을 구성하는 중심축인 하층계급 여성이 가계 유지를 위해 가정을 벗어나 공적인 영역으로 나아가는 것을 가능케 하는 것으로 작용하기 때문이다.[28] 여성캐릭터들은 학교 선생(「신여성」), 뱃사공(「뱃사공처녀」), 유모(「자매화」), 식당종업원(「대로」), 비서(「도리겁」), 창녀(「신녀」) 등의 직업을 가지며 가정의 세계에 갇히지 않고 사회와 접촉한다. 주인공이 위기에 처하기 전까지 이 결손의 가족과 공적인 노동의 세계는 개인의 삶을 영위하는 데 장애로 작용하지 않고 보완적인 관계를 형성하며 주인공의 삶을 형성하는 중요한 조건을 이룬다. 그런 의미에서 좌익영화에서 위기의 '결손' 가정은 부르주아 이데올로기를 드러내주는 공간으로 위치하지 않고 외부세계와의 접촉을 매개하는 기능을 한다.

그런데 좌익영화에서 재현되는 이러한 가정과 여성 캐릭터들은 당시 국민당이 선전했던 이상형이었던 '핵가족'과 '현모양처'상과는 배치되는 성격을 지님으로써 부르주아 계급의 핵가족 중심으로 구축된 국민당의 공식 이데올로기를 이중적으로 배반하고 있다. 대표적인

명 전형의 재현, 여성의 정체성을 뚫고 나아갔으며 그 결과 매우 독특한 여성에 대한 재현이 출현한다. 그러나 따지고 보면 팡 또한 장잉진과 마찬가지로 좌익영화의 여성재현을 통해 남성 주체성이 구성되었음을 논증한다는 점에서 일치하는 논의의 지점이 있다. 이에 대해서 장의 저서 4부와 팡의 다음의 논문을 참고. Yingjin Zhang, *The City in Modern Chinese Literature and Film*: *Configurations of Space, Time and Gender*, Stanford: Stanford University Press, 1996; 張英進,「三部無聲片中上海現代女性的構形」, 汪暉·余國良編,『上海: 城市, 社會與文化』, 香港: 香港中文大學, 1998; Laikwan Pang, "Women' Stories of On-Screen vs Off-Screen", *Building a New China in Cinema*: *the Chinese Left-Wing Cinema Movement 1932-1937*.

28 이 시기 좌익 영화의 초반부에 자주 등장하는 대사는 '여기에서는 출로가 없어(這里沒有出路)' 혹은 '걸어갈 수 있는 길이 없어(沒有路可以走)'이다.

장면으로 「신여성」에서 반지를 바치며 구혼하는 왕박사에게 웨이밍(韋明: 롼링위분)은 "결혼! 결혼이 나에게 뭘 줄 수 있지? 평생의 반려! 평생의 노예겠지!"[29]라고 쏘아대며 자신만만한 표정을 짓는 예를 거론할 수 있다. 웨이밍의 표정과 대사들은 스크린을 인상적으로 채우며 가정과 사회에 대한 주류적인 관념을 뒤흔드는 효과를 갖는다. 이로써 좌익영화는 멜로드라마에서 부각되는 가족을 부르주아의 생활공간이 아니라 여성 노동자 혹은 소시민의 공간으로 수정하여 스크린에 투사한다.

그러나 이 결손의 가족이 캐릭터에 아무런 기능을 하지 않는 것은 아니다. 가족은 결정적인 순간에 개인인 주인공을 불행의 함정에 빠뜨리는 중요한 기능을 수행한다. 결손의 가정은 사회의 위기를 잠재적으로 보유하면서 멜로드라마적인 순간을 준비하는 것이다. 좌익영화에서 주로 주인공이 불행에 빠지는 시초는 가족 구성원의 병이나 죽음을 맞이함으로써 빚어진다(「신여성」, 「자매화」, 「뱃사공 처녀」 등). 특기할 만한 점은 쁘띠 부르주아 계급이 주인공인 일부 영화에서는 인물의 실직(실업)을 불행의 씨앗으로 서술하고 있는데(「신여성」, 「도리겁」 등), 이로써 영화는 쁘띠 부르주아였던 주인공의 계급적 신분을 전락시켜 확실한 하층계급의 서사임을 표명한다. 이와 동시에 영화는 '실직'으로 인해 가정에 들이닥친 불행을 해결하지 못함으로써 가족의 위기가 그 자체로 사회의 위기를 드러내게 되는 과정을 보여 준다.[30]

29 "結婚! 結婚能够給我甚麼呢? 終身的伴侶! 終身的奴隷罷了!"
30 같은 실직 모티브를 다루더라도 후기에 제작된 영화들은 이를 낙관적으로 극복하고 자력으로 노동과 생활의 세계를 찾아나가는 것으로 그려진다. 이들 영화의 주인공이 초기

탈가정의 서사를 전개하던 영화는 실직 혹은 죽음을 계기로 가정과 사회를 포개놓으면서 가정의 서사로 전환하는 서사적인 도약을 감행한다. 멜로 드라마적인 장치는 이 순간에 두드러지게 작용한다. 실직 등으로 인해 사회와 단절된 주인공이 맞이한 감당하기 힘든 부모 혹은 자녀의 병이나 죽음은, 캐릭터에게 극단적인 선택을 하게 만든다. 이때 주인공은 개인으로서 가족과 불화하거나 충돌하지 않고 어머니나 딸, 아내의 자리로 돌아와 가족을 돌보며 죽음이나 살해로 귀결되곤 하는 비극의 세계로 빠져든다. 하층계급의, 혹은 하층계급으로 떨어진 그녀들은 아버지/남편/딸의 치료비를 위해 도둑질을 하거나(「자매화」, 「도리겁」) 매춘을 하다가(「신여성」, 「뱃사공처녀」) 우발적으로 살인을 하거나 죽게 되면서 극중 감정을 점차로 고조시킨다. 멜로 드라마적 정서는 가정의 불행을 해결하려는 인물이 고립무원의 상태에서 사회에 의해 거부당하고 개인적으로 문제를 해결하는 과정에서 강화된다.

　　이는 일종의 도약으로, 영화는 전반부에서 사회생활을 담음으로써 계급적인 표식을 드러내는 서사를 배치한 다음, 후반부에서는 가정의 세계로 진입하여 감정적이고 정서적인 서사를 전개하는 것이다. 전반부의 탈가정의 서사와 후반부의 가정 서사는, 좌익 이념과 연관된 사회비판적인 리얼리즘적 서사와 멜로드라마라는 이종의 텍스트를

의 그것과 달리 남성이라는 점도 이러한 서술 기조의 전환과 관련하여 논의할 만한 대목이다. 가령 「대로」(大路), 「사거리에서」(十字街頭)의 실직자들이 보여 주는 삶에 대한 의지와 이에 대한 밝은 묘사는 실직이 삶을 파괴하는 현실적인 계기로 작용하는 30년대 초중반 영화의 우울하고 비관적인 기조와는 대조적이다.

지닌다. 그러나 이러한 이질적인 형식의 봉합을 가능하게 하는 것은 전반부에 설명된 사회적 약자의 경험인데, 여기에서 형성된 입장이 후반부의 불행과 감정과잉의 서사에 동일시하게 하여 양 서사를 연결시킨다.

도덕적 이분법과 그 너머

그런가 하면 좌익영화에서 명확한 선악의 구분은 멜로드라마적인 하위 텍스트성을 드러낸다. 선인은 영화에서 포커스가 맞춰지는 가정의 여주인공인 경우가 많으며 악인은 이 여성 캐릭터를 추근대고 괴롭히는 남성 부르주아 계급일 때가 많다. 여성캐릭터를 불행에 빠뜨리는 남성 부르주아 계급의 모습은 「신여성」과 「뱃사공처녀」 등의 영화에서 도드라지게 나타난다. 「신여성」에서의 왕박사는 학교 이사의 신분을 이용하여 자신의 구애를 거부하는 학교선생 웨이밍을 해고시키도록 교장에게 압력을 넣는다. 그리고 「뱃사공처녀」에서 주인공은 자신을 그림 모델로 삼고 싶어하는 부르주아 남성 화가로 인해서 아버지가 중상을 입으며, 치료비를 위해 자신은 원치 않는 모델 일을 하게 되고 결국에는 창녀로 팔려가게 된다. 「도리겁」의 여주인공은 타이피스트로 일하는 회사의 사장이 자신을 호텔로 유인하여 농락을 하려 하자 일을 그만 두게 되나 계속된 가난으로 인해 쇠약해진 몸으로 출산 후 사고를 당하여 죽음을 맞이한다. 주인공을 불행에 빠뜨리는 악한은 호색과 탐욕 등의 단순한 성격을 지녔으며 농락을 일삼는 스테레오 타입화된 인물로 배치되며 선인을 위협하여 주인공의 고난과 처지를 한껏 악화시켜 놓는다. 이렇듯 좌익 영화에서 쁘띠 부르주아 혹은 노동자

계급이 자세하게 조명되는 반면, 부르주아 계급은 철저하게 해부되거나 재현되지 않고 외재적으로 존재하는 것에 머문다. 곧 부르주아 계급은 여주인공을 괴롭히고 불행에 빠지게 하는 악인으로 관습적으로 처리된다.

이렇듯 인물들은 선악 이분법에 의거하여 멜로드라마적으로 처리되었으나 이 속에 계급 충돌 등의 의미를 새겨 놓아 사회적 현실을 드러내주고 있다는 점에 주목해야 한다. 이들 악인이 남성-부르주아 계급으로 재현되는 양상에서 드러나듯, 좌익 멜로드라마 영화는 가치상의 선악의 문제에 자본주의 사회의 계급 모순과 젠더 모순을 포개어 각인시켜 놓았다.

그리하여 위에서 언급했듯이, 남성-부르주아 악인은 여성의 쁘띠 부르주아 지위를 하층 계급으로 전락시킬 수 있을 만큼 사회적 권력을 가지고 있다. 그런데 사회에 편재된 권력의 비대칭성은 여성이 겪는 고난에 설득력을 부과하는데 이에 따라 여성은 고난을 겪을뿐더러 계급적인 하락을 통해 '타락'까지 하는 등의 극적인 경험을 겪는다.[31]

그런데 이들 좌익영화들이 도덕적인 이분법에 얽매인 멜로드라마의 관습을 뛰어넘는 것은 이 타락을 회복불능한 지점까지 밀고 나갈 때이다. 영화는 멜로드라마의 가치체계대로 선악 이분법의 구도를 취하되 이는 권선징악의 결말로 나아가지 않고 논리적이고 현실적인 결

---

31 이와 관련하여 여성의 지위를 떨어뜨리는 중요한 계기는 이들 악인 등에 의해 초래된 실업, 실직 등의 경제적 기반의 상실이다. 직업여성이었던 여성캐릭터들은 실직하지만 않았더라도 닥쳐온 가정의 불행(가족의 병치레, 죽음)에도 불구하고 살인이나 자살 등을 겪지 않을 수 있다. 가족의 병환과 자신의 실직은 주인공에게 극단적인 선택을 하게 만드는 조건이다.

말을 모색한다. 여성은 계급적인 타락으로 인해 우발적인 살인이나 자살, 사고로 인하여 죽음을 맞이하는 것이다. 영화는 이러한 멜로 드라마적 배치 속에서 이 선악 가치체계의 역학을 거스르고 보다 현실적인 선택을 한다.[32]

선악 이분법의 구도에서 좌익영화는 이 구도를 이용하여 선과 악의 가치체계에 여성-쁘띠부르주아/노동자 계급과 남성-부르주아 계급을 각각 위치지으며 멜로드라마적으로 남성의 억압과 여성의 희생 및 타락이라는 상호관계를 작동시킨다. 좌익영화의 선악 이분법은 당시 사회의 모순을 계급과 젠더적으로 기호화하면서 세계에 대한 인식을 드러낸다. 계급모순이 심화되던 1930년대 상하이의 좌익영화인에게 이러한 계급대립의 세계는 멜로드라마적인 선악 이분법적 세계로 겹쳐져 인식되며, 여성으로 표상되곤 하던 선인의 재기불가능성은 이러한 세계를 전복할 수 없다는 비극적이되 현실적인 인식과 맞닿아 있다. 다시 말하자면 이 시대의 세계 자체가 멜로드라마적인 구조를 가지고 있다고 인식하고 있으며 이러한 세계를 구원할 손길은 —— 주인

---

32 그러나 한편 이러한 현실적인 선택은 남성의 주체성을 만족시켜 주는 배치이기도 하다. 남성의 분노와 꿈을 동시에 소지하고 있는 대리인으로서의 여성 재현에 대한 불안을 제거하는 방편인 것이다. 이렇듯 현실적인 배치는 멜로드라마의 선악 이분법을 넘는 힘을 소지하고 있지만 이와 동시에 현실의 권력이 작동하는 방향을 드러내주기도 한다. 이와 관련하여, 젠더비평적 관점에서는 좌익 영화에서 주로 채택되는 여성의 죽음을 비판적으로 보는 시각이 우세하다. 이러한 견해로 각주 27의 장잉진의 연구를 들 수 있다. 신여성의 웨이밍의 죽음과 이를 연기한 롼링위의 자살사건 등 스크린 안과 밖의 여성의 죽음들이 갖는 의미에 대해서는 Harris의 다음 논문을 참고. Kristine Harris, "The New Woman Incident: Cinema, Scandal, and Spectacle in 1935 Shanghai", Sheldon Hsiao-peng Lu, *Transnational Chinese Cinemas: Identity, Nationhood, Gender*, Honolulu: University of Hawai'i Press, 1997.

공은 희생자로 축출되는 가운데 ── 주인공의 주변의 인물이 기거하는 '바깥' 세계 ── 노동자계급 ── 에서 발견하고 있다. 「신여성」에서 웨이밍은 피붙이가 다 죽고 혼자 남게 된 친언니에게 노동자 야학을 하는 여선생인 리아잉(李阿英)과 지내라는 말을 유언으로 전하며 「뱃사공처녀」에서는 윤락한 아링(阿玲)에게 구원의 손길을 내미는 것은 연애상대였으나 노동파업 후 투옥으로 헤어졌던 톄어(鐵兒)이다. 이 시기 좌익 영화에서 중점이 맞춰진 것은 여성-쁘띠 부르주아/노동자 계급으로, 이에 비해서 부르주아 계급은 악인으로 적대적으로 그려지며 노동자 계급의 세계도 바깥에 있는 것으로 소묘되고 있다. 선악 이분법의 구도에서 멜로드라마의 권선징악의 결말이 아니라 선인의 재기 불가능성과 비극적인 세계 인식을 보여주는 것은 영화의 배경이 '대전환기'의 인물과 시대임을 잘 드러내 주고 있다 하겠다.

로맨스와 내셔널리즘

일부 영화에서 내셔널리즘은 멜로드라마적 구조와 얽혀서 시대의 이데올로기를 표현한다. 여기에서 영화는 '전쟁'이라는 대배경하에서 전개되며 민족의 구망이 초미의 관심사로 떠오르는 가운데 주인공의 가족과 형제의 이산 등으로 인해 멜로드라마적인 구성을 형성한다. '적' ── 주로 일본과 서구 ── 과의 대치 속에서 내셔널리즘의 울타리는 공고해지며 이 속에서 다른 좌익영화에서 첨예하게 다뤄졌던 계급모순 등은 모호하게 처리된다. 그리하여 내셔널리즘의 자장 속에 있는 영화의 중국인 캐릭터들은 내부적으로 갈등과 충돌이 없는 '유토피아적인' 세계에 거주하게 된다. 멜로드라마는 내셔널리즘과 연관되면서 영화 속의 극적인 전개와 감정의 과잉, 로맨스를 과소적으로 자극한다. 바꿔 말하면 여기에서 멜로드라마는 민족적인 정체성을 지지하는 것으로 기능한다.[33]

쑨위가 감독한 1933년 영화 「작은 장난감」은 내셔널리즘의 주제와 멜로드라마 구도가 적극적으로 결합한 대표적인 영화이다. 장난감 수공예를 만드는 예 다싸오(葉大嫂)는 남편과 딸, 아들로 단란한 생활을 꾸리면서 상하이에서 온 대학생 위안푸(袁璞)의 구애에도 불구하고 이 생활을 영위했으나 남편의 갑작스러운 죽음과 아들의 유괴 사건 등으로 그녀의 삶은 한 차례 타격을 받는다. 이후 상하이로 이사온 예 다싸오는 딸과 장난감 수공예 판매를 하며 마을 사람들과 행복한 나날을 보낸다. 그러던 어느날 전쟁이 터지고 구호활동을 펼치는 중 딸이 폭사하자 예 다싸오는 실의에 빠진다. 넋이 빠진 채 장난감 판매를 하러 나간 도심의 극장가에서 예 다싸오는 부잣집에 입양되어 자란 아들을, 자신의 아들임을 모르는 상태로 만나게 된다. 보이스카웃 옷을 입고 있는 아들은 '이거 국산인가요?'라고 물으면서 예 다싸오의 장난감을 산다. 아이를 물끄러미 바라보던 예 다싸오는 주변의 폭죽소리를 폭격기 소리로 오인하고 '또 전쟁이 일어났다'고 외치며 소란을 피우다 대학생이었던 위안푸와 재회하게 된다. 위안푸에게 기댄 채 예 다싸오는 폭격기와 탱크의 환각 속에서 열변을 토하여 거리에 모인 사람들의 열렬한 박수를 받는다.

특기할 만한 점으로, 영화에서 예 다싸오와 대학생의 위안푸와의

---

33 M. Madhava Prasad, "Melodramatic Polities", *Inter-Asia Cultural Studies*, 2:3, p.464.

로맨스는 저조하게 처리되는데 다른 좌익영화와는 달리 이 영화에서는 계급 대립이 첨예하게 그려지지 않는다. 예 다싸오가 위안푸를 따라 상하이에 가지 않는 것도 상이한 계급적 현실이 원인으로 제시되기보다, 가족을 두고 떠날 수 없는 예 다싸오의 기혼인 상태와 위안푸가 국가와 인류를 위한 사업을 전개하기 위한 밑거름으로서 유학을 가기로 한 결심 때문에 빚어진다.[34] 미혼인 남성 대도시 부르주아 계급과 기혼인 농촌여성의 로맨스에는 사실 성공할 수 없는 갖가지 현실적인 요소가 존재함에도 불구하고 이러한 현실적인 문제는 이들의 로맨스에 특별한 장애 요소로 등장하지 않는다. 이들의 이별을 합리화하는 것은 인정(人情)의 문제이며 이보다 더 중요하게는 국가와 빈자를 위해서 유학갈 것을 예 다싸오가 권하고 위안푸가 이를 받아들이는 내셔널리즘적인 충동에 의해서이다. 특기할 만한 점은 이때 위안푸는 예 다싸오와의 사랑을 버리는 것이 아니라 보유한 채로 떠난다는 점이다.[35] 위안푸에게 예 다싸오에 대한 사랑은 국가에 대한 의무와 위배되지 않은 채 포개어져 현현하는 이상주의적인 성격을 가진 것이다.[36] 위안푸의

---

34 실종된 아들이 부르주아 계급의 집안에서 자라나고 있으며 아들에게서 내셔널리즘의 표징 —— 보이스카웃, 국산장난감 애호 —— 을 읽을 수 있다는 점에서도 영화에서 계급 대립을 부각시키지 않는 구도를 독해할 수 있다.

35 "你從前告訴我說, 我們中國的工業不好, 你到外國去留學, 回來救我們大家, 那多么好啊!" "至于我呢, 我的一家還有几十家窮人, 都靠着我的小玩意儿吃飯, 他們都愛我, 相信我, 好象一群小羊, 我覺得我是不應該離開他們的." "袁先生, 你是讀過書本里面一定有許多我們窮苦人的好法子!我盼望你立下了志向, 將來救救我們!那才是敬愛的袁先生呢!" "秀秀我覺悟了!你比我理想中的女性還要偉大!今晚我就回上海, 專學德國, 我謝謝你的提醒和鼓勵, 以后或許是八九年才能去再見了!讓我說兩句最后的話, 因爲我是一个人, 所以應当爲國家爲人類的義務… 同時因爲我張了一个心, 所以我也要永遠的愛你."

36 그러나 이때 예 다싸오가 짓는 비련의 표정은 이 이별을 현실적으로 받아들인다는 것을

발언은 이들의 로맨스가 내셔널리즘과 충돌하거나 후자에 의해 전자가 희생되지 않으며 오히려 내셔널리즘과 병존하며 연기된다는 관점을 드러낸다.

이들의 이러한 만남과 이별은 완구 사업과 관련되어서 서사적인 논리를 지닌다. 영화 속에서 예 다싸오의 수공업 완구와 위안푸가 유학 후 설립한 '대중화(大中華) 완구제조공장'은 전통 수공업 대 공장제 공업의 대립으로 드러나지 않는다. 오히려 위안푸가 세운 완구 공장들은 예 다싸오 등의 발언을 통해 교육사업이자 민족 구망을 위한 병기 생산을 가능케 하는 국내의 기술적인 진보를 드러내주는 것으로 염원된다. 국산 완구의 수공업 생산과 대공업 생산 양자는 이렇듯 병립하나 외국산 완구에 대해서는 제국주의의 침략을 은유하는 것으로 적대시한다. 외국산 완구는 예 다싸오 등이 만든 수공업 완구의 판로를 막을뿐더러 과학기술의 진보를 상징하는 것으로 무엇보다 전쟁에서의 우월한 상태를 은유하는 것으로 명백하게 제국주의적인 침략의 의미를 지닌 것으로 배치된다. 놀이감은 교육 및 전쟁으로 의미의 확산을 거쳐 민족주의 대 제국주의의 구도를 확증하는 것으로 은유되는 것이다.

이렇듯 내셔널리즘과 로맨스는 제국주의의 적과 대척하여 병존하며 모순없는 세계로 그려진다. 이를 가능케하는 것은 교육(계몽주의)과 내셔널리즘의 논리이다. 이러한 논리 속에서 기혼 농촌 여성인 예 다싸오와 도시 부르주아인 위안푸의 로맨스는 기묘하게 살아남는다.

드러낸다.

4. 멜로드라마 형식과 좌익서사전통

이상의 논의를 통하여 좌익영화에서 멜로드라마는 자체로써 당시 사회와 이념의 모순을 봉합하면서 드러내 준다는 것을, 그리고 다른 한편으로는 이념의 이상주의적인 경향을 제어할 수 있는 현실적인 기제를 소지하고 있다는 것을 볼 수 있었다. 무엇보다 1930년대 상하이 좌익 영화의 멜로드라마에는 사회구조와 이데올로기의 전환기적 성격이 짙게 투영되어 있다. 탈가정의 서사가 가정의 서사로 전환되며 선악 이분법은 권선징악의 구도를 뛰어넘는 비극적인 결말로 전환하는데 이 양상은 멜로드라마가 실현될 수 있는 현실적인 구도를 드러내 준다. 게다가 쁘띠 부르주아/노동자 계급 여성을 주인공으로 삼은 서사구도는 좌익 이데올로기가 주류적인 것으로 '확정'되기 이전의 사회 현실을 배경으로 비극적인 세계인식을 보여 주는 데 활용되고 있다. 또 경우에 따라서는 멜로드라마 속의 로맨스가 계급 대립 구도를 약화시키면서 제국주의에 대립하며 내셔널리즘의 구도와 병존하는 양상을 띠기도 한다. 이때 멜로드라마의 로맨스는 민족적 정체성을 지지함과 동시에 이에 의해 보증되는 양상을 지닌다.

이와 같이 1930년대 상하이의 좌익 영화에서 멜로드라마는 사회현실과 갈마들면서 그 사회적 논리에 기반하여 작동하고 있으며 서사의 보완적인 구성요소로 작용한다. 문제는 이러한 좌익 서사의 멜로드라마적인 성격이 비단 이 시기의 영화에서만 두드러지게 포착되는 것이 아니라는 점이다. 이를 중국의 현당대 문화 현실과 연관지어 살펴보면, 1920년대 말 30년대 초에 유행했던 '혁명문학'의 '혁명+연애' 공식의 소설에서 1930년대의 문예 '대중화' 운동에 이르기까지, 그리고 사회주의 중국 성립 이후의 사회주의 리얼리즘 소설에 이르기까지, 멜로드라마 선색은 1930년대 좌익 영화에서의 그것처럼 중국의 좌익 서사에 음각적으로 존재하며 현실적이고 상호적인 기능을 수행한 것으로 적극적으로 살펴볼 여지를 갖고 있다. 중국 좌익 서사에서 멜로드라마 형식은 이념을 대중적으로 약호화하면서 이념화의 중요한 구성 요소 중의 하나로 자리하는 것으로 전향적으로 다뤄볼 수 있는 것이다. 이런 관점에서 비춰봤을 때 좌익 서사 속에 자리한 멜로드라마적인 구조를 부각시키는 작업은 서구중심적이고 자본주의 중심적인 시각에서 비롯한 관점을 재정위시키는 일이면서 이와 동시에 동시기에 존재했던 사회주의(지향) 문화양식의 현실적인 구조와 의미를 밝히는 데 도움이 되는 작업이라 하겠다.

4장 지금 여기, 무산계급작가는 없다
: 혁명, 노동, 지식

1. 1920년대 혁명문학논쟁 재론

이 장에서는 중국현대문학사에서 하나의 변곡점을 형성하는, 1920년
대에 진행되었던 '혁명문학' 논쟁을 재론하고자 한다. 혁명문학논쟁은
중국문학사 최초로 노동자가 문학의 주인공으로 호출되고 '프롤레타
리아' 문학이 주장된 자리였다. 1925년의 5·30운동 이후 노동자는 사
회운동의 다수이자 중심적인 역량으로 등장했고 공산당이 이들을 조
직적으로 후원함으로써 중국에서 노동자 존재는 가시화되었다.[1] 이렇

---

1 '5·30'운동은 1925년 5월 30일 대규모의 연쇄적인 파업을 불러온 중국 상하이에서 일
어난 반제국주의 민중운동을 가리킨다. 5·30운동 이후, 노동자 운동의 성과와 의미는
국내외 연구자들이 관심을 가지는 이슈 중의 하나이다. 그런데 노동자가 계급적으로 등
장했느냐를 둘러싸고 국내외적으로 상이한 판단들이 제기된 바 있다. 이와 관련하여 페
리(E. Perry)와 장 세노(Jean Chesneaux)의 다음 관련 논의를 참고. Jean Chesneaux,
The Chinese Labor Movement, 1919-1927, Stanford University Press, 1968; E. J.
Perry, *Shanghai on Strike: The Politics of Chinese Labor*, Stanford University Press,
1993.

게 변화한 현실에 대해 문학계에서 응답한 것이 1928년 창조사(創造社)와 태양사(太陽社)의 청년 문학가들에 의해 전개된 혁명문학논쟁이다. 물론 이 논쟁이 제기된 배경에는 노동자의 존재가 중국 사회와 문학계에서 가시화된 것 외에도 혁명문학과 관련된 국제적인 상황이 놓여있다. 후술하겠지만 가령 러시아혁명의 성공과 소련문학계의 재편 및 일본의 '후쿠모토주의(福本主義)' 등이 이 문학 논쟁에 직접적인 영감을 준 현실로 거론될 수 있다.[2]

그러나 무산자계급과 프롤레타리아, 노동자가 혁명문학파에게 중요한 개념으로 환기될 수 있었던 것은 5·30운동을 비롯한 현실적인 노동자와 노동운동의 존재에 빚진 바가 많다.[3] 오사 문학[4]의 잔영 속에 잠겨 있던 문학계는 노동자가 대규모로 파업에 참가한 5·30운동과 이후의 노동운동을 겪으면서 혁명과 문학의 관계에 대한 본격적인 사고를 전개하기 시작한 것이다.[5] 1927년 국민당이 공산당과의 합작을 깨고 노조파괴와 공산당원의 대규모 체포 구금에 나선 4·12쿠데타 이후

---

2 창조사와 태양사가 일본의 후쿠모토주의와 소련의 레닌주의를 수용하여 발전시킨 것으로 보는 논의에 대해서는 장광하이의 다음 글을 참고. 張廣海, 「兩種馬克思主義詮釋模式的遭遇 : 解讀創造社和太陽社的 "革命文學" 論爭」, 『中國現代文學叢刊』, 2010年 第3期.

3 당시 혁명운동이 쇠락했는지 아니면 계속적으로 전진하고 있는지를 두고 혁명문학논자 내부에서 논쟁이 전개된 바 있다. 창조사에서는 현실적인 운동은 쇠락하고 있으며 혁명문학이 이를 쇄신한다고 본 반면 태양사는 이러한 주장을 비판하며 현실적인 혁명운동은 여전히 전진하고 있는 것으로 판단했다. 이 글에서 '혁명문학파'는 혁명문학논쟁을 주도했던 창조사와 태양사를 지칭한다는 점을 밝힌다.

4 '오사문학'은 1919년 5·4운동 전후 신문화운동의 영향 아래 출판된 문학을 지칭하는 용어이다.

5 창조사 성원이자 시인인 궈모뤄는 혁명문학이 본격적으로 제기되기 이전에 이 문제를 논한 문학가 중 한 명이다. 郭沫若, 「革命與文學」, 『創造月刊』 第1卷 第3期, 1926年 5月 16.

에 상하이의 노동운동은 기세가 한풀 꺾이기는 했지만 그래도 여전한 힘을 유지하고 있었다.[6] 혁명문학논쟁은 노동 대중의 출현을 인지하고 문학용어로 갈음하고자 한 논쟁이라고 할 수 있다.

그렇다면 국내외적인 이론과 현실의 영향 가운데 혁명문학파는 중국에 출현한 노동 대중에게 어떤 위상을 부여했는지 구체적으로 따져볼 필요가 있다. 새롭게 부상한 노동 대중은 혁명문학논쟁의 구도 속에서 어떻게 배치되고 또 어떠한 이탈의 궤적을 보여 주는 것일까. 달리 말하면 이 질문은 1920년대 후반의 중국의 혁명문학논쟁이 주체성을 생산하는 데 성공했는지, 만약 주체성을 생산했다면 어떠한 주체성을 생산했는지를 묻는 것에 다름 아니다. 이 글은 오사 문학에서 언급되지 않았던 노동자와 계급 개념이 혁명문학논쟁 속에서 어떻게 논의되기 시작했는지 그 생성의 과정에 초점을 맞추고자 한다. 이는 혁명문학을 사회주의 문학이나 좌익문학을 생성시킨 출발선으로 이해한 기존의 이해를 재검토하며 이에 새로운 위치와 의미를 부여하는 작업이기도 하다.

혁명문학논쟁에 대한 기존의 논의는 혁명문학논쟁이 1930년대의 중국좌익작가연맹(이하 '좌련')의 성립과 직결되는 만큼 문학사에서

---

6 4·12쿠데타 이후 상하이의 노동운동계 상황에 대한 판단은 연구자의 따라 엇갈리는 면이 있다. 박상수에 따르면 4·12쿠데타 이후 1928년에도 상하이 노동자 파업은 전년수준을 기록하여 노동운동은 퇴조하지 않았다고 본다(박상수, 「제도화 없는 노동운동」, 『국제중국학연구』 제50집, 2004, 296쪽). 그러나 왕치성은 5·30이후에 중국 공산당은 노동자를 중점적으로 공산당에 가입시켰고 학생과 상인은 국민당에 가입하도록 지도했기 때문에 중국 공산당의 조직 규모는 축소되었다고 본다(왕치성, 「5·4에서 5·30까지: 도시 민중운동의 조직동원」, 『중국근현대사연구』 43집, 68쪽).

주류적인 계보 속에 수렴되어졌다.[7] 그러나 혁명문학파는 문학사 주류에 등재되어 언급되는 외관과 달리 문학사 기술을 자세히 따져봤을 때 그들의 주장은 '실패'한 것으로 갈음되고 있다는 사실을 발견하게 된다.[8] 이는 창조사와 태양사의 주장이 논쟁 말미에 중국공산당에게 '분파주의(宗派主義)'적이고 '협소한 집단주의(狹隘的團體主義)'라는 비판을 받은 점과 무관치 않다.[9] 또한 혁명문학파와 루쉰과의 논쟁에서 중국공산당이 루쉰 문학을 고평하며 이후 좌련으로 양자의 연합을 지시한 역사적 사실과도 관계가 있다.[10] '혁명문학'을 제기한 창조사와 태양사 문학가들의 주장은 중국 공산당으로부터 논쟁 과정에서 지지보다 비판을 더 많이 받았으며 이후 이들 유파는 '좌련'으로 '해소'되는 양상을 띠었다. 혁명문학파를 정면에서 평가하고 분석하는 연구를 문학사에서 찾아보기 힘든 것은 이런 복잡한 사정과 관련이 있다. 공식적이고 주류적인 평가를 반복하거나 이에 기댄 역사적인 기술에 머

---

7 대표적으로 첸리췬 등이 쓴 중국현대문학사의 9장 2절 '혁명문학논쟁과 '좌련'을 핵심으로 하는 무산계급문학사조' 기술을 참고. 錢理群, 溫儒敏, 吳福輝, 『中國現代文學三十年』, 北京大學出版社, 1998.

8 李松睿, 「"文學"如何想像"革命"」, 『現代中文學刊』, 2010年 第1期. 이와 관련된 언급은 다음에서 찾아볼 수 있다. 청카이와 장광하이는 공히 혁명문학논쟁이 좌파 문학 연구 내에서 분파주의로 간주되어 이로 인해 이들 연구가 학술적인 가치를 지니지 못하는 것으로 인식됐다는 지적을 한 바 있다. 程凱, 「"革命文學"歷史系譜的結構與爭奪」, 『中國現代文學叢刊』, 2005年 第1期, p.56; 張廣海, 「創造社和太陽社的"革命文學"論爭過程考述」, 『社會科學論壇』 2010/11, p.28.

9 畵室(馮雪峰), 「革命與知識階級」, 『無軌列車』 創刊號, 1928年9月25日; 中國社會科學院文學研究所現代文學研究室編, 『革命文學論爭資料選編(下)』, 知識産權出版社, 2010, p.487.

10 혁명문학파와 루쉰 사이의 논쟁에 대한 중국공산당의 이러한 입장은 위의 평쉐펑의 글과 취추바이의 다음 글에서 잘 드러난다. 瞿秋白, 「魯迅雜感選集導言」, 『魯迅雜感選集』, 靑光書局, 1933(취츄바이, 「취츄바이 서언」, 『페어플레이는 아직 이르다』, 케이시아카데미, 2003).

문 연구들이 그동안 주요한 연구 경향이었다.

그런데 공식적이고 주류적인 평가를 재론하거나 뛰어넘는 연구가 거의 출현하지 않았다는 사실에서 혁명문학파 유산은 실패의 흔적을 남기고 있다고 할 수 있다. 실패한 역사이어서 주목을 받지 못한 면도 있거니와 다른 한편 정치와 문학이 직접적으로 연루되는 중국현대문학사의 주류계보에 속한다는 점에서도[11] 혁명문학논쟁은 기존 문학계에서 흥미로운 연구대상이 되지 못했다. 1980년대 이전의 문학사가 정치와 문학의 직접적인 관계 속에서 기술된 문학사라고 한다면 1980년대 이후의 문학사는 문학의 미학성과 자율성에 더 많은 관심을 기울이는 형편이었다고 할 수 있다.[12] 이에 따라서 좌파문학계보에 속하는 혁명문학논쟁 관련 연구는 혁명문학논쟁의 의미와 한계를 지적한 공식적인 문학사 평가에 준하여 그 자장 속에서 주석을 달거나 논의를 추가하는 데 그치는 경우가 많았던 것이다.

20세기 말 중국의 신좌파-자유주의 논쟁[13] 이후 좌파의 목소리가 전면적이고 새로운 관점에서 대두됨에 따라서 중국현대문학사에서 좌익문학에 대한 재평가가 시도되었다. 이에 따라 혁명문학파 논의도

---

11 중국의 주류 문학사 관점은 신민주주의 문학사론으로 정리할 수 있다. 중화인민공화국 초기에 출판된 왕야오(王瑤)의 『중국신문학사고(中國新文學史稿)』는 마오쩌둥의 「신민주주의론」에 의거하여 기술한 대표적인 현대문학사 저술이다. 王瑤, 『中國新文學史稿』, 上海新文藝出版社, 1951.

12 1980년대 중국문학사는 신민주주의 문학사와 달리 문학의 심미성을 강조한 문학사 관점이 제출되었다. 대표적으로 1985년 첸리췬 등이 제기한 20세기 중국문학론을 거론할 수 있다.

13 1997년 이후 중국 지식계에서 진행된 신좌파-자유주의 논쟁은 왕후이의 「중국사상계의 현황과 현대성 문제」에서 촉발됐다. 이에 대해서는 다음을 참고. 왕후이, 『새로운 아시아를 상상한다』, 이욱연 외 옮김, 창비, 2003.

중요한 탐구 대상 중 하나로 떠올랐다. 그러나 관련 연구는 기존 논의를 뛰어넘는 돌파구를 좀처럼 찾지 못했다. 혁명문학논쟁을 재조명하면서 이론적인 정교함을 추구하는 논문은 추상적인 논의로 전개되곤 했고 혁명문학논쟁이 제기했던 혁명적인 성격은 현재적인 의미를 획득하지 못하는 경우가 많았다. 때로 관련 연구는 우편향의 연구 노선을 드러내기도 했다. 혁명문학논쟁을 전면적으로 다루는 논문은 오사문학과의 연장선에서 재론하여 오히려 혁명적인 성격을 약화시키거나 계급 문제를 희석시키는 방향으로 진행되곤 했기 때문이다.[14] 요컨대 이 문학논쟁이 좌익문학 혹은 사회주의 문예 계보에서 수행했던 역할과 그 의미에 대해서 새롭게 평가하거나 조명한 논문은 드물었던 것이 실상이다.[15]

그러나 문학사의 중요한 변곡점으로 혁명문학논쟁이 자리하는 것에는 이론의 여지가 없다. 논쟁 초기에 발표됐던 중요한 글에서 나왔던 '문학혁명에서 혁명문학으로'라는 구호가 인상적으로 전달하듯이 그 논쟁은 기존의 문학계 구도를 새로운 방향과 내용으로 재편하는 데 도화선이 된 논쟁이었기 때문이다. 문학계의 방향뿐만 아니라 문학의 창작 주체와 대상과 내용 등의 구체적인 면모도 전환되는 지점을 선명

---

14 혁명문학파의 낭만성과 혼란의 의미를 강조한 리쑹루이의 논문이나 오사문학과의 연계성을 강조한 장리쥔의 논문을 대표적으로 거론할 수 있다. 李松睿,「"文學"如何想像"革命"」,『現代中文學刊』, 2010年 第1期; 張麗軍,「論1920年代中國文學的左翼化」,『文藝理論與批評』, 2012年 第1期.

15 새로운 관점에서 혁명문학을 다룬 논문으로 청카이의 논문을 거론할 수 있다. 청카이는 혁명문학과 좌익문학 초기의 역사적인 서술과 담론 투쟁에 초점을 맞추어 논쟁 과정과 의미를 재구성하고 있다. 程凱,「"革命文學"歷史系譜的結構與爭奪」,『中國現代文學叢刊』, 2005年 第1期.

하게 드러내고 있었다. 이 논쟁을 경과하면서 '계급'과 '혁명(문학)'과 '노동'의 개념이 부상하고 경합을 벌이면서 확산되었다. 그러나 이 개념들이 논쟁 구도 속에서 어떻게 배치되고 제기되었는지에 대해서는 따져봐야 한다. 이는 논쟁에서 중요하게 거론됐던 '이론' 및 '지식'과의 관계 속에서 사고해야 하는 개념들이기 때문이다. 이 글은 이 논쟁에서 생성되거나 창출된 개념과 주체가 의미하는 바가 무엇이며 무엇을 겨냥하는 것이었는지, 논쟁의 핵심어 중 하나였던 '노동대중'은 어떤 위상을 갖는지에 대해서 혁명문학논쟁 초기 국면에 초점을 맞춰 검토하고자 한다. 혁명문학논쟁은 1928년부터 2년여에 걸쳐 진행됐으며 논쟁이 진행되는 과정에서도 몇 차례 분기와 굴곡을 겪었다. 이 글은 결정적인 논점이 제시되어 문학사의 전환점을 맞이한 논쟁의 초기 국면에 초점을 맞추어 이 문제를 본격적으로 다루겠다.[16]

본론으로 들어가기에 앞서 미리 밝히자면 이 글은 논쟁의 과정을 설득력 있게 정리하여 일관성 있는 논리를 구축하는 데 관심이 있지 않다. 그동안 혁명문학논쟁에 대해 행해졌던 이론적으로 말끔한 정리는 이 논쟁을 재해석할 입구나 틈을 봉쇄한 측면이 있다고 판단하기 때문이다. 이보다 여기에서는 그 당시 논쟁이 전개된 면을 펼쳐 보이

---

16 이와 관련하여 중국공산당과 혁명문학파의 관계에 대해 검토할 필요가 있다. 관련 연구를 수행한 장광하이에 따르면 '혁명문학'의 가장 적극적인 제창자인 후기 창조사 성원과 중국공산당은 처음에는 친밀한 관계를 갖지 않았으며 중공이 혁명문학과 계급투쟁 이론에 대해서 1928년 상반기까지는 주목하지 않았다고 한다. 당시 중국공산당이 더욱 중시한 것은 여전히 실제적인 혁명 활동이었다. 혁명문학논쟁을 제기한 한 축인 창조사의 주요 성원과 공산당과의 관계에 대해서는 장광하이의 다음 논의를 참고. 張廣海, 「創造社和太陽社的"革命文學"論爭過程考述」, 『社會科學論壇』, 2010年 第11期.

는 데 주력하고자 한다. 논쟁의 면을 펼쳐놓는 작업을 통하여 그 정리된 요약에서 놓치거나 무시한 문제제기와 질문이 무엇이었는지를 재포착하고자 한다. 그리고 이 문제제기를 담고 있는 누락된 목소리들이 논쟁구도 속에서 의미한 바가 무엇이었는지를 재부상시킬 계획이다.

2. 지금 여기, 무산계급작가는 없다

논쟁의 개요

혁명문학논쟁은 1928년 1월에 두 개의 문학단체에서 각각 잡지를 창간하면서 새로운 주장과 비판 작업을 전개하면서 점화된다. 오사 문학기에 '예술을 위한 문학'이라는 모토를 걸고 결성됐던 창조사가 이즈음 일본에서 귀국한 유학생인 펑나이차오(馮乃超), 리추리(李初梨) 등을 받아들여 새로운 잡지『문화비판』(文化批判)을 창간했다. 창조사가 간행하던 기존의 잡지인『창조월간』(創造月刊)이 문학적인 성격이 강한 매체였다고 한다면 이와 차별적으로『문화비판』은 맑시즘과 무산계급문학론 등을 전면적으로 소개하고 전파하는 이론적인 성격이 강한 잡지였다. 한편『문화비판』이 공산당 조직 외부에서 맑시즘 문학이론을 소개한 잡지라고 한다면, 같은 해 1월 발간된『태양월간』은 공산당원이었던 장광츠(蔣光慈), 첸싱춘(錢杏邨) 등이 혁명문학론을 적극적으로 전파하기 위해 창간한 매체였다.

　거의 동시에 창간된 이 두 매체는 이후 혁명문학을 주창하면서 상호 각축하는 가운데 중국 문단의 새로운 방향을 적극적으로 모색했다. 이들 논의의 특징은 급진적인 언어와 선명한 이론적인 색채를 꼽을 수 있다. 이는 『문화비판』 창간호에 실린 「축사」에서 잘 드러나는데 필자인 청팡우(成仿吾)는 기존 문학 단체에서는 도드라지지 않았던 이론과 분석과 비판의 생산에 치중하겠다는 의도를 분명하게 밝히고 있다.

"혁명적인 이론이 없으면 혁명적인 행동도 없다."
현사회의 구성과 현세계의 추세와 자기 역사와 자기 형세, 이 모든 것은 우리가 잘 알아야 하는 문제이다.
동적인 상태에서 문제를 간략화하고 문제를 파악하는 것, 우리는 이것에 특히 노력을 기울여야 한다.
『문화비판』은 이 방면에서 그 역사적 임무를 담당해야 한다. 『문화비판』은 자본주의 사회의 합리적인 비판에 종사할 것이며 근대 제국주의의 행락도(行樂圖)를 묘사해 낼 것이며 우리에게 '무엇을 할 것인가'라는 문제에 대해 답을 할 것이며 어디에서 시작해야 하는지를 지도할 것이다.
[…] 『문화비판』은 전체적인 혁명 이론에 공헌할 것이며 혁명의 전(全) 전선에 밝은 불꽃을 부여할 것이다.[17]

혁명문학논쟁은 주요하게는 창조사와 태양사가 이끌었지만 전체적으로 보자면 2년에 걸쳐 진행된, 다수의 잡지와 문학가들이 참여하고 연루되었으며 이후에 중국공산당의 개입까지 초래한 대규모의 논

---

17 成仿吾, 「祝辭」, 『文化批判』 創刊號, 1928年 1月 15日. 中國社會科學院 文學研究所現代文學研究室編, 『革命文學論爭資料選編(上)』, 知識産權出版社, 2010, p.85.

쟁이었다. 그러나 논쟁이 2년 내내 열렬하게 전개됐던 것은 아니며 크고 작은 쟁점을 형성하면서 소장 기복했다고 할 수 있다. 논쟁 과정은 혁명문학을 주장하는 한편 오사문학과의 대결의식을 갖고 진행됐는데 이 글은 이 두 가지 기준에 따라 혁명문학논쟁을 크게 세 국면으로 나누어보고자 한다.[18]

첫 번째 국면은 대략 1928년 1월부터 『태양월간』이 정간호를 발간하던 8월까지로 잡을 수 있다. 이 시기에 혁명문학파는 '혁명문학' 구호를 중국에서 최초로 내걸고 등장했는데 구체적인 방법과 전술을 둘러싸고 상이한 입장들을 격렬하게 제시하는 한편 오사 문학의 대표자인 루쉰을 주된 논적으로 삼아 신랄한 비판 작업을 벌였다.[19] 두 번째 국면은 그해 8월부터 11월에 이르는 기간이었는데 이 시기 논적은 직전까지 창조사의 동인이었고 혁명문학논쟁 중간에 결별한 위다푸(郁達夫)였다. 그들은 위다푸의 '대중문예' 주장을 비판하며 '무산계급문학'론을 공고히 전개해 나갔다.[20] 세 번째 국면은 두 번째 국면과 일

18 그동안 혁명문학논쟁 연구는 논쟁의 전반적인 흐름에 주목하기보다 논쟁의 특수한 국면에 주목하는 경향을 보였다. 가령 △ 태양사와 창조사의 논쟁 △ 혁명문학파와 루쉰의 논쟁 △ 혁명문학파와 마오둔과의 논쟁이 주로 조명되었다. 곧 혁명문학논쟁의 전반을 평가하는 시각은 드물었고 논쟁의 연속선이 파지되지 않는 상황에서 개별 논쟁의 특수한 국면이 강조되는 양상을 띠었다. 이글에서 행한 시기구분은 혁명문학논쟁의 전반적인 상황을 안내하는 것 이외에 논쟁의 방향을 가늠하고 이 전반적인 흐름 속에서 국지적인 논쟁의 위치를 정한다는 점에서 의미를 가진다고 할 수 있다.

19 루쉰에 대한 가장 격렬한 비판은 널리 알려진 첸싱춘의 글이다. 錢杏邨, 「死去了的阿Q時代」, 『太陽月刊』 3月號, 1928年 3月1日. 이 시기 루쉰은 혁명문학파 비평가에게 문학혁명을 대표하는 작가로서 '봉건 잔재', '취미문학가' 등으로 비판받았다.

20 위다푸와 창조사 사이의 논쟁은 『문화비판』 창간호에 실린 펑나이차오(馮乃超)의 「예술과 사회생활(藝術與社會生活)」에서 기원하지만 본격적으로는 위다푸가 창조사와의 결별과정을 소상하게 밝힌 다음 글에서 점화되었다. 達夫, 「對于社會的態度」, 『北新』 半月刊

부 겹쳐져 진행되었는데 오사 문학의 또 다른 대표작가인 마오둔(茅盾)이 혁명문학파에 공세를 취한 글에서 촉발됐다. 1928년 10월부터 소자산계급 독자와 작가의 문제를 재론한 마오둔의 글 「구링에서 도쿄까지(從牯嶺到東京)」를 둘러싸고 태양사와 창조사 성원이 마오둔과 논쟁을 벌였다. 이와 더불어 이 시기 혁명문학파는 무산계급문학 이론보다 무산계급문학 창작에 힘을 쏟았다. 정리하자면 이전 시기에 혁명문학을 구호로 외치던 것에서 벗어나 무산계급문예론에 내실을 기하던 시기였다고 할 수 있다.[21]

전반적으로 1925년에 일어난 5·30운동이 '제국주의'라는 용어를 대중적으로 알린 계기가 된 사건이라고 한다면[22] 1928년의 혁명문학논쟁은 '프롤레타리아', '무산계급', '이데올로기' 등의 낯선 개념을 대중화시킨 사건이라고 할 수 있다.[23] 이 중 가장 열렬한 태도와 내용으로 논쟁이 전개된 것은 이 세 국면 가운데 첫 번째 국면이다. 이 시기 혁명문학파는 중국의 현 단계에 필요한 문학이 혁명문학과 무산계급문학

第2卷, 1928年 8月16日. 이후 9월 20일 위다푸는 『대중문예(大衆文藝)』를 발간하여 '대중문예'와 무산계급문학논쟁을 제기한다. 이에 대한 창조사의 비판은 대표적으로 다음을 참고할 수 있다. 彭康, 「革命文藝與大衆文藝」, 『創造月刊』 第2卷 第4期, 1928年 11月 10日.

21 태양사가 『태양월간』 정간 이후 새로 창간한 잡지 『시대문예』의 권두언에 이와 같은 방향이 명기되어 있다. 維素, 「卷頭言」, 『時代文藝』 創刊號, 1928年 10월 1日.

22 왕치성, 앞의글, p.66.

23 창조사는 논쟁을 통해서 맑시즘 용어를 사용했을 뿐만 아니라 『문화비판』과 『사상』(思想) 월간의 '신사원(新辭源)'과 '신술어(新述語)' 등의 칼럼을 통해 '아우프헤벤(奧伏赫變)', '프롤레타리아(普羅列塔利亞特)', '부르주아(布尔喬亞)', '이데올로기(意德沃羅基)', '변증법(辨證法)', '유물론(唯物論)'과 같은 맑시즘 용어를 적극적으로 번역 소개했다. 이에 대한 소개로 다음을 참고. 曠新年, 『1928: 革命文學』, 山東敎育出版社, 1998, p.47.

이라는 주장에는 전반적으로 동의했지만 혁명운동의 상황을 어떻게 보는지 그리고 현 단계를 타개할 구체적인 방법과 내용은 무엇인지를 둘러싸고 입장 차이를 보였다. 그 중에서 가장 첨예하게 의견이 갈렸던 문제 중의 하나는 혁명문학과 무산계급문학의 주체는 누구인가 하는 문제였다. 이 문제는 논쟁 내내 쟁점을 이뤘던 주제 중의 하나이기도 했다.

무산계급작가 없는 무산계급문학론

혁명문학파의 주축이었던 창조사에서 상정한 혁명문학 작가가 무산계급 작가가 아니었다는 사실은 주목을 요한다. 무산계급문학과 노동대중문학에서 무산계급 작가의 자리는 거의 없었다. 이 텅 빈 무산계급작가의 자리를 채우기 위해 호명된 것은 무산계급이 아닌 다른 계급이었다.[24] 창조사의 청팡우는 혁명문학논쟁의 기념비적인 글인 「문학혁명에서 혁명문학으로」에서 다음과 같은 주장을 한 바 있다.

> 우리는 시대에 뒤처져 있다. 우리는 '아우프헤벤(娛伏赫變)'될 계급을 주체로 하고 그 '이데올로기(意德沃羅基)'를 내용으로 삼고 말도 나귀도 아닌 '어중간(中間的)'한 문체를 만들어 소자산 계급의 열악한 근성을 발휘했다. 우리가 혁명적인 '인텔리겐차(印貼利更追亞)'의 책임을

---

24 사실 창조사 내부에서도 의견이 완전히 일치하는 것은 아니었으며 특히 초기 국면에서는 상이한 주장들이 나와 균열과 모순이 존재했다. 그렇지만 대략적으로 청팡우의 「문학혁명에서 혁명문학으로(從文學革命到革命文學)」가 발표될 즈음 이 입장은 일정정도 정리됐으며 이 글에서 요약적으로 제출됐다고 볼 수 있다.

지려 한다면 자신을 다시 한차례 부정하고(부정의 부정) 계급의식을 획득하려 노력하며 우리의 매체에 농민과 노동자 대중의 용어를 가까이하고 농민과 노동자 대중을 우리의 대상으로 삼아야 한다.

다른 말로 하자면, 우리의 이후 문학운동은 진일보 전진하고 한발자국 더 나아가 문학혁명을 혁명문학으로 전진시켜야 한다!

[…] 변증법적 유물론 획득에 노력하고 유물론적인 변증법의 방법 파악에 노력하라. 이는 당신에게 올바른 가르침을 주고 필승의 전술을 보여줄 것이다.

자신의 소자산계급(小資産階級) 근성을 극복하고 당신의 아우프헤벤될 계급을 등지고 발을 내디더 그 악착같은 농민과 노동자 대중을 향해 가라!

명료한 의식으로 당신의 일에 노력하고 자산계급의 '이데올로기'가 대중 속에서 끼치는 해독과 영향을 쫓아내고 대중을 획득하며 부단하게 그들에게 용기를 줘서 그들의 자신감을 유지하게 하라!

[…] 혁명적 '인텔리겐차'여 단결하라! 당신의 족쇄와 수갑을 상실하는 것을 슬퍼하지 마라!²⁵

이 글의 말미는 맑스의 『공산당선언』의 유명한 구절을 연상시키지만 청팡우가 중국 혁명문학을 호소하며 이를 이룩하고 단결할 주체로 오명한 것은 놀랍게도 무산계급이 아니라 혁명적 인텔리겐차이다.

---

25 成仿吾,「從文學革命到革命文學」,『創造月刊』第1卷 第9期, 1928年2月1日. 中國社會科學院文學研究所現代文學研究室編,『革命文學論爭資料選編(上)』, 知識産權出版社, 2010, pp.101~102.

혁명적 인텔리겐차를 호명한 것은 현단계 중국의 프롤레타리아는 적합한 사회 인식을 아직 획득하지 못했기 때문에 프롤레타리아 문학을 산출하는 것은 불가능하다는 판단을 기반으로 한다.[26] 창조사 성원은 인텔리겐차가 혁명문학을 수행할 최종적인 계급이 아니라는 점을 분명히 한다. 그러나 인텔리겐차에게 무산계급의식을 획득하고 자신의 계급을 '아우프헤벤'할 것을 주문하며 혁명문학을 우선적으로 수행할 주체로 호명한다. 그들은 무산계급에게서 작가를 발견하거나 양성하는 것보다 방향을 전환(轉換方向)한 혁명적 인텔리겐차를 호명하는 것을 혁명문학의 급선무로 여긴다.

무산계급이 쓴 것이어야지 무산계급문예인가라는 질문은 창조사 성원의 글에서 자주 제기하는 문제 중 하나였다. 가령 같은 창조사 동인인 리추리는 다음과 같이 혁명문학이 무산계급문학이라고 규정하면서도 무산자가 창작하는 문학은 아니라는 점을 분명히 한다.

우리는 현재 혁명문학이 필연적으로 무산계급문학이라는 것을 이미 인정했다. 그렇다면 무산계급문학은 무엇인가?
[…] 어떤 사람은 무산계급문학은 무산자 자신이 쓴 문학이라 한다. 아니다. 무산자는 아직 유산자 의식에서 해방되기 이전이기 때문에 그가 쓴 것은 여전히 유산자 문학이다.

---

26 대표적으로 궈모뤄의 다음 글을 참고. 麥克昂(郭沫若),「英雄樹」,『創造月刊』第1卷 第8期, 1928年 1月1日. 창조사는 이외에도 독자회신이라는 우회적인 형태를 통하여 "프롤레타리아 출신은 프롤레타리아 문학을 산출할 수 없다"라는 점을 분명히 밝힌다.「讀者的回信・普羅列搭利亞特意識의 問題」,『文化批判』第3號, 1928年 3月15日.

[…] 어떤 사람은 무산계급문학은 무산계급의 이상을 쓰고 그 고민을 표현하는 문학이라고 말한다. 아니다. 이는 무산계급을 동정하는 자칭 혁명문학가에게 하게 하라.

[…] 무산계급문학이란 그 주체 계급의 역사적인 사명을 완성하기 위하여 관조적-표현적인 태도가 아니라 무산계급의 계급의식으로서 생산한 투쟁의 문학이다.[27]

창조사 성원은 무산계급이라는 존재보다 무산계급의 계급의식을 무엇보다 중시했던 것이다.[28] 무산계급이란 무산자라는 존재보다 무산계급의식의 획득 여부가 더 중요한 주체로 상정한 것이다. 따지고 보면 창조사의 무산계급문학론이 애초에 무산계급과 노동자를 배제하거나 부정한 것은 아니다. 그러나 창조사의 논의에서 계급의식이란 노동자에 대한 이해와 이론의 수용에 따라 획득되는 것이다. 계급의식의 획득이 중요한 관건으로 떠오름에 따라서 현실과 지식에 대한 이해와 이론적인 실천이 중요한 문제로 대두되었다. 이러한 논리에 따라서 이론과 지식의 수용에 유리했던 인텔리겐차가 무산계급문학의 주요한 주체로 부각될 수 있었던 것이다. 혁명문학논쟁의 구호에서 무산자의 존재보다 인텔리겐차가 혁명문학을 이끌 중요한 주체로 급부상했던 맥락에는 이러한 이해가 작용했다.

---

27 李初梨, 「怎樣地建設革命文學」, 『文化批判』, 1928年 2月 15日, 앞의 책, p.120.

28 이는 창조사 성원이 표나게 드러내지 않았지만 일본의 후쿠모토주의에 영향을 받은 중요한 단서 가운데 하나이다. 주지하듯이 후쿠모토는 유럽 체류 당시 루카치의 『역사와 계급의식』에 영향을 받아 자신의 이론적인 입지를 세운 바 있다.

창조사의 이러한 주장은 당시 혁명문학논쟁을 이끌며 상호 비판 작업을 벌였던 태양사와 가장 첨예하게 맞섰던 대목 중 하나이다. 혁명문학파 내부에서 혁명문학과 주체를 어떻게 볼 것인가를 두고 사실 꽤 큰 시각차를 보이고 있었다. 창조사가 무산계급문학가의 '계급의식'을 강조했다면 태양사는 중국 혁명의 '정서'를 표현하고 이에 '공감'하는 작가를 기대했다. 태양사의 관점에서 보자면 혁명 현실의 정감과 실감을 표현하지 못하고 이론적인 주장만 나열하는 작가란 혁명적인 작가와 거리가 먼 작가이다. 대표적으로 『태양월간』의 창간호에서 장광츠가 중국혁명이 진전되는 현실에 비해 뒤처진 현대문학의 상황을 개관하면서 그 이유를 설명한 다음의 대목을 보자.

정감 방면에서 우리 작가는 구세계와 깊은 관계를 맺고 있어서 아무리 해도 즉시 구세계에서 벗어날 수는 없다. 비록 이성적인 방면에서 그들은 자주 구세계를 향해 몇 마디 저주를 퍼붓고 구세계가 존재해서는 안 된다는 것을 이해한다. 그렇지만 당신이 그들에게 구세계와 완전히 관계를 끊거나 구세계의 죄악을 속시원하게 선포하고 신세계의 실현을 위해 노력하라고 한다면 그들은 배회하고 주저할 것이다. 혁명정서의 소양이 없고 혁명에 대한 신심이 없고 혁명에 대한 깊은 동정이 없기 때문이다. 그러나 이런 점들을 결여하면 혁명적인 문학작품을 쓸 수 없다. 왜냐하면 이는 혁명문학가가 필수적으로 가지고 있어야 할 조건이기 때문이다. 단지 이성적인 방면에서 혁명을 인정한다고 일이 끝난 것이 아니다. 반드시 혁명에 대한 진정한 실감이 있어야 하며 진정한 실감이 있은 이후에야 혁명적인 것을 쓸 수 있다. 우리의 작가가 구세계와의 관계가 너무 깊고 혁명정서에 대한 소양이 없다면 이는 큰 희망이 없으며 잘해 봤자 그들에게 그들 자신이 이해한 사물을 쓰게 하는 수밖에 없다.

[…] 이런 유의 작가는 지금 중국 문단에 매우 많다. 그들은 한편으로 입으로는 매우 혁명적이지만 예술적으로는 혁명적인 의미의 것을 조금도 표현하지 못하고 있다. 현재 상황에서 그들은 결코 혁명의 적이 아니며 우리는 그들이 혁명정서를 질 수양하여 진정한 혁명의 길로 서서히 걸어오기를 당연히 희망한다.[29]

태양사는 노동자와 농민 군중을 묘사하는 문학만을 혁명문학으로 간주했다고 오해받을 정도로[30] 노동자와 농민 군중의 실감과 실천과 행동 및 정서를 강조한 측면이 있었다.[31] 혁명적인 '정서'를 강조하는 시각은 분석과 비판을 강조하는 창조사의 입장과 정면으로 배치되는 것이었다. 창조사는 혁명에 대한 소양이나 동정 등을 추상적으로

---

29 蔣光慈, 「現代中國文學與社會生活」, 『太陽月刊』 創刊號, 1928年 1月 1日.

30 당시 『태양월간』 창간호를 리뷰하는 글이 다른 잡지에 다수 실렸는데 대표적인 잡지로 『문학주보』와 『베이신』(北新)을 거론할 수 있다. 이들은 태양사의 혁명문학론에 대한 기대감을 표명하고 문제점을 지적했는데 그중 『문학주보』에서 팡비는 '제4계급생활을 묘사한 문학만이 혁명문학이라고 말할 수 없다'며 혁명문학의 범위를 협소하게 볼 수 없다는 논의를 펼친 바 있다. 이에 대해서 장광츠는 이들의 오해를 반박하는 글을 발표한 바 있다. 方璧, 「歡迎『太陽』」, 『文學週報』 第5卷, 1928年. 華希理(蔣光慈), 「論新舊作家與革命文學: 讀了『文學週報』的「歡迎太陽」以後」, 『太陽月刊』 4月號, 1928年 4月 1日.

31 첸싱춘은 '혁명정서의 격동(激動)이 없는데 혁명문학 창작이 가능한가'라는 질문을 던지기도 한다. 그는 창조사의 주장에 반하여 혁명문학 작가는 혁명적 정서가 없어야 한다고 주장할 수 없다는 입장을 표한다. 錢杏邨, 「批評與抄書」, 『太陽月刊』 4月號, 1928年 4月 1日.

주장하기보다 부르주아 이데올로기를 극복하고 무산계급의 세계관을 파악하는 이론과 분석이 중요하다고 주장했다. 무산계급을 잘 이해하고 그 뒤 무산계급의 계급의식을 획득하는 것이 중요하다고 본 것이다.[32] 창조사 성원에게 '혁명적인 정서'의 강조나 '혁명 문학가는 민간으로 가라'는 구호는 오히려 현실을 추수하는 추상적인 주장에 불과하며 '이론을 경시하여 얻게 된' 무지에서 온 '형벌'로 묘사되기도 한다.[33]

혁명문학논쟁 초기에 이들은 혁명적 '이성'과 '정서(감정)' 중 어느 것이 중요하냐를 두고 대립각을 세웠다고 할 수 있다. 이는 '이론'과 '실천' 가운데 어디에 중점을 둘 것인가를 둘러싸고 벌어진 대립이기도 하다. 창조사는 상부구조인 문학을 창작하기 위해서 사회전체를 이해해야 하며 사회 발전의 현 단계를 이해하는 것이 중요하다는 '이론적' 실천의 측면을 강조했다. 곧 자연생장적인 발전양식에 의거해서는 혁명운동의 한계를 맞이할 것이며 이는 의식 혁명을 통해 극복되어야 한다는 논리였다.[34] 이에 비해 태양사는 이론에의 맹신을 버리고 사회적인 실제를 검토하고 혁명적인 정서와 행동을 표현하는 것이 중요하다는 논리를 전개했다. 태양사의 관점에서 보면, 창조사의 견해는 현

---

32 李初梨, 「怎樣地建設革命文學」, 『文化批判』, 1928年 2月 15日. 참고로 창조사의 궈모뤄는 중국 문예청년들이 혁명문예의 길을 걷는 과정으로 다음 세 가지 경로를 구체적으로 제시하고 있다. "1) 그는 우선 노동자 농민군중에 접근하여 무산계급 정신을 획득해야 한다. 2) 그는 자신의 구식 자산계급의 의식형태를 극복해야 한다. 3) 그는 새로 획득한 의식형태를 실제로 표현해 낼 뿐만 아니라 이 새로 획득한 의식 형태를 재생산하고 공고화시켜야 한다." 麥克昂(郭沫若), 「留聲機器的回音: 文藝靑年應取的態度的考察」, 『文化批判』 3號, 1928年 3月 15日.

33 成仿吾, 「全部的批判之必要: 如何才能轉換方向的考察」, 『創造月刊』 第1卷 第10期, 1928年 3月 1日.

34 李初梨, 「怎樣地建設革命文學」, 『文化批判』, 1928年 2月 15日.

실적인 실감과 정서와는 동떨어진 이론적인 주장에 지나지 않으며 이러한 실감이 결여된 문학은 혁명적일 수 없다. 첸싱춘의 지적에 따르면 혁명적인 이론보다 혁명 실천과 혁명적인 정서의 획득이 긴요한데 창조사는 이를 도외시하고 현실과 동떨어진 이론적 주장만 읊고 있는 것이다.[35] 그들에게 긴요한 것은 창조사가 주목하는 소자산계급 혁명작가의 방향전환이 아니었다. 태양사는 노동계급 혁명문예작가에 초점을 맞췄으며 이들을 양성하는 데 더 많은 노력과 수의를 기울였다.[36] 창조사가 이론과 계급의식의 획득 여부를 혁명문학성취의 중요한 관건으로 여겼다면 태양사는 혁명적인 정서와 실감의 표현과 실천을 중요한 기준으로 삼았다. 이렇듯 무산계급문학의 방향과 주체구성의 문제를 둘러싸고 혁명문학파 내부인 창조사와 태양사의 관점 차이는 상당했다. 혁명문학파는 공히 소자산계급의 방향전환과 무산계급이 무

---

[35] 첸싱춘의 다음과 같은 발언을 보라. "'혁명적인 이론이 없으면 혁명적인 행동이 없다'는 비평가여… 당신들은 혁명적인 행동이 혁명적인 이론이 완비된 다음 존재하는 것이 아니라는 것을, 중국의 혁명문단이 이론만을 원하고 행동을 원하지 않는 시기로 접어든 것이 아니라는 사실을 영원히 잊지 않기를 바란다", "우리는 당신들이 이론을 베끼는 공허한 설교에 그치지 말고 최소한 사회적 실제를 조금이나마 살펴볼 수 있기를 희망한다." 錢杏邨, 「批評與抄書」, 『太陽月刊』 4月號, 1928年 4月 1日.

[36] 첸싱춘의 아래와 같은 언급을 참고. 첸싱춘에 따르면 중국의 문예작가는 파산한 소자산계급 작가로 이미 무산화되었고 이른바 계급의식도 오랜 기간 동안 하층 경험에 의해 이미 획득된 것으로 별도로 극복할 필요가 없다. 따라서 무산계급작가는 중국에 이미 출현한 것이다. "이제 마지막 경향에 대해 말할 차례이다. 이는 노동계급의 혁명문예운동이다… 어떤 이는 중국의 현재 문예청년 가운데 노동계급 출신은 없기 때문에 문예청년들의 의식은 모두 자산계급의 의식이고 그들의 의식은 유심주의적인 주관에 치우친 개인주의라고 생각한다. 우리는 이 말에 동의하지 않는다. 이 말은 방향 전환한 소자산계급 작가의 주관적인 발언이라고 생각한다. […] 노동계급 혁명문예 작가는 정치적인 사명을 지고 있다. 그들은 혁명 발전에 상당한 직무를 지고 있으며 비평가는 그들에게 창작적인 자극을 주고 독자들에게 영향을 미치게 해야 한다." 錢杏邨, 「批評的建設」, 『太陽月刊』 5月號, 1928年 5月 1日.

산계급문학에서 중요하다는 점을 인정했지만 지금 중국에서 누구에게 주도권을 가져야 하는가라는 문제에 대해서 의견이 갈렸던 것이다.

그런데 이 논의에서 승기를 잡은 것은 이론의 중요성을 강조한 창조사였다. 무산계급문학의 주체를 둘러싼 창조사와 태양사의 논쟁은 그해 7월 『태양월간』이 정간호를 내면서 일단락을 맺는다.[37] 공산당의 직접적인 개입으로 인해 제4계급문예운동 곧 무산계급작가의 출현을 기대했던 태양사는 현재 성숙한 무산계급문학도, 무산계급출신 작가도 없다는 선언을 하며 일부 창조사의 주장에 동의하는 양상을 보인다.[38] 그런데 정간선언은 정황적 맥락 그대로 태양사의 투항선언으로 보기보다 창조사의 의견을 일정부분 수용하면서 새로운 방향을 준비하며 숨고르기를 하는 것으로 볼 필요가 있다. 어쨌든 공산당의 개입과 『태양월간』의 정간으로 인하여 혁명문학론에서 양파의 팽팽했던 긴장은 한쪽으로 쏠리게 된다. 창조사의 혁명적 지식계급이 주도하는

---

37 창조사와 태양사 논쟁의 일단락은 중국공산당의 개입과도 관련된다. 애초에 혁명문학 논쟁에 크게 주의하지 않았던 중국공산당도 논쟁이 격화되면서 주목하기 시작했으며 이를 정리할 필요성이 좌파 내부에서 제기되었기 때문이다. 이에 대해서는 장광하이의 다음 논문을 참고. 張廣海, 「創造社和太陽的 "革命文學" 論爭過程考述」, 『社會科學論壇』 2010/11.

38 『태양월간』의 정간선언에서 다음과 같은 진단은 주목할 만하다. "중국에는 아직 성숙한 무산계급문학이 없다. 무산계급문학 작가가 반드시 무산계급 출신일 필요는 없지만 최소한 무산계급 의식을 파악할 수 있고 무산계급에 접근하고 무산계급 생활 현상을 잘 이해할 수 있어야 한다. 목전의 중국 작가 중에 진정으로 무산계급 출신인 이는 없다. 이른바 현재의 무산계급문학은 일종의 경향에 지나지 않고 유치하다. […] 중국에 매우 좋은 무산계급문학이 이미 있다고 생각하는 사람들이 많다. 그러나 우리가 현재 느끼는 감정은 하나도 텅빔이요 둘도 텅빔이요 셋도 텅빔이다. […] 『태양』은 무산계급문학의 구호를 제출하지는 않았지만 실제로는 무산계급문학을 건설하는 기초적인 작업을 했다." 「停刊宣言」, 『太陽月刊』 停刊號, 1928年 7月 1日.

무산계급문학론이 혁명문학담론에서 좀 더 확고한 지위를 갖게 되었다. 아래에서는 혁명문학논쟁을 주도한 창조사의 논의를 중심으로 프롤레타리아 문학의 주체 문제를 다시 사고해 보고자 한다.

3. 혁명문학논쟁의 계급론 재고

전반적으로 창조사의 혁명문학논의에서 무산계급은 문학적 시민권을 제대로 갖지 못했다. 노동 대중의 출현은 인지되었으나 문학이라는 특정 형식의 논의 속에서 노동대중은 좀처럼 담론의 주도권을 부여받지 못했다. 이와 대조적으로 지식계급과 소자산계급은 무산계급문학을 담지하는 주도적인 계급으로 집중적으로 조명받았다. 중국에서 노동 대중은 출현했으나 이들은 혁명문학 담론 구도에서 배제되거나 주변화되면서 비가시화되고 있었다. 무산계급문학론을 주장하지만 이를 수행하는 주체로 무산계급은 적극적으로 호명되지 않는다. 이 모호한 주체성의 자리를 차지하는 것은 지식계급이었다. 무산계급을 대신하여 혁명문학을 수행할 집단으로 '아우프헤벤(奧伏赫變)'될 소자산계급과 지식계급이 호명된다. 창조사의 논의에서 소자산계급 혹은 혁명적인 지식계급은 혁명문학의 이름을 우회하여 주체로 부상한다. 무산계급문학론이 무엇보다 '지식'과 '이론'을 강조하고 '의식'의 획득에 방점을 찍으면서 이를 담지하는 지식계급이 담론의 주도권을 획득한 것이다.[39]

---

39 대표적으로 리추리의 다음과 같은 논의를 예로 들 수 있다. "중국의 현재 많은 사람들은

혁명적 지식계급은 무산계급의식을 획득하고 소자산계급의식을 극복하며 이론과 실천을 통일할 임무를 스스로에게 부여하고 있다.[40] 이는 자기를 부정하면서 자기 권위를 획득하는 방식이다. '도래하지 않은 무산계급작가'라는 창조사의 현실 규정으로 인하여 지양되어야 하는 계급의 수행성이 오히려 강조되는 결과를 낳는다. 이 수행을 위해 우선적으로 소자산계급이 호출되며 그들에게 임무와 책임이 구체적으로 부여된다. 지금 여기에서 소자산계급 출신의 혁명적 지식계급이 현실적인 힘을 발휘해야 하는 것이다. 자기 계급 지양의 시간표는 예정된 것이지만 이를 위해서 우선적으로 소자산계급이 전면으로 나서야 하는 논리 구조를 갖고 있는 셈이다. 따라서 문학 논쟁 속으로 진입하면서 역설적으로 실재하는 무산계급은 추상화되지만 소자산계급은 점점 구체화되는 양상을 보인다. 곧 지식계급은 구체적인 임무와 역할과 책임을 부여받으며 현실적인 힘을 발휘할 주체로 초점이 맞춰진다. 계급의식 획득과 혁명적 이론이 강조되면서 중국의 실재하는 노동자의 존재는 점차 논의의 중심에서 탈락하는 효과를 낳는다. 무산계급문학론에서 노동자는 계급의식 획득이라는 잣대에 재단되어 무산계급문학론에서 실제적인 주체로의 부상은 유예되는 결과를 초래하

개개의 노동자나 농민이 갖고 있는 심리 의식이 바로 무산계급 의식이라고 여긴다. 이는 근본적으로 자연생장성과 목적의식성을 이해하지 못한 까닭이다. 우리는 무산자의 '계급의식'이나 '전(全)무산계급의식'이란 개개의 무산자 의식이 아니다라고 말할 수밖에 없다." 李初梨, 「自然生長點與目的意識性」, 『思想』 月刊第2期, 1928年 9月15日.

40 이것이 혁명문학논쟁을 거쳐 갈무리된 혁명문학의 기본적인 내러티브이다. 대표적으로 리추리의 다음 논의를 거론할 수 있다. 李初梨, 「怎樣地建設革命文學」, 『文化批判』, 1928年 2月15日.

는 것이다. 이는 중국 혁명문학논쟁의 거대한 아이러니 혹은 진실이라 할 수 있다.

노동자의 존재가 홀시된 무산계급문학론의 허구성이 바로 혁명문학논쟁의 다른 한 축에 섰던 루쉰이 비판했던 바였다. 루쉰은「길」이라는 제목의 잡문에서 그 당시 창조사가 제기한 무산계급문학론의 문제를 다음과 같이 지적했다.

상하이 문예계는 올해 프롤레타리아 계급 문학이라는 사자를 삼가 영접하느라 시끌벅적한데, 곧 올 거라고 말하고 있다. 인력거꾼에게 수소문해 보았으나 인력거꾼은 아직 파견되지 않았다고 말했다. 이 인력거꾼은 자기 계급의 이데올로기가 글러먹었군, 진즉 다른 계급에 의해 왜곡되어 버렸구먼. 잘 알고 있는 다른 사람이 있을 터인데, 반드시 노동자라 할 수는 없고, 그래서 하는 수 없이 대갓집에서 찾아보고, 여관에서 찾아보고, 서양사람 집에서 찾아보고, 책방에서 찾아보고, 커피숍에서 찾아보고…

문예가의 안목은 시대를 초월해야만하기 때문에 사자가 올지 안 올지는 알 수 없다 하더라도 모름지기 우선 빗자루를 집어 들고 길을 깨끗하게 청소하거나, 혹은 허리를 굽혀 받들어 맞이해야만 한다. 그래서 점점 사람 노릇 하기가 어려워지는데, 입으로 '무산'을 말하지 않으면 곧바로 '비(非)혁명'이다. 이건 그래도 괜찮다. '비혁명'은 즉시 '반(反)혁명'으로 몰아붙이니, 이거야말로 위험천만하다. 이래서야 정말 활로

가 없다.[41]

　루쉰이 지적하는 것은 노동자가 배제되고 다른 한편 무산계급 논의만 무성한 무산계급문학론 주체 논의의 문제이다. 현실의 노동자를 도외시한 무산계급문학 논의의 허구성을 풍자한 것이다. 무산계급문학론은 무산계급의 현실이 아닌 다른 주체로 인해 확산되고 달성 가능하게 된 담론인 셈이다. 달리 말하면 무산계급의식이 희박한 무산자의 현실에서 무산계급의 이론으로 도약할 수 있게 하는 것은 지식계급인 것이다. 지식계급에의 강조는 무산계급의식을 획득할 수 있는 주요한 주체이자 이론의 담지자로 지식계급을 주목하기에 이루어진 것이다. 그리하여 역설적으로 혁명문학파가 현 단계 무산계급작가의 산출불가능성을 설명할 때마다 이를 대체할 지식계급의 위치는 점점 더 공고해진다.

　곧 무산계급문학을 수행할 주체로서 지식계급작가의 역할이 부각된다. 새로운 혁명적인 계급으로서 지식계급은 혁명문학, 더 나아가 무산계급문학에서 특권적인 위치를 차지한다. 어떤 면에서 보자면 혁명문학논쟁의 일 시기에 특정한 '지식계급'이 창조되었다고 말할 수도 있다. 이는 현실에서 이론에로 도약할 수 있게 하는 지(知)를 가진 특정한 주체로서 창조되었다고 할 수 있다. 혁명문학파는 루쉰 등의 이른바 '자산계급'과 '봉건계급' 작가를 공격하여 기존 체제를 흔들면서

41　魯迅,「路」, 『語絲』週刊 第4卷 第17期, 1928年 4月 23日 (루쉰,「길」, 『루쉰전집』 5, 루쉰전집 번역위원회 옮김, 그린비, 2014, 359~360쪽).

다른 한편 사회에 내재한 무산계급의 힘을 발견하여 그 가능성을 실제적인 힘으로 전환시키는 방법을 고민했다고 할 수 있다. 아이러니한 것은 이때 전면에 나서는 주체가 지식계급이었고 무산계급작가는 발견이나 양성이 아니라 추인되는 대상이었다는 점이다. 이 불일치는 동아시아의 맥락에서 재사고했을 때 해석될 실마리를 갖게 된다.

혁명문학론에서 선도적이고 주도적인 역할을 한 것이 지식계급인 점은 중국 혁명문학론의 특기할 만한 사안이라 할 수 있다. 혁명문학론이나 프롤레타리아문학론에서 프롤레타리아계급보다 지식계급의 주도성과 선도적인 역할을 더 강조하면서 공세적으로 논의를 발전시킨 사례는 흔치 않기 때문이다. 동시기 한국과 일본, 중국에서 유사하게 프롤레타리아문학론이 전개됐는데 이때 중국을 제외한 대부분의 국가의 관련 논의에서는 지식계급의 자리가 눈에 띄게 드러나지는 않는다.

식민지 조선에서 전개된 카프의 논의는, 이 논점과 관련하여 거칠게 요약하자면, 프롤레타리아 문학을 어떻게 건설할 것인지를 둘러싸고 진행됐다고 할 수 있다. 작가의 주체가 어떤 계급인지보다 프로 문학을 어떻게 건설할 것인지에 논의의 초점이 더 맞춰져 있는 것이다. 가령 박영희와 김기진의 내용-형식 논쟁도 프롤레타리아 문학에서 어떤 것이 더 중요한가를 따지는 것으로 여기에서 프롤레타리아 문학은 획득되어야 하는 것으로 이미 전제되이 있다.[42] 여기에 지식계급이나

---

42 김기진과 박영희의 논쟁 등을 포함한 카프문학에 대한 개관적인 소개로 다음을 참고. 역사문제연구소 문학사연구모임, 『카프문학운동연구』, 역사비평사, 1994.

작가의 계급 문제를 논할 자리는 거의 없다. 프롤레타리아 주체성에 대해서는 이미 동의가 이루어진 상태이며 논쟁에서 보다 중요한 것은 프로 문학의 구현 방식이자 내용이다.[43] 이후 1930년대 카프는 볼셰비키화를 논하면서 '프롤레타리아 전위의 눈'을 기초로 당파성이 관철되는 전위조직이 되어야 한다는 논의로 나아간다.[44] 곧 이시기 식민지 조선의 카프문학에서 '프로문학'과 프롤레타리아는 지향되어야 할 목표로 이미 ──설정되어 있으며 문제의 초점은 어떻게 이를 정립할 것인가에 맞춰져 있었던 것이다. 작가 주체론이나 지식계급은 중요한 논의 대상으로 떠오르지 않았던 것이다.[45]

물론 식민지 조선에서 지식계급 관련 담론이 전혀 없었던 것은 아니다. 그런데 그 양상은 중국의 혁명문학론과 다른 방향에서 전개됐다는 특징을 지닌다. 초창기 신경향파 문학을 검토한 이혜령에 따르면 이 시기에 부상한 식민지 조선의 지식계급론이란 '사회주의 지식인들의 자기정의, 자신은 왜 사회주의자가 될 수밖에 없으며, 왜 그 운동에 동참해야 하는가에 관한 사회적 설득의 담론 형식'으로 등장한 것이다.[46] 식민지 조선에서 지식계급론이 대두되는 방식은 다소 방어적

---

43 물론 1925년『개벽』지의 계급문학에 대한 설문조사를 둘러싼 분기에서 알 수 있듯이 카프 외부에 초점을 맞추면 이광수, 김억 등과 염상섭의 프로문학에 대한 부정적인 견해들이 존재한다. 흥미로운 것은 염상섭의 관점인데 그는 역사적인 필연성에 근거하여 현재 프로문학은 존재하지 않는다는 관점을 취했다. 이에 대해서는 다음을 참고. 하정일, 「프로문학의 탈식민 기획과 근대극복론」,『한국근대문학연구』22, 2010.

44 하정일, 앞의 글, 430쪽.

45 프롤레타리아의 현실성과 그 주체의 문제에 대해서 질문하지 않고 이를 전제했다는 점에서 이는 달리 보면 조선에서의 프롤레타리아 문학론은 추상적인 성격이 짙다고 볼 수도 있다.

46 이혜령, 「지식인의 자기정의와 계급 : 식민지 시대 지식계급론과 한국 근대소설의 지식

이며 피동적이라고 할 수 있다. 이는 결국 이상적인 지식계급론을 내 러티브화하는 데 성공하지 못하는 결과를 낳게 되었다. 따라서 식민지 조선에서 지식계급론이란 방어적이고 다소 추상적인 성격을 지니고 있는 것으로, 전투적이고 공세적으로 혁명문학 및 무산계급문학론과 결합한 중국의 지식계급론과는 상이한 궤적을 보인다.

한편 조선과 중국의 좌익문학가에게 큰 영향을 미친 후쿠모토주의는 일본에서는 정작 제기된 지 얼마 되지 않아 분파주의로 대대적으로 비판을 받으며 현실적인 힘을 잃는다.[47] 후쿠모토주의는 계급연합을 강조한 야마카와(山川)와 달리 이론적인 선명성을 강조하고 계급 간의 분리와 결합을 주장하면서 무엇보다 주체의 계기를 중시한 특징을 지닌다.[48] 그런데 1927년 여름 부하린을 의장으로 하는 코민테른이 후쿠모토 사상을 좌익 분파로 규정하는 「일본에 관한 테제」를 발표하면서 1927년 말엽부터 후쿠모토주의는 급속히 몰락하고 후쿠모토주의 비판이 오히려 정통파의 통행증이 되는 반전이 일어난다.[49] 이론과 의식과 주체를 중시했던 후쿠모토주의가 만개하지 못하고 요절한 것은 일본의 노동자 현실과 이론의 또다른 면을 드러내고 있다고 할 수 있다.

인 표상」, 『상허학보』 22집, 2008, 140쪽.

47 후쿠모토주의의 전개과정과 관련하여 나음 논문을 참고할 수 있다. 이토 아키라, 후지이 다케시 옮김, 「후쿠모토주의에 대한 비판: 스탈린주의로의 전기」, 『역사연구』 18호, 2008.

48 가라타니 고진, 『현대 일본의 비평』, 송태욱옮김, 소명출판, 2002, 38쪽.

49 이성혁, 「카프에서 후쿠모토주의와 그 전위주의에 대한 연구」, 2009년 기초연구과제결과보고서, 3쪽.

이상과 같이 동아시아에서 유사한 시기에 무산계급론과 지식계급론이 전개되었지만 구체적인 논의 지점은 조금씩 다르다. 중국에서 도드라진 지식계급의 존재란 사실 이는 중국의 어떤 현실을 지시하는 것으로 달리 읽힐 여지가 있다. 무엇보다 무산계급문학론의 이상과 현실 사이의 뚜렷한 간극을 가리키는 것이기도 한 것이다. 중국은 이 간극이 엄연했으나 문학론과 현실 사이를 이어야 했으며, 이 간극을 뛰어넘는 방법으로 혁명적인 지식계급 작가라는 주체론을 전개시킨 것으로 해석될 수 있다. 주체의 계기는 후쿠모토주의에서 중요한 요소였는데 일본에서는 만개하지 못하고 요절했고 식민지 조선에서는 이 문제는 이미 확정되었으며 이를 어떻게 볼 것인지에 대해서 카프 문학 내부에서 문제 삼지 않는 편이었다. 이와 달리 중국에서는 작가론이 무엇보다 치열하고 본격적으로 논의되는 특징을 지닌다. 그런데 이 과정에서 프롤레타리아 주체와 프롤레타리아 작가의 존재가 흐릿해지는 역설이 발생했다. 포디즘과 공장제에 의한 노동 형태가 부상하고 노동 대중이 대거 출현하는 자본주의로의 전환의 시기, 중국은 이러한 현실에 반응하여 주체와 문학의 성격을 '이전'하고 '전환'시키는 것이 과제로서 좀 더 긴박하게 다가온 것으로 볼 수 있다. 혁명문학논쟁은 무엇보다 무산계급 의식을 획득하고 소자산계급의식을 극복하는, 존재가 '이전'하는 '과정'이 긴요한 상황을 드러내고 있다. 이것이 중국의 혁명문학과 프롤레타리아 문학 논의가 집약되지 않고 분산적으로 이루어진 원인이기도 하다. 창조사의 급진주의적인 주체론과 그 해결 방식은 이러한 견지에서 볼 때 새롭게 이해될 수 있다.

4. 비약하는 혁명문학논리

이 글은 1920년대 혁명문학논쟁에서 프롤레타리아 주체논의에 초점을 맞춰 살펴봄으로써 중국에서 프롤레타리아와 그 문학이 주어진 것이 아니라 구성되고 있는 개념이라는 사실을 밝혔다. 이를 위해 여기에서는 창조사에서 이 개념을 어떻게 구성했는지를 검토함과 동시에 이와는 다른 논의를 펼친 태양사와 루쉰 등의 입장을 같이 펼쳐 맞대어 살펴보았다. 이를 통해서 프롤레타리아문학론이 구성되는 과정과 주체로서 프롤레타리아와 지식계급이 어떻게 호출되는지 그 과정을 검토했다. 곧 1920년대 후반 상하이에서 진행된 혁명문학 논쟁을 재조명하면서 혁명문학논쟁의 상이한 면모를 제시하고 그 현실적인 의미를 따져봤다.

기존의 논의는 무산계급작가가 없는 무산계급문학론을 틈 없는 매끈한 논리로 재봉하여 이 비약을 봉합했다고 한다면 이 글에서는 현실과 담론의 괴리가 어떻게 발생했는지, 이를 다르게 보는 논의는 없었는지에 초점을 맞춰 무산계급문학론의 전개과정을 분산적으로 다뤄봤다. 이 과정에서 창조사의 논의와는 결절적인 태양사의 논의를 부상시켰으며 혁명문학파 외부의 작가인 루쉰 등의 논의들을 대조해 보며 창조사가 주도한 혁명문학론-무산계급문학론의 특징을 살펴봤다. 논쟁의 단선된 면을 연관 짓고 다시 펼쳐내는 이러한 작업을 통하여 혁명문학논쟁을 주도한 창조사 논의의 문제성을 드러내고 혁명문학논쟁이 포함하고 있는 주체성의 문제를 재고했다.

이 과정에서 드러나는 것은 오히려 중국에서 무산계급작가의 존재를 이론적, 현실적으로 설명하기 힘들다는 난점이었다. 중국의 혁명문학론과 무산계급문학론에서 무산계급작가의 신체는 분명하게 포착되지 않는다. 문학계에서 텅 빈 무산계급작가의 신체를 대체하는 주체로 소자산계급출신인 지식계급이 불려온다. 이렇듯 혁명문학론과 프롤레타리아문학이라는 목표는 지식계급을 주체로 소환함으로써 달성된다. 중국의 혁명문학논쟁은 그 과정에서 동아시아의 여느 지역보다그 도약과 소환의 흔적을 진하게 남기며 무산계급문학론을 완성하고있다.

중국문학사의 공식적인 계보에서 간략하게 언급되는 혁명문학논쟁의 내부는 이렇듯 복잡하게 얽혀 있다. 또한 중국 내부와 외부에서 취한 이론과 현실이 상호 작용하면서 혁명문학 논리 속에는 도약들이 존재한다. 창조사의 무산계급문학론에 무산계급작가와 독자를 위한 자리는 거의 없으며 무산계급화할 소자산계급 출신인 혁명적인 지식계급만이 웅성댄다. 이 웅성대는 지식계급을 소환한 혁명문학논쟁은 좌련과 연안문예강화 그리고 사회주의 문학으로 이어지는 주류 문학사 계보의 출발점이 될 수 있을까. 일부는 그러하지만 많은 면에서 사회주의 문학은 대중화와 같은 이와는 다른 길을 내어 걸어갔다고 할수 있을 것이다. 그러나 사회주의 문학에 대한 여러 목소리와 고민과갈래들을 품고 있다는 점에서 이 역설과 도약과 절합을 품고 있는 혁명문학논쟁은 중국현대문학사에서 여전히 반추하고 저작(詛嚼)할 의미를 지니고 있다고 할 수 있다.

3부

×

월경(越境)하는 동아시아 - 조선 작가

1장 공통적인 것의 구성은 가능한가
:1920년대 주요섭의 어떤 실험

상하이의 조선인 관련 연구는 최근 들어 우리 학계가 주목하기 시작한 영역이다. 그동안 식민지 시대 조선인 작가의 월경(越境)과 관련된 연구는 만주나 도쿄에 집중되어 있었다.[1] 그런데 최근 만주 이남의 중국 대륙, 특히 상하이에 거주했던 조선인 작가에 대해 주목하는 연구들이 등장하기 시작했다.[2] 그동안 외국에서 진행된 상하이 디아스포라 연구를 살펴보면 그 초점은 주로 서구인이나 일본인에게 맞춰져 있었으며 조선인에 주목한 경우는 드물었다.[3] 상하이의 디아스포라 연구에서 서

---

1 만주와 도쿄의 조선인 작가와 관련된 연구로 다음을 참고할 수 있다. 김려실, 「인터/내셔널리즘과 만주」, 『상허학보』 13, 2004; 이선미, 「'만주체험'과 '만주서사'의 상관성 연구」, 『상허학보』 15, 2005; 서은주, 「만주국 재현 서사의 딜레마, 혹은 해석의 난경」, 『한국근대문학연구』 22, 2010.

2 대표적으로 하상일의 연구를 참조하라. 하상일, 「식민지시기 상해이주 조선 문인 연구의 현황과 과제」, 『비평문학』 50, 2013.

3 상하이의 유대인 커뮤니티에 대한 연구로 다음을 참고할 수 있다. Irene Eber ed., *Voices from Shanghai: Jewish Exiles in Wartime China*, University of Chicago, 2008. 백계 러시아 디아스포라 연구는 다음을 참고. Frederic Jr. Wakeman eds., *Shanghai Sojourners*, Routledge Curzon, 1995; Gail B. Hershatter, *Dangerous Pleasure*,

구중심적인 시각이 우세하며, 비서구의 경우에도 제국의 수행자인 일본인이 주요한 연구 대상이 되었다는 것을 알 수 있는 대목이다. 중국의 학계나 서구의 동아시아학계가 진행한 상하이 디아스포라 연구에서 초점은 서구와 제국의 시선에 맞춰졌던 것이다. 비(非)서구이자 비(非)제국에서 온 다수의 상하이 디아스포라들, 특히 상하이에 다수 거주했던 조선인은 상하이 디아스포라 연구에서 좀처럼 드러나지 않는 비가시적인 존재였다.[4]

그런데 주지하듯이 상하이는 조선인이 다수 체류했던 지역이었으며 대한민국임시정부 소재지였기에 한국현대사와 관련하여 자주 환기되는 지역 중 하나였다.[5] 그러나 체류자의 숫자와 시간의 양에 비하여 상하이에 체류했던 조선인들의 삶과 경험에 대한 구체적인 연구는 미미한 편이다. 간도와 베이징 등 북방의 도시에 비하면 독립운동과 혁명운동의 주요 발원지 중 하나였던 남방의 도시 상하이에 대한 연구는 소략했다. 한국문학계에서 이 영역에 관심을 가진 것은 기존 연구에서 결락된 문학사의 장면을 채워 넣는 측면에서 비롯됐다. 이렇듯 초기 연구는 한국문학의 경계를 확장하는 작업으로 이뤄진 측면이 강

University of California Press, 1997; 汪之成, 『近代上海俄國僑民生活』, 上海辭書出版社, 2008. 상하이의 일본인에 대한 연구로 대표적으로 아래 연구를 참고. 和田博文, 大橋毅彦, 眞銅正宏, 竹松良明, 和田桂子, 『言語都市·上海 1840~1945』, 藤原書店, 1999; 劉建輝, 『魔都上海』, 講談社, 2000(甘慧杰譯, 『魔都上海: 日本知識人的"近代"體驗』, 上海古籍出版社, 2003).

4 서구에서 이뤄진 상하이 디아스포라 연구에 대한 자세한 검토로 이 책의 3부 2장을 참고할 수 있다.

5 상하이 거주 한국인에 대한 자세한 초기 연구로 쑨커즈(孫科志)의 작업을 참고할 수 있다. 손과지, 『상해한인사회사』, 한울, 2001.

했다고 한다면 최근 연구는 디아스포라나 서발터니티 등의 범주를 통해 기존의 한국문학사에 주류를 이뤘던 민족주의적 관점을 전환하거나 다양화하는 방향으로 작업이 진행되는 특징을 띠고 있다.

그러나 어느 경우이든 한국문학계에서 이뤄진 연구에서는 상하이가 지니는 공간적 특성이 새롭게 기입되지 않는다는 점이 문제적이었다. 그동안 한국문학에서 상하이는 '소비'와 '향락', '퇴폐'의 공간이거나 '혁명'과 '운동'의 공간으로 양극화되어 극단적인 도시로 모습을 드러내곤 했다.[6] 한국문학의 양극화된 표상 속에서 상하이는 퇴폐스러운 환멸의 공간이거나 혁명이 전개되는 상상의 공간으로 드러난 것이다. 이와 관련된 연구에서도 상하이의 실제적이고 구체적인 현실은 환멸과 환상 속에서 사라졌다고 할 수 있다. 이들 연구에서 상하이는 무엇보다도 민족주의의 시선 아래, 이국적인 타자로 표상되거나 민족주의의 영토로 재포착되는 특징을 띠고 있다. 그동안 한국 문학에서 이루어진 상하이 재현과 연구 대부분은 민족주의적인 시선과 분리되지 않고 이에 강력하게 포박되어 전개됐다고 할 수 있다.[7]

그렇다면 기존의 연구가 제시한 상하이 표상과는 다른 상하이의

---

6 이와 관련하여 상하이를 소비와 향락의 도시로 재현한 텍스트로는 다음을 예로 들 수 있다. 上海寓客, 「上海의 解剖」, 『開闢』 3, 1920, 이광수, 「上海에서」, 『三千里』 6, 1930; 黃浦江人, 「三百萬名 사는 上海 最近의 모양은 엇더한가」, 『三千里』 8권 1호, 1936. 혁명과 정치의 도시로 상하이를 재현하는 소설로 심훈의 「동방의 애인」(1930)과 유진오의 「상해의 기억」(1931), 조벽암의 「불멸의 노래」(1934)를 대표적으로 거론할 수 있다.

7 최근에 와서야 민족주의적 시선에서 벗어나 다른 시각, 예컨대 디아스포라나 문화번역의 시각에서 이뤄진 연구들이 등장하고 있다. 대표적으로 다음 논문을 참고. 강지희, 「상해와 근대문학의 도시 번역-주요섭의 소설을 중심으로」, 『이화어문논집』 29, 2011; 강진구, 「주요섭 소설에 재현된 코리안 디아스포라」, 『어문논집』 57, 2014.

공간성이 한국문학에 기입된 바는 없을까. 상하이라는 이국의 도시에 거주한 조선인 작가들이 상하이에 대한 양 극단의 재현을 넘어서거나 이와는 다른 질감의 현실을 전달한 목소리는 없는 것일까. 이 질문은 상하이의 공간성을 서사에 기입하는 가운데 민족주의와는 다른 관점이나 시각이 등장한 사례가 없는지 살펴보는 작업과 관련된다. 다른 한편 이는 비서구와 비제국의 아시아 피식민자인 조선인의 시각에서 상하이가 어떻게 감각되고 재현됐는지를 다시 살펴보는 작업인데, 이는 서구와 제국에 기울어져 있던 상하이 공간의 성격을 재서술하는 작업이기도 하다. 이를 통해서 기존의 해석 틀을 넘어서는 새로운 사고와 방안이 발견될 수 있는지, 그 구체적인 양상과 방향은 어떠한지에 대해서도 살펴볼 수 있다.

이를 검토하기 위하여 이 글은 1920년대 상하이에 거주한 주요섭의 사례를 살펴보고자 한다. 「사랑손님과 어머니」의 작가로 유명한 주요섭이 청년시절을 상하이에서 보냈다는 사실은 그동안 잘 알려지지 않았다.[8] 주요섭은 상하이에서 청년기를 지냈을 뿐만 아니라 상하이에 체류할 당시 작품 활동을 활발하게 전개하여 초기 창작생애의 절정기

---

8 1902년 평양에서 태어난 주요섭(1902~1972)이 상하이에 건너 간 것은 1921년 3월이다. 이후 쑤저우 옌청중학교(晏成中學)를 잠깐 다닌 뒤 6월 후장대학 부속중학교(滬江大學附中)에 입학했다가 졸업하고 1923년 후장대학(滬江大學)에 입학했다. 1927년 6월에 미국의 스탠포드대학 교육학과에 입학하기 전까지 주요섭은 후장대학에서 수학했다(최학송, 「해방전 주요섭의 삶과 문학」, 『민족문학사연구』 39, 2009, 154~155쪽). 상하이로 가기 전에 주요섭은 일본에서 유학했었다. 1918년 도쿄에서 유학하다가 1919년 3·1운동이 일어나자 귀국하여 만세운동에 가담했으며 이로 인해 감옥에 수감되어 11월에 출옥한 바 있다. 출옥 후 1920년 다시 일본에서 유학하다가 1921년 상하이로 건너간 것이다.

를 이뤘다. 주요섭은 상하이의 후장대학에 재학하던 시절[9] 『조선문단』,
『개벽』 등의 잡지에 「인력거꾼」, 「살인」, 「첫사랑값」, 「개밥」 등의 소설
을 다수 발표한 바 있다.[10] 뿐만 아니라 이 시기에 발표한 소설은 주요
섭의 대표작으로 거론되는 「사랑손님과 어머니」 및 「아네모네의 마
담」(이 두 작품은 1930년대 발표되었다)과는 다른 결을 가진 '신경향파'
로 구분된다는 점에서도 주목할 만하다.[11] 그러나 그동안 한국문학계
에서 상하이에서 활발하게 개진됐던 주요섭의 초기 창작활동은 거의
조명되지 못한 편이었다.

그 원인은 다방면에서 찾을 수 있는데 특히 그가 청년기의 대부분
을 보낸 상하이 시절의 행적에 대한 자료가 제대로 남아 있지 않고 정
리되지 않은 점을 주요한 원인 중의 하나로 꼽을 수 있다. 누락된 삶의

---

9 후장대학은 1906년 상하이 침회대학(上海浸會大學)이라는 이름으로 미국 침례교회가
중고등학생 45명과 대학생 4명의 첫 입학생을 받아 1908년에 정식으로 개교한 학교이
다. 1915년 후장대학으로 명칭을 변경했고 1920년부터 여학생의 입학을 허용하여 그해
여학생 4명이 합격했다. 1922년까지 전체학생의 22퍼센트가 여학생이었다. 후장대학
재학 한국학생은 1925년에 12명이었으며 1930년대 중반까지 이십여 명의 한국학생이
유학한 것으로 추정된다. 이재령, 「일제강점기 재중 한인유학생의 실태와 지적교류: 상
해지역을 중심으로」, 『중국근현대사연구』 68, 2015, 89~90쪽.

10 각 소설의 발표 지면과 시기는 다음과 같다. 「인력거꾼」, 『개벽』, 1925. 4. 「살인」, 『개벽』
1925. 6. 「첫사랑값」, 『조선문단』 1925. 9~11, 1927. 2~3, 「개밥」, 『동광』 1927. 1. 이 글에
나오는 주요섭의 소설 제목과 인용문 표기는 현재의 한글 맞춤법에 따르는 것을 원칙으
로 했음을 밝힌다. 단, 작품의 분위기에 영향을 미친다고 판단되는 방언이나 구어체 표
현, 의성어, 의태어 등은 원래대로 표기했다. 원본의 한자도 가급적 한글로 바꾸었으나
의미가 불분명한 경우 한자를 병기했다.

11 주요섭이 1925년에 발표한 소설 「살인」은 '신경향파' 명명을 불러 온 소설이다. 「살인」
이 발표된 직후, 문학평론가 김기진과 박영희는 각각 최서해의 「기아와 살육」과 주요섭
의 「살인」이 '신경향파의 문학'을 대표한다는 평론을 발표한 바 있다. 김기진, 「문단최근
의 일경향」, 『개벽』 1925. 7. 박영희, 「신경향파의 문학과 그 문단적 지위」, 『개벽』 1925.
12.

기록은 이 시기 텍스트에 대한 자세한 구명을 방해했으며 더 나아가 1930년대 대표작으로 불리는 작품들과의 연결지점 혹은 도약지점을 찾기 어렵게 만들었다. 이 잃어버린 상하이 시절의 퍼즐 조각을 찾는 일이 주요섭의 텍스트에 대한 본격적인 평가를 가능하게 하는 초석이 되는 것은 분명해 보인다. 주요섭의 사례에서 짐작 가능하듯이 잃어버린 상하이의 시절의 퍼즐 조각은 잃어버린 작가 개인의 한 시절일 뿐만 아니라 한국문학사의 범주와 내용을 재구성하는 데 중요한 단서가 될 수 있으며 더 나아가 국제도시 상하이의 전모를 재조감하는 데 도움이 될 수 있다. 다음 장에서는 주요섭의 상하이 시절의 행적과 궤적 전반과 결락된 부분에 대해 살펴보면서 그것이 갖는 의미에 대해서 논의하고자 한다.

1. 상하이 시절이라는 퍼즐

주요섭 연구에서 특기할 만한 점은 전반적인 연구가 소략하다는 점이다.[12] 이는 초기 소설에만 국한된 것이 아니다. 1930년대 쓴 소설인 「사랑손님과 어머니」가 대표적인 한국문학 중의 한 편으로 손꼽히지만 정작 해당소설이나 작가에 대한 연구는 많지 않은 편이다.[13] 이러한 간

---

12 주요섭 소설을 연구한 다수의 논자가 주요섭이 문학사에서 저평가된 작가라는 데 견해를 모으고 있다. 대표적으로 다음을 참고. 강진구, 「주요섭 소설에 재현된 코리안 디아스포라」, 『어문논집』 57, 2014.

13 RISS의 학술논문 검색에 따르면 주요섭 소설을 주요하게 다룬 연구는 2016년 현재까지 26건 검색된다. 그 가운데 이천년 대 초반까지 이뤄진 연구는 일반담론연구와 아동문학 연구, 한중비교문학을 다룬 연구 6편이며 대부분 이천년 대 중후반 이후에 이뤄졌다.

단한 연구 현황과 저평가된 저간의 사정은 주요섭의 전반적인 삶의 행적이 구명되지 못한 점과도 밀접한 관련이 있다. 기본적인 전기적 사실에 대한 정리와 연구의 미비는 소설과 작가의 삶에 대한 심도 있는 이해를 가로막고 더 나아가 제대로 된 평가를 낳지 못한 주요한 원인이 되었다.[14]

실제로 주요섭의 상하이 시절 전후의 행적에 대해서는 기존 연구에서 밝혀지지 않은 측면이 많다. 문단 데뷔작도 최근 들어 밝혀졌으며[15] 상하이 시기에 쓴 초기 소설도 최근 주목받으며 본격적으로 논의되고 있는 형편이다. 상하이에서의 행적에 대해서도 조금씩 구명되고 있는바 주로 주요섭의 회고와 흥사단 등의 관련 자료에 의거하여 관련 단체에서의 행적이 밝혀지고 있다. 그러나 여전히 상하이 시절 행적이 속 시원하게 밝혀지지 않았는데 가령 상하이에서 대부분의 시간을 보낸 후장대학에서 전공한 학과가 분명하지 않은 것을 대표적인 예로 거론할 수 있다. 주요섭의 생애를 자세하게 추적한 바 있는 최학송도 "후장대학 주요섭의 전공은 영문학이라는 설과 교육학이라는 설이 공존"하는데 "교육 관련 글을 쓴 것으로 보아 후장대학에서도 교육학을 전

---

14 강진구, 「주요섭 소설에 재현된 코리아 디아스포라」, 『어문논집』 57, 2014, 251쪽. 강진구는 주요섭이 한국문학사에서 저평가됐다고 논하면서 그 원인으로 두 가지를 꼽고 있다. 작품연보나 전기적 사실 등과 같은 기초 자료의 부실과 선행연구결과가 계승되지 않고 기존의 잘못들을 반복재생산하는 점이 주요섭에 대한 심도 있는 이해를 가로막는 원인이라는 것이 그것이다.

15 최학송은 주요섭의 등단작이 기존에 알려진 것처럼 「깨어진 항아리」(1921) 혹은 「추운 밤」(1921)이 아니라 질그릇生이라는 필명으로 쓴 「이미 떠나버린 어린 벗」(매일신보, 1920.1.3)이라는 사실을 밝혔다. 최학송, 「해방 전 주요섭의 삶과 문학」, 『민족문학사연구』 39, 2009, 152쪽.

공한 것 같다"라고 추측하고 있을 뿐이다.[16]

그런데 필자가 상하이 현지 조사를 통해 발굴한 자료에 따르면 주요섭의 전공은 교육학이다.[17] 영문학 전공이라는 오해를 초래한 것은 대학재학시절 주요섭이 다방면에서 활약한 것과 관련 있어 보인다. 특히 영어 관련 활동에서 활약이 눈에 띄는데 그는 후장대학의 영문 저널인 *The Voice*지와 영어토론학회 'The English Debating Association' 및 영문학연구 학회 'The Star Literary Society'에서 활발하게 활동했다. 주요섭은 대학을 졸업하던 해 영문으로 집필된 후장대학연보인 The Shanghai(滬江大學丁卯年年刊)의 편집부에서 영문편집장(English Editor-in-Chief)직을 맡기도 했다. 영어 외에도 운동부 'Shanghai College Athletic Association'과 크로스 컨츄리팀 'The Shanghai College Cross-Country Team' 등에서 운동선수로, 한국학생 클럽 'Korean Club(高麗同鄉會)'에서 부장 등으로 활동하여 다재다능한 학생으로 교내외에 이름을 알렸다.[18]

그런데 상하이에 소재한 기독교대학에서 팔방미인으로 활약한 주요섭이 이 시기에 쓴 소설이 신경향파 소설이라는 점은 흥미롭다. 그렇지만 주요섭의 전공이 교육학인 점, 이에 따라서 현지조사 및 실습

---

16 최학송, 앞의 글, 155쪽. 주요섭의 대학 전공에 대해서는 최근까지도 영문학설과 교육학설로 나뉘어져 확정되지 않은 채 논의되고 있었다. 가장 최근의 관련 논의로 다음을 참고. 장영우 책임편집, 「작품해설: 한국 근대소설사의 결락과 보완」, 『주요섭중단편선: 사랑손님과 어머니』, 문학과지성사, 2012, 282~283쪽.

17 1927년에 발간된 후장대학 연보 *The Shanghai*에 학사모를 쓴 주요섭의 졸업사진과 함께 '教育科學士, 前本校附中畢業'이라는 이력 및 간단한 소개가 기재되어 있다. 그림 1) 참조. The Shanghai Board, *The Shanghai*, 1927, 80쪽.

18 The Shanghai Board, *The Shanghai*, 1927.

그림1　주요섭 졸업 관련 사진

을 자주 나갔던 상황 그리고 그가 다년간 교내의 영자저널 편집부에서
활동한 점, 재학 당시가 5·30 사건이 발발하여 파업과 동맹휴업이 대
대적으로 일어났던 '대혁명'기간 전후였다는 상황을 감안한다면 신경
향파 소설을 쓴 배경은 짐작가능하다. 게다가 이 시기 주요섭은 형 주
요한과 함께 사회주의 사상에 기울어져 있었다는 기록도 남아 있다.[19]
미궁에 빠져 있던 전기적 사실이 밝혀지면서 이 시기에 쓰인 소설들의
구체적인 세계와 체계에 대해서도 좀 더 본격적이고 적절하게 개입하
여 탐구할 기반이 생긴다. 이 글에서는 새롭게 발굴한 대학시절 관련
전기적 사실에 근거하여 주요섭의 텍스트에 드러난 월경(越境)의 경
험과 감각 및 이와 관련된 사상의 문제를 보다 넓은 범위에서 재탐색
하고자 한다. 특히 이 시기에 발표된 소설 가운데 상하이를 배경으로

---

19 일제가 남긴 '동우회사건 기소문'에 주요섭이 홍사단의 전망과 관련하여 '실력양성론'
에 반기를 들고 직접적 혁명운동을 단행하여 사회주의로 이행해야 한다고 주장하는 대
목이 나온다. 그래서 이 문건은 이 시기 주요섭이 사회주의 사상 경향을 가졌다는 것을
알 수 있는 자료로 거론되고 있다. 이에 대해서 다음을 참고. 김윤식, 『이광수와 그의 시
대』 3, 한길사, 1986, 840쪽.

삼고 있는 세 편의 단편 및 중편소설 「인력거꾼」과 「살인」, 「첫사랑값」에 주목하여 이 문제를 다루고자 한다.

주요섭이 재현한 상하이의 세계와 인물은 중국 혹은 상하이에 거주한 대다수 조선인 작가의 재현과는 다른 양상을 띤다. 이 시기를 전후하여 발표된 관련 소설들에서 상하이는 주로 조선의 독립 및 혁명운동과 직간접적으로 관련 있는 공간으로 위치지어지거나 아니면 망명사회의 조선인 커뮤니티의 면모와 관련하여 조명되곤 했다. 조선인의 관점에서 단단하거나 느슨하게 민족주의와 관련지어 상하이의 공간적인 특성을 새겼던 것이다.[20] 그런데 1920년대 주요섭이 쓴 상하이 소설은 아예 중국인의 시선을 취하거나 아니면 중국인 커뮤니티 속에서 교유하는 조선인의 시선을 취하고 있어서 이채롭다. 이로 인해 일부 논자에 의해 임시정부나 민족주의적인 면모가 부재한 것이 주요섭 초기 소설의 결점으로 지적되기도 했다.[21] 그러나 이 글에서는 이를 문제적으로 다뤄야 할 대목이라고 판단한다. 임시정부가 상하이에 실재했으며 뿐만 아니라 가장 영향력을 발휘했던 시기에 주요섭의 소설에는 ― 이승하의 지적대로라면 ― 왜 임시정부의 그림자가 잘 보이

---

20 조선의 독립 및 혁명운동과 관련하여 상하이를 재현한 소설로 심훈의 「동방의 애인」과 유진오의 「상해의 기억」 등을 참고할 수 있다. 1920년대 상하이 재현이 이와 같은 방향에서 이뤄졌다면 1930년대 상하이 재현은 망명사회의 조선인 커뮤니티의 문제로 다기하게 제기된 측면이 있다. 이에 대해서는 김광주의 소설을 대표적으로 거론할 수 있다.

21 이승하의 아래와 같은 언급을 참고. 3편 소설에는 독립운동가가 나오지 않아 상해가 임시정부가 있던 곳이라는 점이 전혀 부각되지 않고 있다. 또한 「인력거꾼」은 등장인물이 모두 중국인이라는 점이, 「살인」은 주인공이 민족의식이 전혀 없는 창녀라는 점이, 「첫사랑값」은 상황을 방관하거나 상황에 순응하는 나약한 유학생이 주인공이라는 점이 약점이다." 이승하, 「주요섭 초기작 중 상해 무대 소설의 의의」, 『Comparative Korean Studies』 17(3), 2009, 421쪽.

지 않는 것일까. 이 시기 주요섭이 지향했던 사상과 소설의 세계는 어떤 것이었기에 임시정부는 이렇게 비가시화되는 것일까. 더 나아가 주요섭의 초기 소설에 임시정부의 모습이 보이지 않는다고 하여 민족주의적인 면모는 부재한 것일까. 이러한 소설 세계는 전체적으로 어떠한 의미와 방향을 갖고 만들어진 것일까.

주목할 점은 주요섭의 소설에는 중국인이 대거 등장할 뿐만 아니라 중국인이 주인공인 소설도 다수 있다는 점이다. 그렇다면 초기 한국문학 장(場)에서 조선과는 다른 민족적인 표지를 지닌 주인공이 출현한 셈인데 이는 어떤 시선과 경험을 전달하고자 한 것일까, 라는 질문을 던질 수 있다. 뿐만 아니라 주요섭은 중국인들을 주인공으로 삼은 소설을 조선의 문단에 발표했는데 이는 또 어떤 의미를 가지는 것인지 주의 깊게 따져 볼 필요가 있다.

중국인이 주인공인 소설에서 조선인은 어떻게 드러나며 이들 중국인과 어떤 관계를 맺고 있는가. 이들 조선인은 민족주의와 디아스포라의 현실과 욕망을 어떻게 체현하면서 넘나드는 것으로 그려지는가. 국제성과 디아스포라, 혹은 소비와 퇴폐로 상징되는 상하이의 공간성은 주요섭이 특별한 방식으로 제시하는 인물과 행동의 서사로 인하여 어떠한 새로운 경로와 의미를 획득했을까. 아래 2절에서는 단편소설 「인력거꾼」과 「살인」을 통하여 특별하게 주인공을 중국인으로 선택했을 때 그 시선의 의미와 효과가 무엇인지에 대해서 살펴보려 한다. 같은 해 뒤이어 쓴 중편소설 「첫사랑값」에서는 주인공이 다시 조선인으로 바뀌는데 3절에서는 이러한 시선의 전환이 왜, 어떻게 이뤄졌는지에 대해서 검토하고자 한다.

2. 공통감각의 구성

주요섭의 소설에서 드러나는 특별한 시선은 상하이의 공간성의 문제를 새롭게 볼 것을 제안한다. 상하이에 이주한 조선인이 중국인의 시선에서 소설을 전개하는 것은 어떤 시선의 전치가 작동한다는 것을 알려준다. 이 시선의 전치와 재전유는 기존의 논의의 중점을 이동하여 다른 관점에서 디아스포라의 문제를 볼 것을 제안한다. 기존의 디아스포라 연구는 이주자의 정체성 문제에 집중하여 그 정체성의 재구성 문제를 주요하게 다뤘다. 유선영이 재만(在滿) 조선인의 문제를 장소성 개념을 통해 접근한 연구에서 지적했듯이, 그동안 디아스포라 연구는 '민족주체성, 정체성, 주체화의 절합과 재구성 문제에 천착'했으며 '민족정체성에 대한 관심은 상대적으로 이주자가 현지사회에서 공동체 구성원으로 살아가면서 그 장소의 역사에 의해 구성된 국면을 간과'하는 경향이 있었다.[22] 그런데 주요섭의 소설은 이주자인 조선인에 초점을 집중하기보다 현지인인 중국인에게 초점을 맞추고 있어 특기할 만하다. 이는 주요섭이 상하이 공간과 주체, 정체성의 문제를 다른 시각과 방식으로 접근하고 있다는 사실을 알려준다.

주요섭이 1925년에 발표한 단편소설 「인력거꾼」과 「살인」은 공히 중국인을 주인공으로 삼은 소설이다. 「인력거꾼」은 상하이에서 팔년 동안 인력거를 끄는 인력거꾼으로 생활한 시골출신 아찡의 하루를

---

22 유선영, 「식민지민 디아스포라의 불가능한 장소성: 이동성의 한 유형으로서 부동성의 존재양식」, 『사회와 역사』 98, 2013, 195쪽, 197쪽.

자세하게 묘사하고 있다. 아찡이 '돼지우리같은 자리'인 인력거꾼 셋 방에서 일어나서 '대변구루마'가 달리는 거리를 건너 맞은편 떡집에서 아침식사를 하고 난 뒤부터 인력거를 끌고 호객을 하며 인력거를 몰기 까지의 장면이 꼼꼼하게 묘사된다. 새벽 정거장부터 손님을 맞이한 아 찡은 다시 거리에 나서자마자 미국 해군 등을 태우게 되면서 '특히 운 이 좋'다고 생각한다. 그러나 정오 무렵 팔레스 호텔 앞에서 쓰러져 방 금 먹은 것을 게우고 난 뒤 기운을 차리지 못한다. 아찡은 무료병원과 기독교 전도신사와 동구 밖 점쟁이를 만나며 전전하다가 겨우 집으로 돌아오나 쓰러져 일어나지 못하고 죽음을 맞이한다.

「인력거꾼」이 중국 남성 하층계급의 마지막 날을 통해 그의 일생 을 압축적으로 제시하고 있다면 「살인」은 중국 하층계급 여성이 어떤 마지막 날을 향해 나아가는 서사를 전개하고 있다. 우뽀는 호남출신 으로 기근으로 서양귀신에게 팔렸다가 다시 대양 칠 위안에 양복입은 신사에게 팔리고 상하이로 와서 뚱뚱할미에게 재차 팔려서 그 아래에 서 생활하고 있는 창녀이다. 우뽀는 영계 사마로에서 뚱뚱할미와 함께 인력거꾼을 끌어들였으나 밀매음을 금한 이후 지금은 법계 대세계 앞 거리에서 손님을 끌어들이고 있다. 이렇게 번 돈은 주인인 뚱뚱할미 가 가져가고 창녀들은 낮의 '누더기'와 밤의 '비단옷 한 벌과 값싼 분 과 머릿기름', '담배와 한 달 먹어야 이원 어치도 안 될 밥만을 주인에 게 받'고 지낸다. 우뽀는 이렇게 삼년 생활을 하며 '몸이 상해 들어'갔 는데 얼마 전 창문 앞에서 매일 지나가는 미남자를 보고 '마음의 영 또 한 상해 들어가'고 있다. 학교 교사로 짐작되는 청년과 짝사랑에 빠진 우뽀는 자신의 몸과 생활이 이렇게 된 처지를 한탄하다가 각성하여 뚱뚱할미가 '내 살 내 피를 빨아 먹'었다는 깨달음에 이른다. 우뽀가 식도를 들고 뚱뚱할미를 살해한 뒤 쇠대문을 열고 거리로 달려가는 것으로 소설은 마무리된다.

앞의 요약에서 드러나듯이 주요섭은 「인력거꾼」과 「살인」 모두 하층계급의 생활을 세세하게 묘사하는 데 주력하고 있다. 그들의 일과는 어떻게 구성되는지, 또 노동은 어떻게 이뤄지는지 구체적으로 인명과 지명과 숫자가 등장하면서 재현되는데 이는 그들의 삶의 전 영역을 아우르려는 시도라 할 수 있다. 이는 상하이의 거리명과 건물명 등의 고유명사가 등장하며 조계지 거리의 풍물과 사람들의 행동을 묘사하는 것과 맞물려 획득된 구체성이다. 조선과는 다른 공간이라는 사실이 상하이 거리의 똥통수거장면과 아침식당 등의 세부적인 장면 묘사 속에서 환기되면서 여기에서 살아가는 하층계급의 구체적인 삶의 모습들이 가시화되고 있다.

잠자던 거리가 깨기 시작하는 때이었다. 상해 시가의 이백만 백성이 하룻밤 동안 싸놓은 배설물을 실어 내가는 대변 구루마들이 요란한 소리를 내며 잔돌 깔아 우두럭투두럭한 길 위로 이리 달리고 저리 달리고 하는 것이 아찡의 눈앞에 나타났다. […] 일찍 일어난 동넷집 부인님네들이 벌써 일본 사람의 밥통 비슷하게 생긴 똥통들을 부시느리고 길기에 죽 니서서 어성비성한 침대 쑤시개로 일정한 리듬을 가진 소리를 내면서 분주스럽게 수선거리었다. 아찡이와 뚱뚱바위는 약조했던 듯이 한꺼번에 하품과 기지개를 길게 하고 바로 맞은편 떡집으로 갔다. 거리로 향한 왼편 구석에 널빤지 얼거리가 있고 그 얼거리위에 원시적 기분이 농후한 검은 질그릇 속에 삐죽삐죽하게 콩기름에 지져낸 유자꽤가 담뿍 꽂혀 있고 그 옆에는 방금 지져놓은 먹음직한 쏘빙들이 불규칙하게 담겨 있는 위로는 벌써 잠코 밝은 파리 친구들이 몇 마리 달려와서 욍-하면서 이 떡 저 떡으로 돌아다니며 먹고 싶은 대로 실컷 그 소고하고 짭짤한 맛을 빨아들이고 있었다. [⋯] 바로 이 떡 가마 왼편에는 기다란 부뚜막을 가진 가마가 걸렸고 그 위에는 지금 유자꽤들이 오그그그그하면서 콩 기름 속에서 부어오르고 있었다. 그리고 역시 한길 쪽으로 향한 이편 한 모퉁이에는 네모 방정한 부뚜막 위에 보름달만큼 큰 서양철 뚜껑을 덮은 깊다란 가마들 네다섯 개 뺑 둘러 걸렸고… 이 가마지기가 이따금… 바로 그 부뚜막 안측에 쌓아둔 물에 젖은 석탄가루를 한 부삽씩 쪼르르 쏟는 것이었다. 그러면… 놋으로 만든 물푸개를 바른손에 들고 왼손으로 이편 가마 뚜껑을 쳐들고는 부글부글 끓는 맹물을 퍼서 저편 가마에 쭈르르 쏟고는… 퍼 옮기고 쏟아 옮기고 하다가는 엽전닢 나뭇조각 서너 개씩을 가지고 와서 뺑 둘러 섰는 아가씨들과 할머니들의 서양철 물통, 세숫대야, 쇠주전자, 사기주전자 등에 엽전 두 푼에 한 물푸개씩 그 절절 끓는 물을 담아주는 곳이다.[23]

소설의 서두에 상하이 특유의 거리 풍경들 ——똥통수거광경이나 '쏘빙'과 '유자꽤'를 먹는 아침식사장면, 롱탕(弄堂) 입구에 자리한 온

23 주요섭, 「인력거꾼」, 『사랑손님과 어머니』, 장영우 책임편집, 문학과지성사, 2012, 19~21쪽.

수(開水) 판매점인 라오후자오(老虎灶) 등——이 길고 자세하게 묘사되어 있다. 이는 이곳이 다른 곳이 아니라 상하이라는 사실을 강하게 알려주는 도입이라 하겠다. 그런데 이곳에 어우러진 하층계급의 삶에 대한 묘사에서 중국인이라는 데서 오는 낯섦이 없다. 풍광과 거리는 상하이라는 표식을 한껏 드러내고 있지만 이 속의 인물들의 삶과 행동에서는 민족적, 국가적으로 다르다는 점이 강조되지 않고 있다.[24] 이들은 조선인 인력거꾼 혹은 조선인 창녀라고 해도 무방할 정도로 공통적인 삶의 형식과 행동 및 감각을 드러내고 있다. 이러한 공통적인 삶의 형식과 그 감각은 상하이임이 분명히 드러나는 배경 위에서 돋보인다. 그리고 이들이 처한 하층계급적인 현실은 국가와 민족의 경계를 가로지르며 공통적인 삶의 감각을 불러일으킨다. 상하이의 공간성이 도드라짐과 동시에 민족적이고 국가적인 특성은 희미하게 처리된다. 그리고 하층계급의 현실과 감각이 민족과 국가를 넘어서 전면에 펼쳐진다.

주요섭은 이러한 감각과 현실을 강조하기 위하여 주인공으로 상하이의 조선인이 아니라 중국인을 주인공으로 선택한 것이다. 하층계급은 각기 다른 국가와 민족의 표식을 지니지만 이 표식에 담겨질 수 없고 초과되는, 하층계급에게 공유되는 삶의 형식과 모습이 존재한다. 주요섭의 중국인 서사에서 조선이라는 민족과 국가의 표식은 들어설 틈이 없지만 중국이라는 국가와 민족적 표식도 흐려진다. 상하이의 하층계급인 중국인 주인공이란, 그에게는 당연히 조선이라는 민족과 국

---

24 두 편의 소설이 당시 발표됐던 한국 소설과의 유사성이 논의되는 것은 이러한 점에서 흥미롭다. 특히 「인력거꾼」을 유사한 시기에 발표된 현진건의 「운수좋은날」과 연결 짓는 논의가 다수있다. 이와 관련하여 강지희의 앞의 논문을 참고할 수 있다.

가의 표식이 들어설 여지가 존재하지 않지만 중국이라는 민족과 국가의 표식 또한 무의미하며 무력하다는 것을 알려주고 있는 인물이다.

만약 조선이 배경이거나 외국이더라도 조선인이 주인공이면 서사의 방향은 달라졌을 것이다. 그러한 하층계급의 삶에 대한 묘사는 민족주의적인 것으로 재수렴될 가능성이 크며 하층계급의 서사는 부각되기 힘들게 된다. 그런데 상하이를 배경으로 조선인 작가가 쓴 소설에서 중국인이 주인공이 될 때 민족주의라는 소실점은 흐려지거나 사라지는 효과를 발휘한다. 이때 하층계급이 맞닥뜨린 현실은 보다 공통적이고 보편적인 의미를 획득할 지반을 획득할 수 있다. 상하이를 배경으로 삼은 것도 이와 관련되어 재해석될 수 있다. 이 공간이 구성하는 다양한 인종과 민족의 특성이 다채롭게 모습을 드러낼 때 일국적이고 자민족중심적인 초점이 약화되고 이를 걷어낸 인물 자체에 초점이 맞춰질 수 있는 것이다. 이 때 인물이 체현하는 문제와 행동 및 선택에 좀 더 주목할 수 있게 된다.

따라서 기존 논의에서 이 소설들이 하층민을 초점화자로 삼아 비참한 삶을 폭로하는 것에 집중했다고 본 것은 적확한 진단이라 할 수 있다. 기존 연구에서 이를 신경향파 소설로 볼 것인가, 사회주의 경향을 지닌 동반자 문학으로 볼 것이냐 아니면 기독교 사상의 영향을 받은 결과인가 등에 대해서는 견해가 갈렸지만 하층계급에 대해 주목했다는 사실에 대해서는 이견이 없었다.[25] 그런데 기존 연구에서 이들 주

---

25 신경향파 문학으로 보는 것이 일반적인 관점이다. 최학송은 이에 이견을 제시하며 사회주의적인 경향을 지닌 동반자 문학으로 봐야 한다는 의견을 제시했으며 김학균은 기독교사상의 영향을 받은 것이라는 주장을 편다. 관련하여 최학송과 김학균의 논문을 참고.

인공이 중국인이라는 사실에 대해 거의 논의하지 않았다는 점은 주목할 만하다. 당시 조선인이 중국인과 친밀하거나 긴밀했던 관계가 아니었다는 사실을 상기하면 주요섭의 특별한 주인공에 대해서 보이는 연구계와 평론계의 침묵은 흥미로운 면이 있다.[26] 이들의 다른 민족적-국가적 정체성은 주목받지 못했는데 이러한 침묵 혹은 홀략은 집단적으로 이뤄졌던 것이다. 상하이라는 공간성이 도드라짐에도 불구하고 한편으로 이를 '우리'의 문제로 받아들인 감각이 발동했는데 다른 한편 이는 민족적인 표식을 저조하게 처리한 것과도 관계가 있다. 하층계급의 중국인은 하층계급이기에 중국이라는 기호가 무력하거나 무의미하게 작동하는 존재다. 그는 중국이라는 기호가 희미하거나 흐릿하게 처리되면서 독자들에게 조선인으로 오인되기까지 한 인물이다.

이와 관련하여 중국 여성인 우뽀를 조선 여성으로 오인하는 연구가 지속적으로 생산됐다는 점을 언급해야 할 것 같다. 주요섭 초기소설에 대한 연구 가운데 우뽀를 상하이로 팔려온 조선인 창녀로 오인한 연구가 최근까지도 지속적으로 산출되어 왔다.[27] 관련 연구들은 오독과 오해 속에서 우뽀의 수난을 민족 수난이 겹쳐진 것으로 강조하거나 식민지 여성주체가 저항을 표현한 민족주의 서사로 재귀시켜 서술

---

26 조선에서의 중국인 이주자의 상황과 이에 대한 조선인들의 인식에 대해서는 다음 글을 참고할 수 있다. Michael Kim, "Buiding Empire's Foundation: Chinese Migrant Laborer in Colonial Korea", 『이동의 아시아-식민, 냉전, 분단체제의 경계들과 민족의 공간들』, 성공회대 동아시아연구소 국제컨퍼런스 자료집, 2012. 3; 김예림, 「'노동'의 제국」, 『국가를 흐르는 삶』, 소명출판, 2015.

27 호남(湖南) 출신으로 대양(大洋) 7위안(元)에 팔려 상하이로 온 우뽀를 일부 연구자는 전라도 태생으로 대양 7원에 멀리 상하이까지 팔려간 조선인 여성으로 오인한다. 대표적인 관련 연구로 다음을 참고. 이승하, 앞의 글, 409쪽; 강지희, 앞의 글, 35~36쪽.

하곤 했다. 그런데 이는 오독일 뿐만 아니라 주요섭이 지향한 방향과는 정반대의 방향에서 이뤄진 해석이라는 점에서 문제적이다. 오히려 주요섭은 하층계급의 공통적인 삶의 문제가 민족적이고 국가적인 경계를 가로질러 논의될 수 있는지, 여기에서 새로운 문제제기와 저항의 가능성을 찾아볼 수 있는지를 살펴보고자 한 것이기 때문이다.[28]

주요섭은 중국인을 주인공으로 삼는 시선의 전환을 통해 민족주의의 문제를 최대한 약화시키며 이와 엇갈리는 하층계급의 문제를 정면에서 제기하고자 한 것이다. 이들을 통해 공통적인 감각과 경험과 행동의 문제를 제기하는 것이 중요했던 것이다. 그러기 위해서는 상하이에 체류하는 조선인이 아니라 중국인이 주인공이 되어야 했다. 조선인의 시각을 채택할 경우 민족적이고 국가적인 표식이 원하든 원치 않든 간에 부상할 수밖에 없는 상황이란 점은 자명했다. 따라서 시선을 바깥으로 돌려 현지인인 중국인의 시선을 빌려서 이들의 얼굴을 조선 문단에 들이밀면서 공통적이고 보편적인 것이 수용가능한지 시험했던 것이다. 하층계급의 감각과 경험, 현실이 민족적이고 국가적인 경계를 횡단하여 우리의 감각과 지각을 뒤흔들어 공통적인 것을 생성할 수 있는가. 이를 통해 새로운 문제와 저항의 가능성을 제기할 수 있는가. 이것이 상하이에 체류하던 청년 주요섭이 중국인 하층계급 남녀를 각각 주인공으로 삼으면서 질문하고자 했던 문제였다고 할 수 있다.

---

28 이런 점에서 「인력거꾼」과 「살인」의 각기 다른 결말은 의미심장하다. 아찡은 인력거꾼 8년 만에 착취되어 육체적인 죽음을 맞이하나 우뽀는 자신을 착취했다고 판단한 뚱뚱할미를 살해한다.

3. '연애'라는 사태

그런데 사실 주요섭의 초기소설에 중국인이 주인공인 소설만 있는 것은 아니다. 또한 임시정부의 그림자가 전무한 것도 아니다. 주요섭의 초기소설에는 전환점이 존재하는데 중편소설 「첫사랑값」은 조선인이 주인공이면서 임시정부의 그림자가 드리워진 서사를 전개한다.

「첫사랑값」에서 도드라진 첫 번째 전환점인 조선인이 주인공인 것과 관련하여서는 앞에서 언급했듯이 상하이를 배경으로 한 기존 소설과는 다르다는 점을 거론할 수 있다. 주요섭의 조선인 주인공은 상하이의 폐쇄된 커뮤니티 — 혁명단체나 조선인 커뮤니티 — 가 아니라 현지의 중국인 커뮤니티에서 거주하며 교류하는 인물이다. 그는 중국인과의 교유와 교류의 과정에서 새로운 질문이 솟아나는 인물이다. 두 번째 전환점, 곧 임시정부의 그림자는 좀 더 복잡하고 심각하게 인물의 심리와 행동에 영향을 미친다. 상하이의 대학을 다니는 조선인 유학생이 중국여학생을 만나 첫눈에 반하지만 이 둘의 연애가 성사되는 데 장애로 작용하는 것은 무엇보다 민족 문제였기 때문이다.

민족의 문제가 부상한다면 앞서 논의했던 공통적인 삶에의 감각의 문제는 어떻게 되는 것일까. 「첫사랑값」은 바로 이를 질문하는 소설이라 할 수 있다. 민족적인 압력이 존재하는 현실에서 공통적인 감각의 공유와 교류린 실현가능한 것인가를 따져 묻는 시사인 것이다. 공통감각이란 먼 거리에서 관찰되거나 전시되는 것에 한정된 문제가 아니라 오히려 가까이에서 나누고 교류하는 것이 무엇보다 중요하다면 여기에 어울리는 사태(事態)는 '연애'이다. 주요섭은 민족적인 압력이 존재하는 현실을 멀찍이 외면하지 않고 마주하면서 국경을 넘는 '월경적 연애'로 직진하여 타민족 간의 교류에서 공통감각의 공유가 가능한지 시험을 한다.[29] 곧 경계의 이편과 저편을 넘어서 공통의 감각이나 이해, 언어를 발견하고 나누는 것이 가능한지를 묻는 것이다.

주요섭이 앞의 두 단편소설에 이어서 쓴 소설 「첫사랑값」은 미완성작으로 끝난 중편소설이다. 1925년 『조선문단』에 3회에 걸쳐 연재됐으나 중단됐고 2년 뒤인 1927년에 같은 잡지에 연재가 재개되어 2회 게재됐으나 결국 끝을 맺지 못하고 마무리됐다.[30] 「첫사랑값」은 친구인 리유경이 자살했다는 소식을 듣고 평양의 유경의 빈소에 찾아간 '나'가 유품으로 받은 일기를 공개하는 것으로 시작한다. 일기에는 유경이 상하이의 대학에서 만난 중국여학생 N과의 이야기로 가득하다. 유경은 여러 번 마주친 N에게 마음이 가나 그녀와의 연애를 주저한다. 첫째는 '자존심이 강'해서이며 둘째는 '어떤 의미에서의 도덕심 때문'이다. '의무심', '곧 민족관념'이 작동한 것이다. 그렇지만 그녀를 보고 싶은 마음이 이는 것을 막을 수 없다. 이러한 마음 속 실랑이가 소설 전

---

29 '월경적 연애'와 관련한 논의로 1960년대 한일(韓日) 간의 현실적 관계와 상상적 관계 맺음의 양상을 기억-기록의 정치학 및 월경적 연애라는 문제틀로 재구성한 김예림의 논문을 참고할 수 있다. 김예림, 「포스트콜로니얼의 어떤 연애의 풍경」, 『국가를 흐르는 삶』, 소명출판, 2015. 사카이 나오키도 '국제연애' 영화가 식민지지배의 초상학(iconography) 장르와 관련된다는 논의를 개진한 바 있다. 사카이 나오키, 「영상·젠더·연애의 생권력」, 『일본, 영상, 미국』, 최정옥 옮김, 그린비, 2008.

30 「첫사랑값」은 미완성작이지만 몇 가지 사항으로 인하여 언급되어야 할 소설이라 하겠다. 첫째, 조선인을 주인공으로 삼음으로써 초기 서사의 어떤 결절점을 보여 준다는 점에서 의미가 있다. 둘째, 소설이 다루는 주제 및 형식 면에서 등단작인 「이미 떠나버린 어린 벗」의 성숙된 버전이며 연애라는 주제 면에서 1930년대 소설인 「사랑손님과 어머니」 등의 소설과 연결되는 선을 제시한다는 점에서 중요하게 다뤄질 필요가 있다.

반에 걸쳐 오간다. N을 사랑하고 단념하지 못하는 열망이 강할수록 그녀를 사랑해서는 안 되는 이유도 수십 가지가 떠오른다. 가령 다음과 같은 일기의 한 대목을 보자.

꽤 추워졌다. 피난민과 패군(敗軍)이 상해로 자꾸만 몰려 들어온다. 나는 단념하여야 한다. 나는 민족을 위해서는 독신 생활까지라도 하기를 사양치 않던 내가 아닌가? 그런데 지금 이 꼴은 무엇인가. 조그만 계집애 하나에게 미쳐서 공부도 확실히 못 하는 이 꼴은 무엇인가? 나는 대장부가 되어야 한다.

더욱이 N은 외국 여자가 아닌가? 연애에는 국경이 없다고. 물론 그럴 것이다. 그러나 현금의 조선 청년은 비상한 시기에 처하여 있다. 비상한 시기에 처한 청년은 비상한 일을 하지 않으면 아니 된다. 목숨도 희생할 때가 있거든 하물며 사랑! 아! 그러나 가슴은 아프다. 이것은 내 목숨같이 귀한 내 첫사랑이 아닌가! 그러나 용감하여라. 대장부답게 꾹 단념해 버려라. 아직 너무 늦지 않다. 이 모양으로 지나가다가 너무 늦어지면 그때는 후회하여도 쓸데가 없는 것이다. 지금이 단념할 때다.[31]

결국 그녀를 밀쳐낸 유경은 일시귀국을 결정하고 평양으로 돌아간다. 평양에서 결혼하라는 부모의 성화에 못 이겨 유경은 유치원교사 K와 약혼하게 된다. 그러나 그는 N을 잊지 못하고, 또 미인인 유치

31 주요섭, 앞의 책, 72쪽.

원교사 K에 대해서 사랑을 느끼지 못하고 욕망의 대상으로 느끼는 자신에 대해서 실망한다. 연재된 소설의 마지막은 유경의 탄식으로 끝난다. '나는 이렇게까지 타락했는가!'

「첫사랑값」의 줄거리는 단순하지만 이에 비해 분량이 꽤 길며 이야기가 끝나지 않은 미완성작이다. 이 긴 분량의 내용을 채우는 것은 유경의 갈등하고 혼란스럽고 불안한 마음이다. N을 단념하느냐 마느냐를 오가는 유경의 갈피잡지 못하는 마음을 보여 주는 데 대부분의 분량을 할애한다. 이 연애를 할 것인가 말 것인가를 고민하는 이유로 여러 가지가 꼽히지만 가장 큰 이유이자 또 가장 자주 등장하는 이유는 민족과 관련된 것이다.[32]

주목해야 할 점은 현실이 자명함에도 불구하고 유경은 '단념'할 것을 결단하지 못했다는 사실에 있다. 다국적이고 다인종적이며 국제적인 상하이라는 공간에서 민족적인 경계가 솟아오르는 사태를 맞이

---

32 구체적으로 유경은 N과의 연애를 결혼과 결부지어 생각하는데 결혼에 대해서는 더욱 비관적이다. 조선으로 건너가서 시부모를 봉양하며 사는 삶은 상하이의 여학생인 N에게 불가능할 것이라고 예단하며 또 자신이 상하이에 남는 것은 조선에 대한 의무를 생각할 때 선택할 수 없다고 판단하기 때문이다. "연애는 결혼을 그 목적으로 하지 않으면 안 된다… 결혼을 무시하는 연애는 또한 간음에 지나지 않는다… 그러면 나는 그 N씨와 결혼할 가능성이 있는가. 결혼할 가능성이 없이 연애의 계속을 내버려두는 것은 나는 못할 노릇이다. 내게는 늙으신 부모가 있지 않은가. 내 일은 내가 한다고? 그러면 나는 여지껏 누가 주는 밥을 먹고 자랐나. 중국인 며느리가 조선인 시부모와 살아갈 수가 있는가. 더욱이 나는 N과 결혼한다면 N을 본국으로 데리고 들어갈 용기가 있는가… 그렇다고 N을 내 것으로 만들겠다는 그 야심 하나 때문에 내 몸이 늘 중국에 붙어 있을 수는 없다. 나는 흰옷 입는 사람의 자손이다… 내 앞에 일이라고 있으면 내게 그 같은 은혜를 준 그 사람들에게 갚기 위해서 그 사람들이 희망을 붙이고 그 사람들이 사랑하는 우리 흰옷 입은 어린이들을 깨우치고 가르치고 사람을 만드는 데 있다. 그 일을 하려면 본국으로 들어가거나 서북간도로 가거나 하여야 한다. 그런데 내가 N을 끌고 그런 데로 갈 용기가 있는가? 없다." 주요섭, 앞의 책, 79쪽.

하여, 유경은 경계가 그어진 현실을 그대로 수용하지 않고 이 경계 이편과 저편을 넘어설 계기가 있는지, 가능성이 있는지 계속적으로 질문하고 탐색하고 있는 것이다. 민족과 국가의 경계는 떠오르는 순간 현실의 벽처럼 요지부동해지며 이를 쉽게 넘어설 수 없다. 그러나 욕망은 이 벽을 타넘으려 하고 무너뜨리려고 틈을 벌리고 시간을 늘여놓는다. 주인공이 느끼는 갈등과 혼란과 불안은 이성적이고 현실적으로 잘 '처리'되지 않고 반복 재생된다. 여기에서 공통적인 감각은 민족적인 것의 경계와 구체적인 연애에의 욕망의 긴장관계를 통해 그 현실성을 타진한다.

흥미로운 것은 유경이 보이는 갈등과 혼란과 불안이 서사를 끌고 가는 힘이라는 점에 있다. 상하이 공간에서 보이는 이러한 불안과 균열과 혼란은 민족적인 것의 강력한 자장에 반비례하여 끈질기게 재생되고 확대된다. N을 멀리서 바라보던 유경은 혼란과 불안과 갈등 속에서 점점 더 그녀 가까이로 다가가고 5·30사건으로 분주한 어느 날 서로의 마음을 확인하고 그녀를 안는다. 그런데 그녀를 밀쳐낸 것은 바로 이 순간 바깥에서 들리는 대포소리 같은 굉음 때문이다.

상하이의 공간성은 여기에 스며들어 드러난다. 현실의 상하이는 민족과 인종과 국가의 경계가 존재하면서 상호 노출된 개방된 공간 속에서 위계를 형성하고 있고 그 가운데 서로 경계를 침범하고 침식하는 일이 수시로 일어나는 공간이다. 유경이 월경적 연애가 '불가능하다'고 인정하고 '좌절'하면 할수록 연애에 대한 욕망은 더욱 강렬하게 뿜어져 나오며 양자 간에 충돌이 일어나는 것 또한 상하이의 이러한 공간적인 성격에서 비롯된다. 육체적이고 정념적인 접촉과 만남과 부딪

침이 민족과 국가의 경계를 타고서 벌어진다. 월경적 연애라는 사건을 맞아서 자신에게 분명한 것 같았던 민족적 표식이 흔들리고 이를 넘어서려 하거나 의심하면서 유경은 혼란에 빠진다. 이 혼란과 불안과 의심이 서사를 추동하는 힘일 뿐만 아니라 새로운 의미를 획정한다. 상하이에서 벌어지는 민족의식과 대결하는 연애의 사태에서 고정되고 단단한 것은 없다. 알고 있던 경계와 사실과 관계가 모두 의심되고 불안하며 혼란스럽다. 주요섭이 「첫사랑값」에서 서술하는 상하이의 서사는 질문과 의심과 불안과 혼란의 자문자답이 이루어지는 세계이다. 달리 말하면 이 질문과 의심과 불안과 혼란이 서사를 이루는 핵심이다. 따라서 민족과 연애, 현실과 욕망의 반복되고 변주되는 마음의 실랑이는 서사의 잉여이거나 군더더기가 아니다.

이런 점에서 「첫사랑값」이 유경의 태도를 '국경을 뛰어넘는 보편적 사랑'에 가까운 것으로 규정하고 자살로 생을 마감한 리유경을 통해 자유로운 연애마저도 마음대로 할 수 없는 '식민지 유학생의 일그러진 자화상'을 보여 주고 있다고 평가한 강진구의 견해는 일면적이라 하겠다.[33] 주요섭이 일반적이고 보편적인 차원에서 자유연애를 주장했다고 보기에는 소설 속에 등장하는 보편적인 연애와 대치하는 민족적인 현실에 대한 고민이 남다른데 이에 대한 이해가 필요하다. 보다 중요한 점은 앞에서 강조했듯이 서사의 주안점이 구체적인 현실과 사안 속에서 이를 뛰어넘는 연애가 가능한지를 '고민'하는 데에 놓여 있기 때문이다. 서사는 이러한 고민과 혼란과 불안을 뛰어넘는 보편적인 연

---

33 강진구, 앞의 글, 260쪽.

애의 정당성을 일방적으로 주장하는 것과는 거리가 있다.[34]

「첫사랑값」과 관련해서는 상하이의 공간성을 '문화 번역'의 관점에서 검토한 강지희의 논문도 흥미롭다. 강지희는 「첫사랑값」에서 유경이 중국어가 가능함에도 불구하고 N과 결정적인 사랑 담화를 하는 순간마다 세계어인 영어를 쓴다는 점에 주목했다. 그리하여 유경의 자살이라는 결말은 세계어를 전유함으로써 민족을 초극하고자 하는 것이 불가능함을, 민족 바깥의 '세계'나 '보편'이라는 것이 결국에는 허상임을 작가가 인지했다고 해석했다.[35] 소설에서 영어를 쓰는 대목이 특별하긴 하다. 그러나 후장대학을 포함한 당시 상하이 소재 기독교계열 대학의 교과과정과 수업방식을 감안한다면 영어를 사용하는 것이 특별한 일만은 아니다. 2절에서 밝힌 주요섭의 전기적인 사실과 후장대학 연보 등의 자료에서 확인할 수 있듯이 영어는 상하이의 대학에서 다방면에서 사용되는 기본적인 언어 중의 하나였다. 따라서 상하이에서 영어를 쓰는 것에 대해서, 당시 상하이의 고등교육 상황을 고려한다면 다른 설명과 다른 감각을 부가할 필요가 있다. 사랑의 대화를 나눌 때 영어 쓰기는 세계어를 쓴다는 감각으로 온전히 설명되지 않는 현실이 작동한 데 따른 것이다. 따라서 강지희가 세계어를 전유하는 것으로 민족을 초극했다고 본 것은 가능한 분석이긴 하지만 현실에 비

---

34 강진구의 논의는 민족과 연애, 현실과 욕망 사이에 오가는 유경의 갈등을 부차적이고 주변적인 것으로 볼 때 가능한 주장이다. 그런데 본문에서 밝혔듯이 이 '부차적'인 갈등이 서사의 주요한 축이고 실제로 이 갈등이 소설 분량의 대부분을 차지하고 있기에 홀략할 대목은 아니라고 보여진다.

35 강지희, 앞의 글, 44쪽.

쳐보면 다소 과장되게 해석한 측면이 있다.[36]

　민족적인 압력이 존재하는 현실에서 공통감각의 가능성을 시험하던 주요섭은 양자택일의 문제지를 받고서 계속 어디에도 선뜻 동그라미를 치지 못한다. 상하이에서 유경은 갈등과 불안과 혼란에 빠져 경계 넘기가 가능한지, 그리하여 공통적인 감각이 공유될 수 있는지 수없이 자문자답하는 시간을 가졌다. 유경이 상하이를 떠나 평양으로 귀환하는 선택을 하는 것은 공통적인 감각이 공유되기 쉽지 않은 사정을 보여 준다. 그러나 그렇다고 그가 민족적인 경계로 회귀한 것은 아니다. 왜냐하면 상하이에서 평양으로 국경을 넘어 귀환하면서 행해진 이 선택의 결말은 자기소멸 ─자살이었기 때문이다.

　이런 점에 비춰봤을 때 「첫사랑값」이 미완성으로 끝난 것은 징후적이다. 주요섭은 이년 만에 연재를 재개하여 소설을 마무리하고자 했지만 자살했다는 프롤로그의 언급을 서사로 완성하지 못한다. 민족과 연애의 긴장관계에서 상하이를 떠남으로써 민족적인 것으로 관계의 추가 기울어졌음을 알렸으나 이 귀환이 순탄하지 못했음은 평양에서의 갈등과 실망과 타락의 생활 속에서 읽을 수 있다. 이 민족적인 것으로의 귀환을 갈등 없이 매끈하게 서사하지 못했던 것은 N과의 연애로 대표되는 상하이에서 겪었던 경험과 기억이 비교의 대상으로 수시로 떠오르는 것과도 상관있다. 그렇다고 귀환한 마당에 자살을 선택하는 과정을 선선히 서사하기에도 수월하지 않은 상황이 존재했을 것이

---

36 「첫사랑값」은 이 글에서도 주목했듯이 세계와 보편의 가능성에 대해 질문하는 측면이 있지만 이 축만으로 단일하게 질문의 구도를 편성하지 않았다는 점 또한 이 글에서 주요하게 논의하는 대목 중의 하나이다.

다. 이러한 진퇴양난의 서사적인 상황이 작품을 미완결 상태로 남겼다고 추측할 수 있다. 월경적 연애를 통하여 공통감각의 친밀한 교류와 공유가 가능한지를 질문하고 탐색하던 주요섭은 민족적 경계를 강화하는 방식의 귀환을 경유하여 인물의 죽음을 선언한다. 그런데 이 선언의 세부적인 내용은 알 수 없다. 따라서 자살과 미완성으로 끝난 소설은 민족과 연애의 구도에서 민족적인 것으로 수렴될 때 잘 처리되지 못하는 잉여의 문제가 현실에 남아 있다는 것을 알려주는 것으로 징후적으로 독해될 수 있다.

4. 이방인이라는 선택지

1920년대 상하이의 조선 청년 주요섭은 상하이를 배경으로 한 소설을 쓰면서 특별한 시선을 취한다. 아예 중국인을 주인공으로 삼거나 조선인이 주인공이더라도 조선인 커뮤니티가 아니라 중국인 커뮤니티 안에서 사는 인물의 시선을 택한 것이 그것이다. 이러한 의도적인 시선 취함은 국가와 민족의 표식을 넘고 이를 가로질러 공통의 감각을 발견하는 것이 가능한지를 질문하는 것에 다름 아니다. 조선인이 주인공일 때 즉각적으로 가해지는 민족주의의 중력을 피하면서 이에 수렴되거나 흡수되지 않는 다른 문제들을 제기하고자 한 것이다. 그런데 이러한 낯선 시선은 한국문학계에서 이 전에도, 그 이후에도 드물었는데 이러한 사실 자체도 주목받지 못할 만큼 주요섭의 새로운 시선이 심상하게 받아들여졌다는 것은 의미심장하다. 상하이에 사는 하층계급인 중국인에게 국가적, 민족적 표지가 무의미하고 무력하다는 것을 보여

주는 서사는 조선의 비평계와 독자들에게 새로운 공통적인 감각을 불러일으키는 데 성공한 듯 보였다. 한국비평계가 이 시기 주요섭의 작품을 '신경향파'라고 명명한 것에는 이러한 사정도 작용했으리라 짐작할 수 있다.

다른 한편 조선인 주인공 서사는 이 공통적인 감각이 민족주의적인 압력 속에서 견지될 수 있는지 그 현실적인 형태를 실험하는 작업이었다고 할 수 있다. 상하이의 대학에 재학 중인 조선남학생과 중국 여학생이 연애를 시작할 것인가 말 것인가에서 중요한 관건은 민족의 문제였다. 민족과 연애의 구도는 양립가능한가, 이것이 조선 남학생이 지속적으로 제기하는 질문이었다. 대답은 한결같이 민족적인 것이 중요하다, 였으나 이는 이성적으로 현실적으로 매끄럽게 '처리'되지 못했다. 연애와 욕망이 민족과 국가의 경계를 범람하여 넘어서고 침범하려 하는 순간들이 수차례 도래한다. 결국 조선 남학생은 홀로 ── 여학생과 더불어가 아니라 ── 상하이를 떠나 평양으로 귀환하는데 이로써 '민족'적인 현실이 '연애'라는 욕망을 압도한 것처럼 보인다. 그러나 평양으로 돌아온 조선 남학생이 자살을 선택함으로써 서사는 현실적으로 공통적인 감각을 형성하기도 쉽지 않지만 그렇다고 민족적인 경계로 귀환하여 이를 수용하는 것에도 동의하지 않음을 보여 준다. 민족적인 것에의 수렴과 승리로 끝나야 마땅한 서사는 의외의 결과로 나아간다. 오히려 자살과 미완성으로 끝난 소설은 민족과 연애의 구도에서 민족적인 것으로 수렴할 때 잘 처리되지 못하는 잉여의 문제가 현실에 여전히 남아 있다는 것을 강력하게 알려준다.

주요섭의 상하이 서사는 민족주의의 중력이 약한 상하이에서 민족적인 것에의 밀착에서 벗어날 수 있는지, 이와 다른 문제를 제기하는 것은 가능한지, 그리하여 공통적인 것을 형성할 수 있는지 등을 시선의 전환을 통해 질문하고 있다고 할 수 있다. 청년 주요섭은 주인공의 시선 전환과 월경적 연애라는 사태를 통해 경계 이편과 저편을 넘나들며 공통감각과 이해가 가능한지 구체적인 사례를 실험했던 것이다. 상하이에 도착한 조선 청년 주요섭에게 공통감각이란 실패할지언정 계속 탐문되어야 하는 사안 중의 하나였던 것 같다.

이런 의미에서 주요섭의 작업을 '이방인(stranger)'의 관점에서 재조명할 수 있다. 독일의 사회학자 게오르그 짐멜(G. Simmel)은 '오늘 와서 내일 떠나는 것이 아니라 오늘 와서 내일 머무는' '잠재적 방랑자'를 이방인으로 규정한 바 있다. 짐멜에게 이방인은 더 이상 집단 바깥의 외부인이거나 한없이 낯선 존재가 아니라 집단 자체를 구성하는 요소이다.[37] 그렇기에 이방인은 특별함을 상실하지 않으면서 사회와 상호작용을 하는, 집단의 바깥에서 온 내부를 구성하는 존재로 재규정된다.[38] 한편 데리다(J. Derrida)는 '이방인'을 질문을 제기하는 사람으로 규정한 바 있다. 그에 따르면 이방인이란 '물음으로-된-존재, 물음으로-된-존재의 물음 자체, 물음-존재 또는 문제의 물음으로-된-존재'이다. 이방인은 문제를 가져오고 질문을 하는 존재이자 첫 물음을 제기하면서 나를 문제선상에 올려놓는 사람이다.[39] 이방인의 독특한

---

37 게오르그 짐멜, 「이방인」, 『짐멜의 모더니티 읽기』, 김덕영 외 옮김, 새물결, 2005, 79~80쪽.

38 이방인이 가진 특별함에 대한 짐멜의 설명에 대해서는 다음을 참고. 짐멜, 위의 글, 82~84쪽.

39 자크 데리다, 『환대에 대하여』, 남수인 옮김, 동문선, 1997, 57~58쪽.

구성원적인 성격에 주목한 이들 논의는 주요섭의 서사와 삶에 적용될 수 있을 듯하다. 고국에 돌아와 자살을 하는 유경의 서사를 쓰는 순간, 주요섭은 '이방인'으로 재탄생하고 있는 것처럼 보이기 때문이다.

그렇기에 상하이의 서사에서 질문을 제기했던 주요섭이 1927년 미국 유학을 떠날 때 중국 국적을 취득한 것은 이상하지 않다.[40] 미국에서 교육학 석사를 마치고 귀국한 뒤 한국에서 저널리스트로 지내다 다시 중국-베이징으로 건너가 푸런 대학에서 오랜 기간 학생들을 가르친 것도 현실적인 고려 이외에 젊은 날의 질문과 이로 인해 체득한 삶의 감각 및 포지션과 무관하지 않아 보인다.[41] 귀국 후의 행로에서 한국 문학의 대표작을 가진 작가로 거론되지만 문학사에서 제대로 자리를 잡지 못한 것까지 고려한다면 어쩌면 주요섭은 전(全) 삶으로 '이방인'의 입장을 체현한 것인지도 모른다. 이는 상하이에서 쓴 서사를 통해 체득한 삶의 감각과 관계된다는 측면에서 다시 한 번 주의 깊게 볼 대목이다.

---

40 당시 '조선인'으로서 외국으로 갈 수 있는 방법은 없었고 현실적으로 당시 주요섭이 선택할 수 있는 국적은 '일본'과 '중국'이었다. 주요섭은 일본여권이 아니라 중국여권을 소지하고 미국 유학을 떠났는데 이는 그가 중국국적취득 요건을 충족했기에 가능한 선택이었다. 1912년에 발효된 중화민국국적법에 따르면 '5년 이상 계속해서 중국에 주소가 있는 자'는 일정한 절차를 거쳐 중국 국적을 가지는 것이 가능했다. 주요섭의 중국국적 취득 관련하여 다음 논문의 관련 언급을 참고. 강진구, 앞의 글, 252쪽.

41 주요섭이 스탠포드대학 교육학 석사과정을 마치고 들어온 해는 1929년이었다. 이후 『신동아』 주간을 역임하는 등 저널리스트로서의 삶을 살다가 1934년 베이징의 푸런(輔仁) 대학 교수로 부임하여 1943년까지 재직했다. 1943년 주요섭은 일본의 대륙침략에 협조하지 않는다는 이유로 추방당해 조선으로 귀국하게 된다.

2장 망명사회와 그 적들
: 1930년대 김광주의 월경(越境) 감각

이 글에서는 20세기 초 상하이에 거주했던 조선인 주체의 목소리와 시선을 불러내어 상하이에서 행해졌던 문화 구성과 실천의 문제를 재사고해 보려 한다. 조선인 문학가들은 비(非)서구이자 비(非)제국인 피식민지의 민중으로서 상하이의 이주민/거주자 가운데 특이한 위치를 점하는데 이들은 기존의 논의에서 좀처럼 언급되지 않았던 상하이를 구성하는 또 다른 현실과 주체라 할 수 있다. 새로운 주체와 목소리를 상하이의 문화지형도에 개재시키는 작업은 상하이의 다양한 인종과 민족들이 경험하는 이질적이며 비대칭적인 현실감각의 굴곡을 검토하는데 도움을 줄 것이다. 더 나아가 20세기 초반의 상하이라는 동아시아의 대도시가 담지한 국제성의 문제를 새롭게 보는 시야와 힘을 찾고 다기한 주체의 역능을 재사고하는 데에도 기여하는 바가 있다.

상하이는 20세기 전반기 내내 세계 각지에서 모여든 민족과 인종들로 들끓었는데 이는 '국제성'으로 갈무리되는 상하이의 문화적이고 현실적인 특성으로 자리 매김되었다. 조계지들의 '개발'과 그 속에서

'경합'하는 제국들의 현실은 상하이 모더니티를 '다층적(multiple)'이고 '중층적(layered)'인 특성으로 간주하게 했다. 이는 상하이 도시 성격을 둘러싼 반식민주의(semicolonialism) 논쟁이 촉발되는데 중요한 기능을 했다.[1] 그런데 그동안 국제도시 상하이라는 표상은 주로 중국 대 서구라는 이항 대립 구도 속에서 논의되어 왔다. 달리 말하면 그동안의 논의는 중국이 서구와 어떻게 물적·인적·문화적 교류를 수행했는지에 초점이 맞춰졌다. 상하이에 붙여진 '동양의 파리' 등의 수식어는 절대적인 비교항으로서 서구가 자리하면서 서구의 존재가 상하이의 현실에 압도적인 그림자를 드리우고 있다는 사실을 잘 보여 준다. 따라서 상하이의 국제성 논의에서 서구를 능가하는 다른 지역의 그림자는 눈에 잘 띄지 않았다. 서구가 전제된 속에서 상하이의 국제성은 문제적으로 다뤄지지 않고 자명한 것으로 받아들여졌다. 서구가 주도했던 자본주의 근대와 모더니티는 궁극적으로는 뒤쫓아야 할 궤도로 상정되어 충격과 반응 혹은 충격과 실천의 구도가 적용되었다. 이때 상하이를 구성하는 다인종과 다민족의 현실은 전제되거나 부연 설명되어질 따름이었다.

　　이는 러시아계와 유대인의 상하이 체류를 다루는 연구나 회고에서도 유사한 패턴으로 재연됐다. 그동안 러시아 혁명 이후의 '백러시아인'과 이차대전 전후 유대인 난민이 상하이에 어떻게 정착했으며 어

1　상하이를 '반식민주의(semicolonialism)'로 규정한 것은 스슈메이의 2001년의 저서에서이다. 이후 멍위에, 타니 발로우 등에 의해 이 논의는 수정 및 비판이 이뤄진 바 있다. 이 논쟁과 관련하여 1부 2장을 참고.

떻게 살았는지를 다룬 연구가 적잖게 진행됐다.[2] 그렇지만 이 연구들은 서구 난민들이 겪는 고난의 삶에 방점을 찍고 있으며 이때 상하이는 이들의 고난을 돋보이게 하는 천국 혹은 지옥이라는 양극단의 클리셰로 자리하는 경우가 다반사였다. 연구의 중심은 우연한 기회에 상하이에 도착하게 된 서구인에게 맞춰져 있고 서구 중심적인 시각이 우세한 가운데 상하이의 현실은 천국 혹은 지옥이라는 표상으로 박제되곤 했다.

이와 달리 상하이의 일본인 체류자를 다룬 연구는 서구와는 다른 동아시아인의 시각을 담지하고 있다는 점에서 중국 대 서구라는 이분법적 연구 시각과는 다른 궤적을 보여 주는 것 같다. 그러나 이들 또한 '제국'에서 온 탐방객/관광객으로 제국-지배자의 시선을 벗어나지 못하는 경우가 많았다.[3] 국내외에서 상하이 재현과 관련하여 많이 논의됐던 요코미쓰 리이치(橫光利一)의 장편소설 『상하이』(上海)는 이러한 한계를 문제 삼는 소설이었다. '상하이'를 네이션과 국제성의 문제를 고민하는 장소로 위치지은 것이 그것인데 이러한 시도로 인하여 상하이의 일본인 체류자 관련 연구는 드물게 아시아에서 국제성의 문제와

---

2 상하이의 유대인 커뮤니티에 대한 연구로 다음을 참조하라. Alex Ross, *Escape to Shanghai: A Jewish Community in China*, Free Press, 1993; Irene Eber ed., *Voices from Shanghai: Jewish Exiles in Wartime China*, University of Chicago Press, 2008. 백계 러시아인 커뮤니티에 대한 연구는 다음을 참고. Frederic Jr. *Wakeman* eds., *Shanghai Sojourners*, Routledge Curzon, 1995; Gail B. Hershatter, *Dangerous Pleasure*, University of California Press, 1997; 汪之成, 『近代上海俄国侨民生活』, 上海辞书出版社, 2008.

3 和田博文, 大橋毅彦, 眞銅正宏, 竹松良明, 和田桂子, 『言語都市·上海 1840~1945』, 藤原書店, 1999; 劉建輝, 『魔都上海』, 講談社, 2000(甘慧杰譯, 『魔都上海: 日本知識人的"近代"體驗』, 上海古籍出版社, 2003).

트랜스내셔널리즘 논의의 가능성을 탐색할 기회를 얻는다. 그런데 소설에서 국제성과 탈네이션의 시험은 사산되고 네이션과 제국의 자력에 끌려 들어가는 과정을 보여 준다.[4] 결국 요코미쓰 리이치의 시도는 제국주의 및 식민주의의 틀 속으로 재귀되며 이 틀을 뛰어넘는 새로운 사상의 가능성은 소실된다. 이와 같이 서구-제국의 시선이나 아시아-제국의 시선이 그동안의 상하이 국제성 논의에서 부상했던 주요한 시선이었다. 상하이의 유력한 현실을 구성했던 디아스포라 커뮤니티는 서구 혹은 제국의 권력과 지배라는 우세한 시선 아래 귀속되어 산발적이고 파편적으로 재현됐다.

이런 점에서 비제국이자 비서구의 피식민지인인 조선인의 상하이 체류 경험은 상하이의 도시 성격을 논의할 때 결락된 시선과 태도를 기입할 수 있다. 그런데 그동안 상하이의 조선인 연구는 중국의 상하이 연구에서는 거의 관심을 얻지 못한 영역이었다. 상하이의 조선인 연구는 중국의 상하이 연구 영역보다 한국의 역사학계에서 주로 조명되어 왔다. 초기의 선구적인 연구로 중국학자 쑨커즈(孫科志)가 한국 역사학계에서 수행한 상하이의 조선인 사회사 연구를 들 수 있다.[5] 사료적인 성격이 도드라진 이 연구는 상하이 조선인의 현황과 통계에 대한 전반적인 점검을 하고 있어 자료적인 가치가 높다. 한국 역사학계에서 상하이에 대해 주로 주목한 것은 상하이에 소재했던 대한민국임

---

4 사카이 나오키, 「'국제성'을 통하여 무엇을 문제삼을 것인가」, 『국민주의의 포이에시스』, 이규수 옮김, 창비, 2003.

5 손과지, 『상해한인사회사』, 한울, 2001.

시정부(이하 '임정')와 관련된 조선인들이었다.[6] 임정계열 조선인의 상하이의 행적에 대한 연구가 다수 이뤄진 것은 상대적으로 자료가 많이 남아 있고 무엇보다 '대한민국'의 정통성을 인정받은 독립운동계열이었기에 가능한 것으로 보인다. 이외 상하이 조선인으로 다른 한켠에서 조명이 이뤄진 것은 이회영, 유림, 유자명 등의 아나키스트들이었다.[7] 이들 조선인은 민족국가 수립에 노력을 기울이거나 그 궤도에서 이탈한 자들로서, 곧 '정치적인 행위자'로서 호명된 것이라 할 수 있다.

이에 비해 한국 문학계에서는 최근 들어 상하이에 대해 주목하기 시작한 편이다. 그동안 한국문학계에서 월경(越境)적 실천과 관련된 관심은 상하이보다 도쿄나 만주에 기울어져 있었다. 만주국 이남인 베이징과 특히 상하이에 거주한 조선인 혹은 조선 문학가에 대한 관심은 도드라지지 않았다. 동아시아 지식 및 문화, 사상의 교류의 공간으로서 중국-상하이 공간의 문제성은 적절하게 포착되지 못했던 것이다. 이때 상하이는 소설의 배경이거나 인물의 사상과 활동의 일시적인 경유지로서 소략하게 다뤄지곤 했다. 상하이는 크게 두 가지 방식으로 한국문학계에서 재현되곤 했는데, 하나는 '퇴폐'와 '향락'이 넘치는 도시로 인상적으로 스케치되거나 스테레오타입화되어 표상되는 것[8] 다

---

6 대표적으로 김광재의 일련의 연구를 거론할 수 있다. 김광재, 「李澠玉·李孝相 부자의 독립운동과 가족사」, 『한국근현대사연구』 65, 2013; 「일제시기 上海 고려인삼 상인들의 활동」, 『한국독립운동사연구』 40, 2011; 『어느 상인독립군 이야기』, 도서출판선인, 2012.

7 이덕일, 『이회영과 젊은 그들』, 웅진지식하우스, 2001; 이문창, 『해방 공간의 아나키스트』, 이학사, 2008; 조세현, 『동아시아 아나키스트의 국제 교류와 연대: 적자생존에서 상호부조로』, 창비, 2010.

8 대표적으로 다음의 글을 예로 들 수 있다. 上海寓客, 「上海의 解剖」, 『開闢』 3, 1920, 이광수, 「上海에서」, 『三千里』 6, 1930; 黃浦江人, 「三百萬名 사는 上海 最近의 모양은 엇더한

른 하나는 독립운동을 전개하는 '지사'의 도시로 자기화되거나 그 배경으로 등장하는 것이다.[9] 그런데 양자의 재현 방식 모두 상하이의 조선인이 메트로폴리탄 상하이에서 겪게 되는 균열과 모순적인 감정의 실체는 좀처럼 드러내지 못했다. 그동안의 연구에서 상하이는 서구에서 상하이를 동양의 도시로 박제하는 방식과 유사하게 조선인 작가에게 고유한 의미를 갖지 못한 공간으로 대상화되었다고 할 수 있다.

그런데 최근 들어 상하이 공간의 의미를 새로운 각도에서 조망하고자 하는 시도들이 이뤄지고 있다. 상하이를 문학텍스트의 배경으로 묘사하던 초기의 관점을 넘어서서 최근 연구는 한국 문학계에서 이 공간이 가지는 역능과 의미가 무엇인지 질문하기 시작한 것이다.[10] 대표적으로 한기형은 심훈의 「동방의 애인」을 논하면서 조선의 혁명이 상하이라는 공간을 통과하면서 동아시아를 아우르는 혁명으로 자리매김 될 수 있었는지 그 가능성을 질문하고 있다.[11] 한편 신형철은 이상의

가」, 『三千里』 8권 1호, 1936.

9 혁명과 정치의 도시로 상하이를 재현하는 소설로 심훈의 「동방의 애인」(1930)과 유진오의 「상해의 기억」(1931), 조벽암의 「불멸의 노래」(1934)를 대표적으로 거론할 수 있다. 관련 연구를 수행한 바 있는 정호웅은 '한국작가들의 상해소설을 지배하는 것은 민족주의, 사회주의 등의 관념'이라고 정리한 바 있다. 정호웅, 「한국현대소설과 상해」, 『한국언어문화』 36, 2008, 303쪽 참고.

10 한중수교가 맺어지기 전인 1988년에 진행된 학위논문 한 편을 논외로 한다면, 주요 관련 연구는 이천년대 초중반에 시작된다고 볼 수 있다. 이 시기 연구는 상하이를 소설의 '배경'으로 다루고 있으며 관련 문학 활동도 독립운동계열의 관점을 채택하여 임정계열의 분기(分岐)를 다루는 특징을 보인다. 이러한 특징은 이천년 대 후반 들어 서서히 변모한다. 이와 관련하여 다음을 참고. 손지봉, 「1920~30년대 한국문학에 나타난 상해의 의미」, 정신문화연구원학위논문, 1988. 김호웅, 「1920~30년대 한국문학과 상해」, 『현대문학의 연구』 23, 2004.

11 이에 대한 한기형의 대답은 부정적이다. 한기형은 심훈의 「동방의 애인」이 이 속에서 흐르고 있는 동아시아의 가능성을 살려내지 못했으며 다주체적 활기를 수반하는 서사적

시에 나타난 중국어에 주목하면서 이상의 초기 일어시에서 상하이가 숨겨진 주요한 레퍼런스였음을 밝히고 있다. 그는 이상의 시에서 상하이가 조선의 관점에서 동아시아를 상상하는 중요한 정치적인 장소 중의 하나였다는 점을 지적한다.[12]

그러나 역설적으로 이 연구들은 상하이를 중요한 장소로 상정하고자 했지만 이를 현실적인 공간으로 위치시키는 데 실패했다는 것을 밝힌 작업에 다름 아니다. 왜냐하면 이들 연구자들은 공히 당시 상하이가 '상상'된 공간이거나 '연장된 조선'이라는 가상적이고 관념적인 공간의 한계를 넘지 못했다는 결론에 이르기 때문이다. 가령 한기형은 심훈의 「동방의 애인」에서 '상하이의 고유한 정체성은 사라지고 상하이에서만 가능한 보다 확장된 동방의 의미화 가능성은 차단'된 점을 소설의 한계로 지적한다.[13] 이렇듯 한국문학계에서 상하이 공간이 독자적인 모습으로 관련되는 지점을 드러내는 장면은 좀처럼 포착되지 않는다. 그 당시 다수의 문학가, 예술가, 운동가 들이 상하이로 건너가 활동했다는 사실에 비춰봤을 때, 상하이 공간 속에서 뒤엉키면서 이 속에서 살아가고 겪고 느끼는 조선인의 모습이 잘 조명되지 않는 것은 여러모로 따져볼 만하다.

재현의 기회를 획득하는 데에도 실패했다고 보고 있다. 한기형, 「서사의 로칼리티, 소실된 동아시아」, 『대동문화연구』 63, 2008.

12 신형철, 「이상의 텍스트에 새겨진 1930년대 초 동아시아 정세의 흔적들」, 『인문학연구』 45, 2011.

13 이와 관련하여 다음을 참고하라. 한기형, 앞의 글, 435쪽. 상하이 공간을 한국 사회와 동일시하고 이로 인해 중국에 대한 대타자의식을 발견할 수 없다는 의견은 관련 연구를 수행한 정호웅의 논문에서도 진술된 바 있다. 정호웅, 앞의 글, 307쪽.

이 글은 기존 연구가 마주친 이러한 문제점에서 출발하여 기존 연구에서 검토하지 못한 조선인 주체의 목소리와 시선이 있는지 그 현실을 재발견하면서 재현의 문제를 살펴보고자 한다. 곧 본 연구는 그들의 목소리와 시선을 밝히고 이를 통해서 상하이가 조선 문학가에게 어떤 의미를 가지는지 그리고 이것이 기존의 문학사 및 문화사에 어떠한 새로운 관점을 던져주는지 살펴보고자 한다. 더 나아가 상하이라는 국제도시가 국경을 넘어 동아시아의 지평에서 일국 문학사(한국문학사)를 새롭게 보게 하는 장소가 될 수 있을지 그 가능성을 탐문하고자 한다. 이와 더불어 상하이의 국제성과 디아스포라적인 면모도 새롭게 갱신되는 측면이 있는지 그렇다면 그 의미는 무엇인지도 검토한다.

이 장에서는 1930년대 상하이에서 장기간 체류했던 한 조선 문학가를 소환하여 그의 문학에서 상하이가 어떤 의미를 갖는지, 이것이 전달하는 실감은 무엇인지, 다른 작가들과는 상이한 문화교통의 감각을 갖는지, 만약 그러하다면 이는 무엇이며 어떻게 획득된 것인지 등을 살펴보고자 한다. 구체적으로 상하이에서 10여 년을 체류하면서 상하이를 배경으로 한 소설을 국내외 지면에 다수 발표한 작가인 김광주를 호출하면서 이에 대해서 검토해 보고자 한다.

1. 상하이의 김광주

김광주는 한국 문학사에서 낯이 익은 문학가라고 할 수는 없다. 오히려 소설가 김훈의 아버지이자 1960년대에 해방 이후 최초로 무협소설

붐을 불러일으킨 『정협록』 등을 쓴 작가로 더 잘 알려져 있는 편이다.[14] 무협소설을 쓰기 이전인 해방 직후에는 『경향신문』 등에서 문화부 기자로 일했으며 이 시기에 「악야」(惡夜), 「연애제백장」(戀愛第百章), 「나는 너를 싫어한다」 등의 다수의 단편소설과 『석방인』, 『혼혈아』 등의 장편소설을 출간한 바 있다. 그의 소설은 일반적으로 세태소설로 분류되는데[15] 신문기자 — '세태소설' 작가 — 무협소설가라는 김광주의 해방 이후의 문학적 행보는 확실히 주류 문단과는 거리가 있어 보인다. 이로 인하여 주요 문학사에서 그의 이름은 쉽게 찾아볼 수 없으며 문학적으로 그의 소설은 별도의 평가를 요한다.[16]

그러나 해방공간과 전후의 혼란스러웠던 문화와 사회적 조건을 탐색하고자 할 때 그의 소설은 당시의 목소리와 정서를 핍진하게 담아내고 있어 문학사 및 문화사 자료로서 일정한 의미를 지닌다는 평가를 받고 있다.[17] 이 글 또한 그의 작품에 대한 문학적인 평가는 별도의 논

---

14 『정협지』는 중국의 무협소설 『검해고홍』(劍海孤鴻)을 번안한 것으로 1961년 『경향신문』(1961.6.15~1963.11.23)에 연재되어 한국 독서계에 최초로 무협 붐을 일으킨 작품이다. 『정협지』 등의 무협 소설을 쓰던 말년의 김광주에 대해서는 김광주의 아들인 소설가 김훈이 쓴 수필에 일부 언급되어 있다. 김훈, 「광야를 달리는 말」, 『바다의 기별』, 생각의 나무, 2008.

15 대표적으로 정한숙의 관련 언급을 참고. 정한숙, 『현대한국문학사』, 고려대출판부, 1982, 188쪽.

16 최근 작품의 예술적인 성과를 따지는 것이 아니라 문학계 전반의 역사적인 복원을 시도하는 데 방점을 찍는 문학사 기술이 능상했는데 여기에 김광주에 대한 언급이 눈에 띈다. 이와 관련하여 다음을 참고. 조남현, 『한국현대소설사2』, 문학과지성사, 2012.

17 대표적으로 『석방인』을 국민형성의 방향과 관련하여 반공포로의 석방을 문제시한 작품으로 파악한 최미진의 연구를 거론할 수 있다. 최미진은 김광주가 반공포로 석방을 과거극복으로 재의미화하는 과정을 고평하면서 이를 과거청산의 세태를 제시하는 것으로 본 기존 논의와 각을 세운다. 최미진, 「반공포로의 석방과 국민형성의 딜레마」, 『한국민족문화』 41, 2011.

의를 요한다고 보며 이와 별개로 김광주의 텍스트의 문화적이고 자료적인 가치에 주목하여 논의를 전개한다는 점을 밝힌다. 그의 텍스트는 자료적인 차원에서 독보적인 가치를 지니고 있는바, 상하이에 체류했던 조선인의 감각과 경험을 김광주의 텍스트만큼 세밀하고 다양하게 다루고 있는 경우는 드물기 때문이다. 김광주는 본론에서 상론되듯이 경험과 재현이 과소했던 중국/상하이로의 월경자의 현실과 그들의 상상력을 돋보기로 가까이하듯 확대하여 재현하고 있다.

그렇다면 해방 이후가 아니라 그 이전으로 눈을 돌려 그의 행적을 살펴보면 어떠할까. 해방 이전 그가 청년 시절을 편력한 곳은 조선반도가 아니라 중국대륙이었고 그 중 상하이에서 거의 10년의 세월을 보낸다. 1910년 수원에서 태어난 그가 만주를 거쳐 상하이로 건너간 것은 20세가 되던 1929년이다. 그는 중일전쟁이 발발한 1937년까지 거의 10년을 상하이에서 체류하며 중국 체험을 하게 된다. 그는 만주에서 한의원을 개점하여 독립운동을 지원하던 형인 김동주의 도움으로 상하이로 유학을 가서 남양 의과대학에 진학한다. 그러나 곧 의학 공부보다 문학에 더 열중했으며 의학공부를 포기하고 문예 활동에 주력하게 된다. 1932년 3월부터 조선일보에 「상해와 그 여자」를 연재하며 창작 활동을 시작한 이래 「밤이 깊어갈 때」(1933), 「장발로인」(1933), 「포도(鋪道)의 우울」(1934), 「파혼」(1934), 「남경로의 창공」(1935), 「북평서 온 영감」(1936), 「野鷄: 이쁜이의 편지」(1936) 등의 소설을 조선의 잡지와 신문 지상에 잇달아 발표한다. 소설 이외에 「저물어가는 거리에서」(1932), 「칠월송」(七月頌, 1935), 「황혼을 기리며」(1937) 등의 시도 다수 발표했으며 신문 지상에 「신춘편감」(新春片感, 1933), 「남국

편신」(南國片信, 1933),「상해를 떠나며」(1938) 등의 수필도 싣는 등 문예계에서 다채로운 활동을 펼친 바 있다.

한편 상하이 시절 후기에는 '저우(洲)', '포군(波君)', '단루(淡如)' 등의 필명으로『천바오』(晨報) 등의 중국일간지에 영화평과 수필을 발표하여 영화평론가로 이름을 날렸다.[18] 영화평은 그의 다른 주요한 활동축인 연극활동과 연관되는데 김광주는 상하이 체류 당시 '보헤미안 극사'라는 연극단체를 조직하여 창작극을 공연한 바 있다. 또한 정치활동으로 남화한인청년연맹(南華韓人靑年聯盟) 등에 가입하여 '무정부공산주의'활동을 전개하기도 했다.[19] 1929년 상하이에 도착하여 중일전쟁의 발발로 인해 1937년 상하이를 떠나 대륙을 편력하기까지 김광주는 근 십년에 걸친 청춘의 시간을 상하이에서 문학과 연극 등의 문예활동으로 빼곡히 채웠다.

김광주가 상하이 시절에 발표한 글들은 상하이에서 살아가는 조선인 사회를 그리는 내용이 대부분을 차지한다. 문제는 이 조선인 사회가 어떻게 그려지는지, 그리고 그 속에서 상하이는 어떻게 드러나는지에 모아진다. 김광주가 중국 시절 창작한 소설 연구를 진행했던 산둥대의 김철은 김광주의 소설을 민족주의적인 경향으로 분류한 바 있다. 그는 김광주가 소개했던 중국프로문학 논의와 초기 문학에 대한 검토를 통해 김광주가 '민족주의적 성향'이 다분하면서도 '프로문학에

---

18 '영화범람시대(電映氾濫時代)'라는 제목의 평론을 필두로 2년여 동안 김광주는『천바오』등의 지면을 통하여 영화평론기사를 매주 한편 이상 싣는다.
19 남화한인청년연맹(이하 '남화')에 대해서는 다음 논문을 참고. 박환,「1930년대 전반 남화한인청년연맹의 결성과 활동」,『식민지시대 한인아나키즘 운동사』, 선인, 2005.

대한 관심과 열정'이 적지 않았다는 논지를 편다.[20] 일제 식민지 치하 이국 타향에서 기구한 삶을 살아가는 조선유랑민에 대한 묘사는 김철의 심증을 굳혀 주는 증거이다. 김광주의 소설을 비롯해 상하이를 배경으로 한 소설을 민족주의적인 경향과 독립운동계열에 위치짓는 것은 중국을 배경으로 한 소설을 분석하는 주요한 틀 중의 하나다.[21] 그러나 이 경우 김광주 소설에 미만한 상하이의 망명지사와 그 사회에 대한 회의와 비판의 시선을 제대로 해명하지 못한다는 난점이 자리하면서 김광주 소설의 특이성을 포착하지 못했다는 문제점이 남는다.

이에 비해 서은주는 김광주의 문학을 특정한 이념 지향과 관련하여 해명하는 것은 의미를 지니지 못한다는 상반된 의견을 제시한다.[22] 이보다는 조선인 이산자의 삶을 중심으로 식민성과 탈식민성이 착종된 공간으로서 상하이를 가감 없이 소박하고 투명하게 그려냈다는 점에서 문학적 의미를 부여한다. 이것이 이율배반적이고 중층적인 상하이라는 공간을 자연스럽게 드러내는 김광주의 형상화 방식이었다는 주장이다.[23] 전반적으로 서은주의 김광주 독법은 상하이를 향락과 식민성이 중첩된 공간으로 보는 상하이에 대한 기존 관점들을 적용하여 소설에 대응시킨 것이다.[24] 이는 김광주의 텍스트를 민족주의적으로

20 김철, 「김광주의 전기 소설 연구」, 김동훈 외 주편, 『김학철·김광주 외』, 보고사, 2007, 235쪽.
21 표언복, 「일제하 상해 지역 소설 연구」, 『어문연구』 41, 2003.
22 서은주, 「1930년대 문학에 나타난 '모던 상하이'의 표상」, 『한국문학이론과 비평』 40, 2008, 438쪽.
23 서은주, 앞의 글, 456쪽.
24 최낙민의 관련 연구도 유사한 관점에서 수행됐다고 할 수 있다. 최낙민의 논문은 꼼꼼한 자료 조사로 김광주의 문학과 생애를 추적하고 있는데 소설 분석의 기본적인 시각은

독해하는 것에 반하여 탈정치적이자 탈이념적인 텍스트로 만드는 작업이라 할 수 있다. 그런데 이 분석에서 문제는 상하이가 김광주 소설의 전면에 나서고 소설의 인물은 배면(背面)으로 물러나면서 발생한다. 상하이에서 느끼고 겪은 조선인들의 감정과 체험은 상하이의 도시 특성 속으로 흡수되고 상하이에서 체험의 독자성은 적절하게 구명될 거처를 찾지 못한다. 따라서 그의 연구에서 김광주 소설의 쟁점 중 하나인 혁명가의 위선과 파탄이 왜 표 나게 강조됐는지가 속 시원히 해명되지 못했다.[25]

오히려 주목해야 하는 것은 김광주 텍스트를 기존의 민족주의 계열이나 상하이의 이미지를 투사한 텍스트로 읽는 시각으로는 해명하기 어려운 이 '균열'과 '모순'이 드러나는 지점이다. 김광주 소설 속 인물들이 상하이 사회에 대해 갖는 비판과 매혹은 착종된 것으로 머무는지 아니면 이를 넘어서서 새로운 목소리와 시선을 담지하고 있는지 그 균열의 자리를 심층적으로 탐구할 필요가 있다. 구체적으로 말해서 그의 텍스트는 민족주의 계열로 독해되어야 하는지 아니면 상하이 공간의 특수성을 담지하면서 이를 체현한 것인지, 아니면 상하이 공간과 조선인 사회의 관계를 특정하게 그려내려 했는지가 다각적으로 검

서은주와 유사하다. 그는 김광주의 상하이를 향락과 우울, 음모, 자살의 공간으로 파악하고 있는데 큰 틀에서 봤을 때 환락과 식민성이 전시되는 공간으로 인식하고 있다. 최낙민, 「김광주의 문학작품을 통해 본 해항도시 상해와 한인사회」, 『동북아문화연구』 26, 2011.

25 서은주의 다음과 같은 기술을 참고. "일제에의 저항이 점차 현실적으로 힘들어지는 1930년대의 시점에서 국내 문단을 향해 김광주가 왜 이토록 혁명가의 위선과 파탄을 강조하여 보여주려고 했는지는 분명하지 않지만 그것이 조선인 이산자의 시각에서 가장 문제적인 상황으로 인식되었던 것은 확실해 보인다." 서은주, 앞의 글, 444쪽.

토되어야 한다. 아래에서 김광주의 텍스트와 시선에 대한 검토를 통해 동아시아를 종횡하는 지적이고 문화적인 교통에는 일국 문화의 경계를 넘어서 발설된 다른 목소리와 시선이 존재하는지, 그리고 그 의미와 기능은 무엇인지를 살펴볼 예정이다.

2. 망명사회와 그 적들

1930년대 김광주의 텍스트의 초점은 상하이의 조선인과 그들의 커뮤니티에 맞춰져 있다.

　이 당시 상하이의 조선인들을 다루는 소설이 수편 발표되었다. 대표적으로 심훈의 소설 「동방의 애인」과 유진오의 소설 「상해의 기억」을 거론할 수 있다. 그런데 이 소설에서 흐르는 공기는 김광주의 소설의 그것과 사뭇 다르다. 심훈의 소설에서 상하이는 조선인 독립 운동가들끼리만 교류하는 닫힌 세계로 재현된다. 유진오의 소설은 중국인 혁명가와의 조우를 다루고 있지만 이 조우는 깊어지지 못하고 체포와 구금의 숨 막히는 기억으로 남아 있다. 지하활동을 전개하는 중국인 혁명가와의 만남의 실패 및 구금에의 경험은 상하이를 더욱 비밀스럽고 폐쇄적인 공간으로 재현하는 데 일조한다. 상하이를 소재로 한 이 소설들에서 상하이의 조선인 혁명가들은 상하이의 풍경 및 그 속의 사람들과 단절된 밀폐된 공간에서 비밀스러운 활동을 펼친다. 이에 비해 김광주의 소설은 조선인 커뮤니티에 초점이 맞춰지면서도 조선인이 상하이의 인파와 거리에 호응하며 이 속에 뒤섞여서 살아가는 모습을 그린다는 점에서 이들과 다른 분위기를 재현한다. 이러한 분위기와 태도의 차이를 제외하고도 김광주가 상하이의 조선인들과 그들의 커뮤니티를 바라보는 시선과 재현하는 서사는 또 다른 특별한 면을 갖고 있다.

앞서 언급했듯이 김광주도 임정 계열의 독립운동을 한 문학가로 기억되곤 한다.[26] 그런데 그가 김구 등이 주최가 된 임정의 문화예술 행사에 참여한 바 있으나 그렇다고 그를 임정계열의 독립운동에 '전념'한 문학가로 분류하는 것은 적절하지 않는 것 같다. 왜냐하면 그의 텍스트 곳곳에는 상하이의 망명사회 도처에 출몰하는 지사와 혁명가, 망명객에 대한 부정적인 묘사가 도사리고 있기 때문이다. 이런 점에서 김광주의 소설은 친일/반일 이분법에 규정되지 않는 텍스트라고 할 수 있다. 그렇다고 이데올로기에 무심한 탈정치적인 텍스트로 정리하는 것은 핵심을 벗어난다. 오히려 김광주의 서사는 친일/항일의 이분법이 망명사회에서 행사하는 맹목의 힘을 게시하고 이를 중요한 문제로 삼는 텍스트라 할 수 있다. 그의 소설이 다루고 있는 것은 항일과 독립 운동의 대의를 거부하지는 않지만 무조건적인 항일-저항의 논리에 매몰됐을 때 은폐되고 망실되는 현실과 주체에 대한 문제 제기라고 할 수 있다. 텍스트는 상하이의 망명 사회에 항일/친일의 논리 이외의 다양한 행동과 목소리가 출몰하는 순간을 포착한다.

구체적으로 살펴보면, 소설은 상하이의 조선인 망명사회에서 지

---

26 김광주는 김구와 연관되어 상하이에서의 행적이 회고되곤 했다. 대표적으로 김광주에 관한 다음의 언급을 참고. "김구의 비서적인 역할을 감당하면서 이론과 실제의 기로에서 있는 항일독립운동의 통합적 동력을 모색한 인물이다." 이영미, 「중국 상해의 항일운동과 한국의 문학지식인」, 『평화학연구』 제13권 3호, 2012, 217쪽.

사와 독립 운동가를 자처하는 사람들이 어떻게, 얼마나 타락했으며 또 얼마나 위선적인지를 파헤치는 데 집중하고 있다. 상하이 시절 중반기인 1935년에 발표된 소설인 「남경로의 창공」 말미에서 주인공인 명수가 아편장수로 치부한 집과 침묵하는 친구들을 뒤로하고 가출하며 다짐하는 내용은 김광주 소설 창작의 출발선이 어디인지를 짐작케 한다.

> 「명수」는 아무것도 더 생각하기가 싫였다. 춤과계집과 술과마장, 연분홍빛 향락을 좇아 일생을살라는 계급들—그러나 지사(志士)의거리 「상해」라는 이아름다운 명사가 그들의이런생활을 곱게곱게 덮어주고 있는 것이 아니냐?
>
> (껍질을벗껴야한다. 그들의생활을덮고잇는 이어두컴컴한 껍질을벗껴서 밝은태양아래 드러내야한다… 나는 이것만위하야서라도 일생을 붓대를들고 싸워보자!)[27]

이러한 인물의 결심에 호응이라도 하는 듯 김광주의 소설에는 변절하고 타락한 지사와 혁명가가 빠지지 않고 등장한다. 그의 소설 속에서 '지사'의 도시로 알려진 상하이 망명사회의 실상이 다양하게 헤쳐 그려진다. 아편 장수가 된 지사(「남경로의 창공」), 아편장이가 된 지사연하는 의사(「상해와 그 여자」), 술과 춤과 여자에 빠진 자신의 처지를 '상하이안의 생활'로 포장하는, 과거에는 '사회가 어떻고 민족이

27 김동훈 외 주편, 『김학철 · 김광주 외』, 보고사, 2007, 296쪽. 인용문에서 구두점과 띄어쓰기는 당시 표기를 따랐다. 맞춤법은 'ㅺ'을 'ㄲ'으로, 'ㅼ'을 'ㄸ'으로 고친 것을 제외하고는 기본적으로 당시의 맞춤법을 그대로 따랐다.

어떻다고 떠들며 가장 진실한 인간으로 자처하던' 교수(「남경로의 창공」), '무슨 회가 있을 때마다 신주받들 듯 모셔다가 연설을' 하게 되는, 실제로는 아편장사와 갈보장사를 하는 '북평'의 조선인(「북평서 온 '영감」). 김광주 소설은 변절과 전향, 타락 이후에도 여전히 지사와 혁명가의 타이틀을 유지하는 인물과 이를 가능하게 하는 망명사회의 메커니즘을 문제시하고 있는 것이다. 소설은 이러한 허위와 위선을 가능하게 하고 포장하는 사회는 어떤 사회인가, 이 사회에서 독립과 대안을 이야기하는 것은 가능한가, 이와 차별적인 어떤 독립과 대안의 운동과 삶을 상정해야 하는지를 지속적으로 질문하고 비판하는 인물을 등장시킨다. 가령 상하이에서 병원을 운영하는 의사인 오빠의 연락을 받고 서울에서 온, 「상해와 그 여자」의 김은순이 대표적이다.

> "박선생님! 상해란 참말못살곳이야요 야심가 위선자(僞善者)들만살곳이지 어듸정말사람이살곳입니까? 글세 저의오라버니만하드라도 그러치요 밤이나낫이나 아편연긔에도취하야 넉을일코지내면서도 그래도 자긔딴에는 가장 무슨지사연하는꼴이란…… XX! XX! 그것이 무슨 XX입니까! 글세……? 남을지배해보겟다는 정치적야심에 지나지못하는것이지…… 민중이무엇을찻고잇넌지도모르고 상해라면 XX 이하날에서 제절로떠러지는곳인줄 알고잇지만 자긔네들의 영웅적야심을채우는 심심푸리라면모르거니와 무슨놈의XX이 그러게 안저서 팟떡먹듯이됩니까? 야심! 야심! 사람을영망케하고마는 그야심!"[28]

---

28 김광주, 「상해와 그여자」, 『조선일보』 1932년 4월 1일.

소설은 아편과 지사를 연결시키면서 이들에게는 지배와 명예와 향락에 대한 욕망이 들끓고 있으며 이것이 표면적으로 내세우는 독립운동이나 민족주의에 대한 이념적, 사상적 지향을 압도하는 때가 다수라는 사실을 폭로한다. 독립운동가라는 허울 아래에는 지배와 명예를 쫓는 욕망이 넘실대고 있으며 이것이 상하이 망명사회와 유력인사의 명망을 지탱하고 있는 주요한 구조 중의 하나라는 사실을 밝힌다. 그의 소설 속 인물들은 '친일/항일'이라는 정치적 선택의 마지노선이 도리어 이러한 행동과 사상의 불일치를 방어하면서 망명사회의 명망을 유지 작동시키는 기제라는 점을 우회하여 비판하고 있다.

곧 김광주의 소설은 항일/친일의 이분법으로 수렴되는 정치적 구도가 망명사회의 삶을 지배하면서 망명사회의 어둠과 악과 위선을 산생시키고 또 이를 은폐하는 유력한 기제가 되는 현실을 드러내고 있는 것이다. 망명사회를 좀먹는 치부는 내부에서 배태된다. 김광주는 친일파와 그 사회에 대해서 가차 없이 비판하고[29] 혁명과 운동의 대의에 대해서 십분 동의했지만 그만큼 독립운동계열의 환부에 대해서 더없이 치열하고 치밀하게 파고들어 그 문제성을 부각시키는 데 주력했다.[30]

---

29 김광주의 친일파에 대한 태도는 소설과 회상기에서 상하이의 부두에 대한 관련 기술에서 눈에 띤다. 친일계 조선인이 거주하던 곳은 북사천로의 일본인 조계지였으며 이들은 보통 양수포 부두에 도착한다. 양수포 부두는 일본경찰이 상주하는 곳으로 비(非)친일계 조선인은 발을 디디기조차 두려워하는 곳이었다. 비친일계 조선인이 거주하는 곳은 프랑스조계지였으며 이들은 보통 포동(浦東) 부두로 입항한다. 이와 관련하여 다음을 참고. 「북평서 온 영감」, 『김학철·김광주 외』, 314쪽; 「상해시절회상기(하)」, 『세대』 1966년 1월호, 345쪽.

30 이와 관련하여 조남현은 김광주가 "과거의 주의자와 미래의 주의자 사이에서 후자의 손을 들어준 것"으로 기술하고 있다. 이는 김광주가 양비론적인 시각이 아니라 이념의 관점에 서 있음을 분명히 하는 진술이긴 하지만 망명사회에서 대치되는 이념을 동일하게

이러한 문제의식은 1930년대 동아시아의 변화된 정치적인 지형 속에서 상하이 이주가 조선인에게 갖는 성격과 위상이 변화된 것과도 관련해서 이해될 필요가 있다. 1919년 임정이 상하이에서 구성된 이후 1920년대에는 지사와 운동가들이 주로 상하이로 건너왔다면, 1930년대에는 일본제국주의가 만주국을 세우는 등 대륙침략의 야심을 확장하는 것에 발맞춰 친일파들이 대거 상하이에 이주해 왔다. 이와 더불어 1932년 윤봉길의사의 폭탄투하 사건 이후 강화된 임정요원에 대한 체포와 구금으로 인해 항일세력이 대거 축소되는 상황이었다.[31] 이 가운데 1930년대 상하이의 조선인 커뮤니티는 친일파와 반일파가 홍커우 일대와 프랑스조계지에 각각 따로 주요 거주지를 형성하여 세력을 겨루고 있었다. 이런 상황에서 항일운동의 조건은 더 열악하고 복잡해졌으며 타락과 변절과 전향의 유혹은 도처에서 손을 뻗어 왔다. 망명사회의 적이 도처에 은거하고 있었던 것이다. 이런 점에서 김광주의 텍스트는 1930년대 달라진 망명사회의 상태와 문제를 드러내는 텍스트라고 할 수 있다.

1930년대는 항일운동 내부 세력의 약화와 이탈 가능성이 1920년

'주의자'로 기술함으로써 김광주가 문제시한 갈등과 문제의 구조를 포착하는 데 이르지 못하고 있다. 김광주의 소설이 문제시한 민족주의 논리가 억압한 것을 드러내지 못하고 그 논리 속으로 소설을 재귀시키면서 망명사회의 균열을 봉합하는 해석이라고 할 수 있다. 이는 '주의자'를 비판한 「장발로인」에서의 논지를 비춰봤을 때도 좀 더 천착이 필요한 해석이라 봐야 한다. 조남현, 앞의 책, 216쪽.

31 김광재에 따르면 1933년 이후 상하이 일본총영사관에 의해 체포된 독립운동가 96명이었고 이중 전향하거나 자수한 지사들이 전체 48%에 달했다. 김광재, 「'상해거류조선인회'(1933-1941)」, 『한국근현대사연구』 35, 2005 겨울호, 152쪽 참고. 1930년대 상하이의 조선인 이주 현황과 친일 형태에 대한 자세한 사정은 다음 논문을 참고. 황묘희, 「침략전쟁기 상해의 친일조선인연구」, 『한국독립운동사연구』 24, 2005.

대보다 더 커진 상황이었다. 그렇다고 작가들이 모두 항일 운동 내부의 문제에 직면하여 이를 발설하거나 비판의 목소리를 높인 것은 아니었다. 무엇보다도 이는 상하이의 망명사회를 겪은 내부자만이 낼 수 있는 목소리라는 점에서 중요하다. 항일 운동 그룹의 문제에 대해 지속적이고 과감하고도 맹렬하게 발언한 김광주의 작업은, 미화되는 망명사회에 반하여 이 사회가 어떻게 구동되는지 그 내면을 드러내며 이를 비판의 출발점으로 삼았던 것이다. 망명사회의 적은 망명정부 내부에서 배태되고 있는 것으로 본 것이다.

그렇다면 김광주의 텍스트는 상하이 망명사회의 어두운 면을 서술하는 것이 전부인지, 이를 능가하는 다른 서사나 주체는 없는지 검토할 필요가 있다. 이 지점에서 우리는 김광주의 소설에 미화되는 상하이 망명사회에 대해 비판을 가하는 '목소리'와 '시선'이 '출현'한다는 사실에 주목해야 한다. 이들은 비판자에 그치는지 아니면 이와는 '다른' 목소리와 시선을 제시하고 있는 주체인지를 검토할 필요가 있겠다.

3. '몬스터'라 불린 사람들

소설에는 망명사회의 문제를 보여 줄 뿐만 아니라 발설하고 비판하는 인물들이 등장한다. 이들은 현실에 비판의 목소리를 드높일 뿐만 아니라 더 나아가 이 망명사회의 문제가 어디에 있는지를 감지하고 있는 인물들이다. 소설 「장발로인」에서 상하이의 얼치기 혁명청년을 비판하는 연극을 올리다 봉변을 당한 박군과 나를 격려하는 '장발로인'(이하 '장발노인')은 이러한 목소리를 내는 대표적인 인물이다. 그는 망명사회의 문제를 비판하다 결국 복면한 사나이의 총에 맞아서 죽게 된다. 그가 망명사회를 어떻게 비판하고 있는지 살펴보자.

> "조선놈은 당파(黨派)싸흠으로 망하우 망하지안코되겟소 ── 생각하면 허무한일이거던 ── 한나라한민족을생각하고 목숨을바친다는사람들이 조고마한 당파! 드러운영웅심리에 넉을일코산대서야 도리말이요! 내가 십여년을해논게 무어란말이요! 내총뿌리로 내민족을죽이는놈들과 무슨일을 한단말이요! 그도 참된일을위한다면야 못할일이 아니지만 개인적명예를위하는 싸흠에 지나지못하거던."
> [⋯] 「주의」(主義)가업는 늙은이라도 까닭업시 욕하기를 즐겨 하는사람도잇엇든만큼 그는엇더한주의나 주장에내몸을 기계적으로 트러마추기를 실혀햇다.
> "[⋯] 사람이란 남을 지배(支配)해보고십흔 야심을 버려야합네다 남을 지배하기십흔사람 또남에게 지배밧기실흔사람⋯ 그사람이 행복된 사람이요."[32]

장발노인은 당파심과 영웅심리, 명예를 추구하는 망명 지사들을 비판할 뿐만 아니라 더 나아가 궁극적으로는 타인을 지배하고자 하는 권력과 지배 욕망이 문제라는 인식에 가닿은 인물이다. 그는 남을 지배하기도 싫어하고 남에게 지배받기도 싫은 이로 지배와 통치로부터

---

32 김광주, 「장발로인」, 『김학철·김광주 외』, 249~250쪽.

벗어나 인류의 행복을 추구하는 꿈을 꾼다. 「상해와 그여자」의 은순 역시 '거짓XX적인인물이되기보다는내자신의먹을 것을 스스로 버려먹는 인간이되고' 싶으며 '모든 영웅주의자들의 야심을 버리고 참된인류의 행복된 삶을위하는 거짓업는 XX가 되길' 소망한다.

> "XX가"-"운동가"-자긔자신을속이고 헛된명예욕에날뛰는 글녀사람들-어데를간들업스리요만은 저는 거짓XX적인인물이되기보다는내자신의먹을 것을 스스로버려먹는인간이되고십헛습니다 "먹어야한다싸워가면서사라야한다"하는 굿은생각압해비록약한녀자의몸이나 두려울것이업습니다… 자신을속이고사는생활저는양심이잇는인간으로서는참아못할것이라고밋습니다 "XX" 모든영웅주의자들의 야심을 버리고 참된인류의 행복된 삶을위하는 거짓업는 XX! 저는 거긔에 이 조고마한녀자의피라도 바칠것입니다… 꾸준한 분루와 노력으로 참인류의행복을위한 만흔글을 쓰서서뵈여주심바랍니다.[33]

흥미로운 것은 이러한 발언을 하는 인물이 지식인이나 망명객, 운동가와 같은 망명사회의 상층부에 위치한 인물이 아니라는 데 있다. 이들은 그동안 한국 문학이나 역사에서 그다지 주목받지 못했던 상하이 망명사회를 구성하는 다수의 하위주체들이다. 김광주의 소설은 상하이의 망명사회에서 살아가는 하층 계급에 초점을 맞춘다. 김광주가 애정을 쏟은 것은 지사, 운동가, 혁명가, 망명객을 제외한 '룸펜', 프롤

---

33 김광주, 「상해와 그여자(완)」, 『조선일보』 1932년 4월 4일.

레타리아, 노동자였다. 빈한한 작가, 간호사, 품팔이, '룸펜', 매춘부인 '얘지(野鷄)'가 김광주의 상하이 서사 속 주인공이 가진 직업이었다. 이들은 상하이의 망명사회에서 횡행하는 명예와 야심의 반대편에서 빈궁한 현실을 온몸으로 받아내며 이에 맞선 생활을 영위하는 인물들이다. 허위와 위선과 명예를 뒤쫓는 망명사회의 지사연하는 인물과는 정반대에 위치한 인물이라 할 수 있다. 김광주의 텍스트는 특이하게 독립운동가와 혁명가라는 상하이 조선인의 상상과는 구별되는 '싱거운놈', '어림업는놈', '미친놈'이라 불리곤 하는 '몬스터'들을 서사의 주인공으로 내세웠다.[34]

이들이 국제도시 상하이에서 '몬스터'라 불리는 존재가 된 것은 우선적으로 월경하는 식민지 하층 노동자 계급의 일반적인 조건과 관련이 있다. 자본축적과 전쟁수행의 '인력' 배치라는 제국의 경로[35]를 이탈하여 국경 너머로 이동한 식민지 민중은 국제도시인 상하이에서 실업과 가난의 상태와 마주한다. 「북평서 온 영감」에는 월경하여 이동한 식민지의 하층 계급이 처한 조건이 어떠한지를 알려주는 대목이 등장한다.

---

34 인용구는 「북평서 온 영감」과 「장발로인」에서 취했다. "상해에 사는 조선사람들[…]은 이 로인을 장발로인이라고불넛고 그중에 영어마디나 할줄아는 젊은친구들은 몬스터-(怪物)라고도 불넛다." (김광주, 「장발로인」, 『김학철·김광주 외』, 247쪽.) "상해란데가 원체 묘한 곳이니까 별놈이 다흘러 들어오지, 그런 싱겁고 어림없는 놈? 그놈이 대체 어데서 굴러먹던 놈이여?" "말할게있나 ──미친놈이지." (김광주, 「북평서 온 영감」, 앞의 책, 329쪽.)

35 김예림, 「'노동'의 제국」, 『사이間SAI』 13호, 2012, 196쪽.

일을 즐겨하면서도 일을 얻지 못하는 사람, 「영감」도 그중의 한사람이었다. [...] 중어(中語)라고 한다는 것이 몇마디에 지나지않고 이렇다고 내세울 기술이없는 사람이 「상해」같은 바삭바삭하는 도회지에서 일자리가 있을 리가 없었다. 그렇다고 품파리 로동같은 것은 제나라 일꾼들도 길바닥에 수두룩하게 굴러다니는 판이니 조선 사람이란 굴레를 벗지 못하는 이상 꿈도 못꿀 일이었다.[36]

월경하는 식민지 민중 대다수는 제국들의 권력에 포착되지 않는 '인구'였다. 월경하여 이동한 식민지 민중 다수는 떠돌이 행상(「북평에서 온 영감」)과 매춘부(「野鷄」) 혹은 무직(「장발로인」, 「포도의 우울」)의 삶을 영위하며 국제도시 상하이의 최하층계급을 형성하고 있다. 망명 사회의 다수가 이러한 무직과 행상 등의 불안정하고 비공식적인 고용과 실업의 상태에 처해 있는 것이 실상이었다. 김광주의 소설은 먹고 자는 삶의 기반이 해결되지 않고 이리 저리 이동하며 삶을 영위하는, 그동안 거의 재현되지 않았던 월경한 동아시아 피식민지 민중의 실태를 드러낸다. 상하이의 조선인들은 방세 독촉하는 중국인 집주인과 산달을 앞둔 아내로 괴로워하고 '서로 굶지 않았느냐고 서로 묻는 것이 매일 첫 인사[37]'이며 '자고먹는 것이 사람에게는 이러케 커다란 일이로구나[38]'라는 것을 느끼면서 하루하루를 힘겹게 살아간다. 마이클 데닝이 임금노동자가 아닌 사람들을 독자적인 범주로 이해하여 개념화

36 김광주, 「북평서 온 영감」, 앞의 책, 323쪽.
37 김광주, 「장발로인」, 앞의 책, 245쪽.
38 김광주, 앞의 글, 251쪽.

한 '임금없는 삶'은, 당시 이들 상하이 망명사회를 구성하는 다수 조선인 민중이 겪는 사태였다.[39] 국제도시 상하이에서 노동의 기회가 희소한 버려진 삶을 사는 조선인 하층계급은 '괴물'로 불리기 쉬운 생활조건에 처한다. 그리하여 그들은 다음과 같은 시선 속에 놓이게 된다.

> 늙은이가 머리를 길게기르고 때가끼조조흐르는다 낡근중국 두루마기를 입고 멕근한 『양키-』들의틈에끼여서 거울가티반드러운 『상해』의 애스팔트길을 태연자약하게 거러다니는것을 보면 […] 괴물가티 우습게보는것이 당연한일이었다.[40]

그러나 이들이 '괴물'이라 불린 것은 단순하게 임금 없는 삶을 사는 버려진 존재이기 때문만은 아니다. 이들은 제국의 주권이 포함된 배제를 작동시키는 예외상태를 수동적으로만 받아들이는 인물이 아니다.[41] 김광주는 이들에게서 제국의 자본축적에 이용되는 노동계급으로 소용되는 것을 거부하고 신민이 되기를 거부하는 욕망을 포착한

---

39 마이클 데닝은 산업예비군이나 룸펜프롤레타리아같은 전통적인 맑시즘 개념의 한계를 넘어서 임금없는 삶에 대한 독자적인 계보학을 구성하고 있다. 데닝의 연구는 '임금없는 삶'이 최근에 등장한 현실이 아니라 자본주의 역사 속에서 면면히 존재한 현실이었다는 점을 밝히면서 이를 맑시즘적인 관점에서 재개념화하고 있다. 마이클 데닝, 「임금없는 삶」, 『뉴레프트리뷰』, 길, 2013.

40 김광주, 「장발로인」, 앞의 책, 247쪽.

41 이와 관련하여 아감벤은 주권의 장을 다음과 같이 정의하고 있다. 강제된 생명은 궁극적으로 자신의 포함된 배제를 전제함으로써만, 즉 예외화로서만 법의 영역에 들어설 수 있다. 생명의 한계-형상, 즉 생명이 법질서의 내부와 외부에 동시에 자리하는 일종의 비식별역이 존재하며 그곳이 바로 주권의 장이다. 아감벤, 『호모 사케르』, 76쪽.

다.[42] 텍스트는 버려진 존재라는 삶의 조건을 수용하되 또 한편으로는 이러한 상태로 영구히 전락하는 것을 거절하는 인물들을 출몰시킨다. 그들은 가난하고 게으르고 열정적이며 위험한 룸펜이 되기를 자발적, 비자발적으로 동의한 이들이다. 파농이 『대지의 저주받은 자들』에서 언급한 대로 '룸펜은 일단 생겨나면 모든 힘을 다해 도시의 안정을 해치려' 하고 '식민지 지배자들의 도덕에 부합하여 식민지 사회를 기쁘게 해주는 개혁세력이 되지 않는다.'[43] 그리하여 이 욕망은 은폐되지 않고 발현되어 제국의 주권과 지배에 균열을 가한다.[44] 김광주의 상하이 서사가 거의 모두 인물들의 파국이나 비극으로 나아가는 것도 세계의 파열을 향한 룸펜의 의지와 무관하지 않다. 장발노인과 북평에서 온 영감, 얘지(野鷄)인 이쁜이, 간호사 김은순은 월경한 도시 상하이에서 제국(들)의 지배에 포섭되지 않고 이에 저항하면서 자신의 삶을 죽음이나 파국으로 밀어붙인다. 이것이 조선에서 갖가지 사연들을 안고 흘러들어온 조선인들로 가득한 망명사회에서 이들이 '몬스터'로 불리게 되는 진정한 이유이다. 이들은 행색이 국제도시 상하이의 알록달록한 세계와 어울리지 않을 뿐만 아니라 그 내면 또한 고분고분하게 이 세계를 받아들이지 않고 파괴하려는 욕망이 넘실대는 인물들이기 때문이다.

따라서 김광주 소설에서 지배와 통제를 벗어나고자 한 인물이 어

---

42 이 논의는 네그리에서 따왔다. 다음을 참고. 안토니오 네그리, 『다중과 제국』, 정남영 외 옮김, 갈무리, 2011.
43 프란츠 파농, 『대지의 저주받은 사람들』, 남경태 옮김, 그린비, 2004, 139쪽.
44 네그리, 앞의 책, 92쪽.

떻게 파멸과 파국의 결말을 향해 치닫는지 묘사하고 있는 것은 소설이 구동시키는 망명사회의 논리를 감안했을 때 당연한 귀결이라고 하겠다. 일체의 지배로부터 자유로운 세계를 피력하다가 피살되거나(「장발로인」) 자신의 순정을 끝까지 몰고 가 짝사랑하는 여인의 신혼 방을 습격하다 체포된다(「북평에서 온 영감」). 아니면 감옥에 간 동지의 아이를 결혼 않고 낳아 사람들에게 손가락질 당하거나(「상해와 그 여자」) 미지근한 세상의 동정을 뿌리치고 몸이 어떻게 되든 돈으로 사랑을 사고 남편을 살 것이라고 세상을 향해 악다구니를 친다(「野鷄」). 그들은 항일/친일의 정치적인 신기루를 쫓다가 명예와 야심에 자멸하면서 살아가는 인물들과는 다르다. 망명사회 내부에 어지러이 흩어지는 허위와 위선에 저항하면서 다른 한편 이를 거스르는 감각과 힘을 기꺼이 발산한다. 국제도시 상하이에서 기거하는 망명사회의 '몬스터'들이 망명사회와 예외상태의 장막을 찢는 육체와 그 움직임을 김광주의 텍스트는 선명하게 각인시킨다. 김광주의 텍스트에서 상하이의 조선인 룸펜들은, 망명사회의 최하층을 구성하는 계급이 되어 육체와 생활의 감각으로 느슨한 이념의 소지자에게 맞서는 서사를 펼쳐 보인다.

　김광주의 소설은 운동 및 혁명의 풍문과 기사로 전해진 먼 망명사회의 너울을 벗겨내면서 상하이 망명사회가 어떻게 구성되고 작동되고 있는지를 비판적으로 보여 준다. 이러한 비판적 시선은 기존의 상하이를 배경으로 한 조선의 소설에서 부재했던 시선이라 할 수 있다. 김광주 소설에서 비로소 상하이에서 살아가는 지사연하는 조선인 정객(政客)과 하층계급의 맨 얼굴이 드러난다. 이런 점에서 김광주 소설은 상하이 망명정부와 관련된 민족주의 상상과 망명사회 현실 사이의 균열을 노출시키는 텍스트라 할 수 있다. 다음 절에서는 이러한 균열을 드러내는 목소리가 지향하는 바가 무엇인지, 이는 상하이와 어떻게 어우러져 드러나는지, 그리고 이것이 상하이의 국제성 문제를 어떻게 다르게 기입하고 구성하는지에 대해서 살펴보겠다.

4. '페이브멘트' 위의 '보헤미안'

반드럽고 매끄러운 '페이브멘트'

망명사회의 현실과 상상 사이의 균열을 드러내는 목소리와 시선이 이채를 띠는 곳이 골방이나 실내 혹은 광장이 아니라 소설의 제목(「포도의 우울」)으로도 쓰인 '포장된 도로(鋪道)'인 '페이브멘트'라는 점은 주목할 만하다.[45] 김광주의 텍스트에서 자주 언급되는 상하이의 '페이브멘트'는 인도와 단절된 자동차가 질주하는 도로로서 등장하지 않는다. 이는 다국적과 다인종과 제(諸)계층이 어지러이 횡단하는 거리로서 재현된다. 김광주 텍스트 속 인물의 시선은 조선인 커뮤니티 내부로 폐쇄되지 않고 상하이의 거리와 일상과 풍경으로 향해 한껏 열려있다. 이 시선으로 그는 상하이의 모든 인종과 계급과 성별이 '반드러운' 페이브먼트에서 어떻게 뒤섞이며 살아가는지 그 양상을 관찰한다. 프랑스조계지의 번화가인 하비로(霞飛路)와 그 위를 거니는 군중을 바라보는 김광주의 시선은 이를 잘 드러낸다.

---

45 '페이브멘트' 표기와 관련하여 인용표시가 없을 때는 페이브먼트로 표기하기로 한다.

"하비로의밤거리는 여전히눈을 부실듯한 '네온싸인'의 붉은불과 푸룬불미테서 갑싼 '양키-껄'들의 분냄새와고기냄새에싸혀서깁허갑니다저는 향수에저즌마음으로 한동안녁을일코이난잡한거리의 일각에서가장 적나라한 인간생활이 축도를 바라보앗습니다. [⋯] 환락과 여자의 육향에취하야 난무하는 기름진다리들이 이편 '페이브멘트'에서 저편'페이브멘트'로 흐르고 [⋯] 중국 '쿠-리'들의 뼈만남은다리와 영양부족에시달린 누루퉁퉁한 얼골들! [⋯] 넘우나슬푼일입니다. [⋯] 이거리는 언제까지나 이러케기형아를 나노을것입닛가?"[46]

김광주의 텍스트에서 '페이브멘트'는 기본적으로 상하이의 화려와 문명이 표현되는 장소이자 그 이면에 도시의 향락과 퇴폐와 타락이발현되는 장소이다. 이와 더불어 그의 텍스트에서 페이브먼트는 이 도시에 몰려든 모든 인종과 계급과 성별이 가감없이 드러나고 교류하는장소라는 점에서 중요하게 조명된다. '반드럽고''매끄러운' 페이브먼트에 대한 반복적인 묘사는 이들을 비추면서 다른 한편 그 모습을 담아내는 장소의 특징을 강조한다. 곧 김광주의 텍스트에서 '페이브멘트' 묘사는 거리 자체의 물상과 일상에 놓여 있지 않다. 묘사의 초점은페이브먼트 자체가 아니라 페이브먼트 위를 이동하는 인물에 맞춰져있다. 다시 말하면 상하이의 페이브먼트는 상하이의 인간 군상이 한데등장하여 뒤섞이는 장소로서 텍스트에서 중요한 위치를 점한다. 여기에 비서구이자 비제국 출신의 피식민지 하층계급들도 국제도시 상하

---

46 김광주, 「南國片信(一)」, 『조선일보』 1933년 10월 24일.

이의 경관 안으로 들어온다. 그리하여 텍스트는 국제도시 상하이의 경관에서 무시되거나 생략되기 쉬운 조선인 하층계급이 어떻게 상하이 도시 풍경 속에 출현하여 뒤섞여 살아가는지를 그려나간다.

봄이 봄같지 안흔 「상해」건만 실발같이 가느다란 보슬비만은 때를찾어 넓은「애스팔트」를 적시기를 저버리지 않는다. 그러지 않어도 얄미울만치 반드러운「페이브멘트」는 이슬비에 축어서 물독에서 나온 생쥐모양으로 자르르 흘렀다. 이때나 그때나「상해는 나를 위해서 생겼오」하는듯이 이 반드러운 거리 양옆으로 코큰 서방님, 눈파란 아가씨들이 이렇다는 일도 없건만 어데서 금방에 큰수나 나는 것처럼 활게 짓을 하고 갈팡질팡 헤매였다… 그들의 향수냄새에 젖은 사람의 물결을 헤치고 거러오던 '영감'과 나, 그리고 그의 등위에 질머진 괴나리보찜-밥은 굶어도 구지질한것은 처다보는 것만도 수치라고 역이는 그들에게 두 '코리맨'의초라한 모양이 유달리 눈에 떼운 것이 무에 이상한 일이랴.[47]

소설은 다인종과 제 계급이 뒤섞이는 상하이의 페이브먼트에 조선인들을 등장시켜 이들을 상하이의 도시 풍광 속에 현재하는 주체들로 재현한다. 텍스트는 다민족과 다인종이 횡행하며 화려와 퇴폐와 타락이 들끓는 국제도시 상하이에서, 무산자이자 무국적자인 조선인이 어떻게 이 거리에서 어우러져 '고군분투'하는지 그 삶을 전시한다. 기

---

47 김광주, 「북평서 온 영감」, 앞의 책, 316~317쪽.

행의 '몬스터'와 이들과 어울리는 소설 속 인물들이 초라한 행색임에도 불구하고 어떻게 어깨를 겯고 더불어 거리를 활보하는지 그 모습을 생생하게 그려낸다.

그런데 상하이는 비판과 비난의 대상으로만 부각되는 것이 아니라는 것이 김광주의 상하이 재현에서 특별한 지점이다. 이보다 다인종과 제 계급과 각 성별이 영위하는 삶들 각각을 재발견하는 장소라는 점이 부각된다. 김광주의 텍스트는 허영과 환락의 도시 속에서 명멸하는 하층계급 개별자의 '삶'에 주목하고 그들이 느끼는 '환희'와 '희열'의 감정을 생생하게 표현하는 데 방점을 찍고 있다. 텍스트가 초점을 맞추는 것은 이 거리에서 이들의 감정이 어떻게 생성되고 드러나는지에 대한 것이다. 텍스트는 국제도시 상하이에서 '애스팰트'를 '달음질'치는 쿨리와 '마음에 없는 매음을 하는'[48] 거리의 얘지(野鷄), '씩씩'하게 '거리'를 걷는 남국의 '명랑한' 아가씨들에게 애정 어린 시선을 던진다. 국제도시 상하이는 그들이 거닐고, 살아있음을 깨닫고, 희로애락을 표현하는 장소로서 재정위된다.[49]

비탈진 넓은 '애스팔트'위로 다름질치는 한 '황포차'(인력거)부의 흑동색다리, 이마를흐르는 땀, 그리고 이따남의인들의 […] 그 내음새 거기서도 나는 얼마나 커다란 '삶'의 환희와 '생존'한다는 것의 희열감을 느끼엇던고.[50]

---

48 김광주, 「南國片信」, 『조선일보』 1933년 10월 26일.
49 김광주, 「상해를 떠나며: 파랑의 항구에서 (1)」, 『동아일보』 1938년 2월 18일.
50 김광주, 앞의 글.

상해의 복잡한 표정과 여름 황포강을 스쳐불어오는 시원한 바람, 가을 거울같이 반드러운 '페이브먼트'를 구르는 '마로니에'의 잎사귀, 그리고 저 명랑한 남국 아가씨들의 씩씩한거리, 그것들은 때로나를 울렷고 때로 미지근한 위안과 안타까운 애착을 가지게 하엿다. 주인이없는 이 거리, 아모에게나 추파를 던지든 이거리 […] 해관의 커다란시계는 오날도 변화없는 표정으로하로해의 저므러감을 가라치고잇다.[51]

김광주의 텍스트는 상하이를 부각시킬 때 향락과 허영의 얼굴만이 아니라 이를 상회하는 얼굴을 갖고 있는 지점에 초점을 맞추는데, 이는 식민성과 향락이라는 상하이에 대한 스테레오타입화된 상상을 깨는 시선이라 할 수 있다. 상하이로 스며들어간 비서구 비제국의 식민지 출신 작가는 제국의 각축장인 상하이의 얼굴에서 퇴폐와 타락과 죄악의 세월뿐 아니라 환희와 희열이 교차하는 모순적인 순간을 포착한다. 김광주는 '감람열매를 씹는 맛'이나 '복잡한 표정'이라는 표현으로 상하이 공간이 갖는 복합적인 의미와 특이성을 형용하고 있다.[52] 텍스트는 상하이를 허영과 죄악이 미만한 좌절의 거리로만 묘사하는 것이 아니라 이와 더불어 생과 환희가 표표히 떠오르는 순간을 잡아내면서 도시의 복잡한 표정을 재현한다. 그의 텍스트는 상하이의 스테레오타입화된 상상이 담아내지 못한 하층계급의 삶과 감각으로 집중된다.

---

51 김광주, 앞의 글.
52 다른 곳에서는 이를 '쌈쌀하나 어데인지 구미당기는' '감람열매'를 씹는 맛으로 상하이에 대한 감각을 표현한 바 있다. "그때의 나로하여금 감람열매를 씹는것같은 쌈쌀하나 어데인지 구미당기는 일종의 형언키 어려운 애착을가지게하든 상해", 김광주, 「상해를 떠나며 : 파랑의 항구에서(1)」, 『동아일보』 1938년 2월 18일.

방랑하는 보헤미안

바로 이 지점에서 우리는 페이브먼트 위의 '몬스터' 이외에 또 다른 주체에 주목하게 된다. 김광주의 텍스트에는 향락과 퇴폐라는 상하이의 전형적인 상상법을 넘어서면서 하층계급에게 시선을 집중하고 그들의 목소리를 대변하는 그들 자체가 하층계급인 제3의 시선이 등장한다. 이들은 도시를 좀 더 새롭고 자유롭게 바라보면서 도시 속에서 활동하는 주체이다. 구체적으로, 그들은 상하이 망명사회의 하층계급인 '몬스터'들을 지켜보고 그들과 우애를 나누면서 '몬스터'들의 행동이 만들어 내는 균열음을 전하는 화자이다.[53] 그들은 상하이 망명사회의 하층계급이면서 몬스터와는 구별되며 다른 한편 운동가연하는 망명객과 명백한 거리를 취하는 제3의 인물이다. 이들은 결론을 당겨 말하자면 퇴폐와 향락의 상하이의 표상 너머 새로운 포지션을 갖고 상하이를 대하는 인물이다.

그들은 몬스터의 파괴적인 행위와 다른 태도를 취하지만 또한 망명사회의 전형적인 궤도를 답습하여 살아가지도 않는다. 망명사회의 구도는 문학과 연극, 예술을 정치성과 가장 먼 영역으로 배치하는데, 이들은 이 구도를 거부하고 다른 방향의 길을 내어 그 쪽으로 내달린다. 이들이 조국광복을 위해 투신하는 독립운동가의 삶과 거리를 둔다는 것은 분명하다.[54] 그러나 동시에 예술과 정치의 합일을 모색하며 새

---

53 「장발로인」에 '몬스터'와 관련된 직접적인 표현이 나온다. 「북평서 온 영감」, 「포도의 우울」, 「남경로의 창공」, 「野鷄」는 모두 남들이 괴상하게 보거나 스스로를 이상하게 생각하는 인물들이 나온다. 대표적으로 각주 34번의 「북평서 온 영감」의 관련 대화를 참고.

54 가령 이 시절 도산과의 만남을 회상한 김광주의 회고록 관련 대목을 참고. "전도 유위한 청년들이 조국광복에 전념해야할 터인데 연극이니 예술이니 하고 날뛰는 것이 마땅치

로운 공동체와 정치의 형태를 꿈꾼다는 점에서, 육체와 생활을 제일로 두고 삶을 감행하는 몬스터의 행보와도 구별된다. 이들은 '적나라한 생의 보고'와 '노예성이 업는 작품'을 쓰는 것을 망명사회에서 살아가는 의미로 삼고 있는 예술가-주체이다.

藝術에階級性 社會性이잇어야한다는것은 누구나肯定하는바이지만 '맑쓰'가아니요 '레닌'이아니면 모도가 藝術至上主義란법은 업다고 生覺된다… 藝術은實로 萬人을爲한藝術이여야한다… 人間生活을깁히觀察한사람들의손으로 씨워진 赤裸裸한生의報告-그리고 奴隷性이업는작품! 나는 그런것을읽고십고 쓰고십다[55]

조선에서 월경한 상하이의 예술가-민중은 일정한 직업과 주거도 없이 이러한 무적과 무직의 조건을 지렛대 삼아 일체의 지배와 노예성을 거부하고 여기에서 자유로운 집단을 구성했다. 이 시절의 활동과 실천이 부여했던 감각에 대해서 김광주는 훗날 다음과 같이 회고했다.

나는 내 자신을 집씨같은 보헤미안이라고 불러서 자위를 삼아보기도 했다.

국적도 없고 또 국적을 누가 인정해주지도 않는 청년들이 허줄구레한 모습으로 국제도시 뒷골목을 어깨가 축처져서 돌아다니는 모습을 집

않다는 말투였으나 그렇다고 남의 행동을 무조건 꾸지람하는 그(=도산)도 아니었다." 김광주, 「상해시절회상기(상)」, 앞의 책, 254쪽.

55 김광주, 「新春片感: 토막글數題(完)」, 『조선일보』 1933년 1월 8일.

씨보다 뭣이 달랐으랴!

[…] '일체의 지배가 싫은 젊은 세대'

[…] 「조국」이란 것이 우리에게는 그리 매력있는 존재도 아니었다. 허울좋은 애국자니, 혁명투사니 하는 위선과 독선도 우리는 보기 싫었다.

[…] 으스러지도록 부둥켜안아보고 싶고, 그 품에 안기워보고 싶은 「조국」이면서도, 우리들에게 몸부림만 치게하고 들볶기만 하고 일경의 칼자루 밑에 깩소리도 못하는 「조국」[…] [56]

김광주는 일제의 지배는 물론이고 조국의 현실에도 실망하여 이를 상회하는 다른 이상을 꿈꾼 이들을 보헤미안이라고 통칭한다.[57] 주목해야 할 대목 중 하나는 이러한 감각을 가능하게 한 곳이 상하이였다는 점이다. 상하이는 민족과 국가/조국의 규정력에서 벗어나고자 하는 원심력이 생겨나고 이를 작동 가능하게 만드는 공간이다. 국제도시 상하이에서 피식민지 민중으로서 형식적으로 무국적자인 조선인은 일본과 조선이라는 제국과 국가의 규정력에서 탈주하고 이 모든 지배에서 자유로운 집단과 공간을 꿈꿨던 것이다. 보헤미안은 국가와 제국의 경계를 흩뜨리고 향락과 퇴폐의 의미를 무화시키면서 이를 넘어서는 자유를 무목적적인 공동체 속에서 성취하고자 하는 주체들이다.

---

56 김광주, 「상해시절회상기(상)」, 『세대』 1965년 12월, 267쪽.

57 김광주는 시 「황포탄의 황혼」 등에서 '코스모폴리탄'이라는 용어를 사용하지만 김광주가 의식적으로 선호한 용어는 '보헤미안'이었다. 위의 발언뿐만 아니라 상하이 시절 발간한 동인지를 '보헤미안'이라고 명명하고 주요 활동 단체였던 극단을 '보헤미안극사'라고 이름 붙인 것에서 이는 잘 드러난다. '코스모폴리탄'과 '보헤미안' 두 개념의 차이에 대해서는 후술한 내용을 참고하라.

이는 변변한 자산도 자신의 정체성을 밝힐 국적도 없는 피식민지의 하층계급이라는 현실을 국제도시 상하이에서 엄연하게 감지했기에 가능한 선택이다. 그렇지만 다른 한편 다수의 조선인이 거주했던 상하이의 프랑스조계지는 조선과 만주처럼 일본 제국의 통제력이 상시적으로 미칠 수 없는 공간이었기에, 조선과 만주에서와는 다른 자유와 해방을 상상할 수 있는 곳이었다.

나에게 亡命이란 외람된 일이 있을 리 없고, 마음껏 또 하늘을 우러러 볼 수 있는 放浪이 그저 좋았고, 아무도 나를 支配하려 들지 않고, 命令하려하지 않는 異域 하늘에서 이 都市에서 저 港口로, 간다온다 말도 없이 흘러가서는, 그 전에 있던 곳을 그리워하는 까마득한 追憶의 心境에서 사는 것이 젊은 내 넋을 꿈없이 誘惑했을 뿐만 아니라 왜놈들의 魔手는 보잘것없는 나같은 길손조차 한곳에 그대로 머물러 두기 싫어서 심심하면 까닭없이 지근덕거렸고 이 앞잡이가 되어서 나를 放浪客을 만들어 다른 곳으로 몰아내려는 것은 例外없이 皇軍을 信奉하는 사랑스러운 同胞들이었으며, 이럴 때마다 나는 異國의 또하나 다른 하늘을 찾아서 보따리를 싸곤 하였다.[58]

우리는 밥을 굶어도, 더워서 땀을 흘려도, 그저 愉快하였다. 아무도 우리의 생활을 간섭하고 지배하고 명령하는 것이 없었기 때문이다. 뜨거운 曝陽이 서녘에 기울도록 우리들은 湖畔 그늘에 가슴을 풀어헤트리

---

58 김광주, 「廬山春夢」, 『백민』 1947. 5. 황포탄의 황혼, 신동아 34 04

고 발을벗고 앉아서, 업데어서 철없는 젊은 인생을 論하고 戀愛를 論하고 文學을 論하고 예술을 論하고 때로 湖水에 발을 담그고 어린아이처럼 돌팔매질도 하고.[59]

통치와 지배의 중력이 조선처럼 강하게 작용하지 않는 1930년대 상하이에서 제국과 자본과 국가의 중력에서 상대적으로 자유로운 삶과 예술의 정치를 실현하고자 한 조선인 예술가의 실천이 작동하기 시작한다. 동일시할 국적이 없다는 이들의 삶의 조건은 망명사회의 룸펜에게 '보헤미안'이라는 정체성을 부여하여 구축하는 것으로 나아간다. 망명사회에 대한 비판적 시선은 '불순'해지는 내셔널리즘과 길항하면서 내셔널리즘적인 것으로 귀납되지 않는 다른 가치와 사상을 형성하는 것으로 향해간다. 비서구-비제국의 조선인 작가는 상하이의 화려하고 사치스러운 문화와 거리를 거스르며 모더니티와 부르주아 문화를 추종하는 것과는 다른 생활 태도를 제시한다. 모든 억압과 지배적인 문화와 생활 바깥에 위치하면서 이를 초월하거나 비판하는 태도를 유지하는 가운데 '몬스터'들과 우애를 나누고 이들과 연대한다.

그런데 이 보헤미아니즘은 일체의 지배와 권력으로부터 자유를 추구하는 피식민의 민중이 선택 가능한 태도라는 점에서 제국의 부르주아 계급이 취하는 코스모폴리타니즘적인 태도와 선명히 구별된다. 상하이의 국제성에 김광주의 텍스트는 새로운 색채를 덧입힌다. 부산과 무국적의 상하이의 조선인은, 명예와 질서에 대한 부르주아적인 개

---

59 김광주, 「槍林暴雨 3日間의 上海」, 『민성』, 1949. 7, 64쪽.

넘에 반항하는 보헤미안의 보편적인 조건을 적극적으로 전유한다. 김광주의 보헤미아니즘은 일본 제국에 반대하고 민족주의와 어긋나면서 지배와 권력으로부터 가장 먼 곳으로 달려가는 비순응주의적인 태도이자 이념이며 생활이다. 또한 이는 '보헤미안극사'의 결성과 활동에서 드러나듯 개인적인 선택이 아니라 일부 조선인 문예 활동가들이 망명사회의 문제를 넘어선 이상을 위해 공유한 실천이라는 점에서 집단적인 실험이기도 하다. 더 나아가 그가 전개한 연극 활동은 중국 지식인 및 문예 활동가와의 협업에 의한 것으로 국경을 넘어 전개된 보헤미안의 실천적인 연대와 우애의 의미를 획득한 것으로 볼 수 있다.[60]

국제도시 상하이에서 조선인은 망명사회와 조계지의 현실을 양면에서 비판적으로 관찰하며 상하이에 비순응주의적인 보헤미안의 태도라는 감각을 실천하고 있다. 이는 확실히 코스모폴리타니즘 및 서구적인 것으로 대표적으로 표상되는 상하이의 국제성의 면모와는 다른 감각과 실천이다.[61] 이러한 김광주의 텍스트와 활동은 상하이의 국제성에 새로운 면모를 기입한다. 피식민지 비제국의 하층계급 작가는 억압받는 자가 갖는 탈주와 비판의 힘을 제3의 장소인 상하이에서 그 도시의 특성으로 추가한다.

---

60 보헤미안극사 결성 전후의 보헤미안 조선인 청년들의 커뮤니티와 중국 지식인의 연대와 관련된 언급은 다음을 참고. 김광주, 「상해시절회상기(상)」, 『세대』 1965년 12월.

61 상하이의 코스모폴리타니즘에 대해서는 리어우판의 관련 서술을 참고. 리어우판은 상하이의 모더니즘 작가가 코스모폴리타니즘을 수용했다고 분석한 바 있는데 그의 해석을 둘러싸고 국내외 학계에서 논란이 인 바 있다. 다음 저서의 9장을 참고. Leo Ou Fan Lee, *Shanghai Modern*(『상하이 모던』).

5. 친일/반일 양자택일의 바깥에서

이 글은 김광주의 텍스트를 항일 텍스트로 보거나 망명사회에 가벼운 불만과 문제제기를 표한 텍스트로 보는 관점과 거리를 취했다. 김광주의 소설은 지사와 독립운동가연하는 이들이 망명사회를 지배욕과 명예욕을 전개하는 장소로 배치하는 것을 비판하면서 그 타락의 구조를 밝히고 있는 텍스트라 할 수 있다. 이는 친일/항일의 이분법에 대한 문제제기로 이어져서 모든 지배와 통제와 억압에 대한 근본적인 재사고로 나아간다. 일본 제국의 통제가 약화되고 민족주의의 중력이 작아지는 국제도시 상하이는 이러한 이분법이 강제하는 사고의 틀을 재고하는 것을 가능하게 했다.

정치적 억압 및 통제가 상대적으로 덜 미치는 상하이에서 장기 체류한 경력을 갖고 있는 김광주는, 당시 망명사회에 만연했던 삶과 표상 방식과는 거리가 있는 글쓰기와 실천을 전개한다. 곧 내셔널리즘의 체현에 힘을 쏟거나 코스모폴리탄으로 동일시하는 것과는 다른 활동이 그것이다. 김광주는 국민과 민족의 규정력에서 벗어나서 국적도 없고 자산도 없이 떠돌아다니는 보헤미안으로 자신의 감각과 실천에 이름을 부여했다. 이는 당시 상하이에서 만연했던 서구 부르주아 문화에 경도된 태도나 코스모폴리타니즘적인 태도와는 확연히 다른 태도이다. 또한 피식민지 지식인이 상상적으로 현실을 초월하며 취했던 코스모폴리탄적인 태도와도 상이하다.[62] 보헤미안적 태도는 무국적과 망명

---

62 식민지 대중이 어떻게 네이션의 표식을 떼고 코스모폴리탄으로 '완성'되는지에 대해 비

사회의 현실에 뿌리박은 결과 소지하게 된 태도이기도 하다. 이는 힘없고 권력 없고 억압받는 자가 획득한 국제성과 연대의 감각으로, 그동안 상하이에서 주목받지 못했던 국제성의 다른 면모를 기입하고 있다고 할 수 있다.

　이론적으로 보자면 정치적인 주체로서 보헤미안에 대한 평가는 엇갈린다. 맑스와 벤야민은 보헤미안을 정치적 집단으로 신뢰하지 않았다.[63] 그들은 불안정한 지위와 신분으로 지배집단에 언제든지 이용당할 수 있고 영합할 수 있다는 것이 불신의 주된 이유였다. 그런데 국가의 주권을 잃은 피식민의 경험을 소지하고 있는 아시아인이 이국의 영지에서 표현하는 보헤미안의 태도는 제국의 그것과 다를 수밖에 없다. 서구의 보헤미안에 대해서도 별도의 상세한 논의가 필요하겠지만 김광주의 텍스트는 이국으로 월경한 피식민지 하층계급이 국적과 자산과 직업을 갖지 못하는 것이 삶의 상수(常數)인 비서구 피식민지의 보헤미안의 삶의 조건과 그 태도를 묘사하는 텍스트이다. 그들은 비순응적이고 비타협적인 태도를 실천하고 견지했다는 점에서 맑스가 묘사한 서구-제국의 보헤미안의 조건 및 입장과 구별된다.

　아시아 피식민지인의 보헤미아니즘은 친일과 반일의 양자택일의 선택지에서 벗어나 국가의 건설로 일원화되는 것과는 다른 형태의 자유로운 삶과 사유를 제시하고 실천하는 태도로 나아간다. 상하이에서 조선인 작가의 보헤미아니즘은 상하이 조선인사회의 무정부주의 정

　판적으로 검토한 논의로 본서의 2부 2장을 참고.
63 맑스의 논의는 벤야민의 다음 글에 인용되어 있다. 벤야민, 「보들레르의 작품에 나타난 제2제정기의 파리」, 『발터 벤야민 선집』 4, 김영옥 외 옮김, 도서출판길, 2010, 43~44쪽.

치 활동과 결부되면서 기존의 반일과 저항의 형태를 뛰어넘거나 확장시키고 있다. 이 경우 보헤미아니즘은 모든 억압과 구속에 반대하면서 무정부주의 정치의 원심력 속에서 무엇보다 강한 저항과 반발력으로 자유와 해방의 힘을 최대치로 발휘하는 방향으로 나아가고자 한다. 그런 의미에서 지배계급에 영합하고 이용당하는 세력으로서 보헤미안을 보는 것과는 다른 형태의 감각과 실천이 표현되고 있다. 마이클 데닝이 개념화하고자 하는 '임금없는 삶'의 역사적인 현실과 관련하여 상하이의 조선인 보헤미안 집단의 정치적, 문화적 형태는 검토될 수 있다. 나아가 이는 불안정한 고용이 일상화된 현재의 청년들의 조건과 관련하여 좀 더 정면에서 다뤄질 필요가 있다.

김광주의 상하이 시절 텍스트는 한국문학사에서 과소했던, 친일/반일의 이분법을 상회하는 감각과 실천이 이국의 도시에서 어떻게 드러났는지를 구체적으로 보여 주는 실례이다. 다른 한편 이는 국제도시 상하이에서 도드라지지 않았던 피식민지 아시아 하층계급의 삶의 양상과 태도를 보여 준 사례로서도 소중하다. 국제도시 상하이는 이들의 보헤미안이즘적인 태도와 실천이 표현된 장소로서 새로운 의미를 획득한다고 할 수 있다. 이런 맥락에서 김광주의 상하이 시절 텍스트는 한국문학사에서 생략된 월경적 실천/감각을 새롭게 자리매김하는 텍스트이다. 즉 망명사회에 비판적이지만 또 이에 근거하면서 망명사회가 주체화한 역사를 드러내는 텍스트라 볼 수 있다. 또한 상하이에서 트랜스내셔널한 감각과 시선이 어떻게 새로운 포즈를 낳게 하는지를 보여주는 텍스트라고도 볼 수 있다.

김광주가 상하이에서 10여 년 동안 구축했던 문화교통의 새 감각과 실천은 해방 이후 한국으로 귀국한 뒤에 어떻게 변모했을까. 벤야민이 6월 전투의 패배 이후 프랑스 보헤미안의 입장 변질을 문제 삼은 것[64]과 유사하게 지배자들에게 관리되고 타락하는 방향으로 전개됐을까 아니면 명예, 질서에 대한 부르주아 개념에 맞선 반항과 비순응주의적인 태도를 여전히 발전시키고 견지해나갔을까. 그가 식민지시대 국제도시 상하이에서 구체화하고 실천한 보헤미안의 감각이 해방과 한국전쟁을 거친 뒤 냉전 시대 동안 휘발됐는지 아니면 침잠하거나 재구성되었는지는 자못 궁금한 대목이다. 이는 이 글의 범위를 벗어나므로 차후의 연구를 기약하도록 한다.

64 벤야민, 「보들레르의 작품에 나타난 제2제정기의 파리」, 『발터 벤야민 선집』 4, 61쪽.

참고문헌

1. 자료

『婦女雜誌』(月刊), 上海: 商務印書館, 1915~1931.

『良友』(畫報), 上海良友圖書公司, 1926~1945.

『無軌列車』, 1928.

『文化批判』, 1928.

『創造月刊』, 1926~1929.

『太陽月刊』, 1928.

『光緖三十一年(1905)女學校第二次改良規則』.

『光緖三十一年(1905)務本女塾增設初等, 高等女子小學規則設置大義』.

『光緖三十年(1905)秋季愛國女學校補訂章程』.

『光緖三十年(1905)季愛國女學校附設女子手工傳習所章程』.

[日] 下田歌子, 『新編家政學·序』, 作新社, 1902.

[日] 淸水丈之輔撰, 『家政學』, 廣智書局, 1910.

陳意編, 『初級中學敎科書家事』(第一冊), 商務印書館, 1933.

中華職業教育社編,『全國職業學校槪況』, 商務印書館, 1934.

蔡元培,「愛國女學三十午年來之發展」,『愛國女學校三十五週年紀念刊』, 1937.

The Shanghai Board, *The Shanghai*, 1927.

김광주,「남경로의 창공」,『조선문단』, 1935년 6월.

_____,「상해와 그 여자」,『조선일보』, 1933년 3월 27일~4월 4일.

_____,「상해의 겨울밤」,『신동아』, 1934년 12월.

_____,「신춘편감」,『조선일보』, 1933년 1월 7일.

_____,「야계―이쁜이의 편지」,『조선문학』, 1936년 9월.

_____,「장발노인」,『조선일보』, 1933년 5월 13일~20일.

_____,「포도의 우울」,『신동아』, 1934년 2월.

_____,「황포강반에 서서」,『신동아』, 1934년 9월.

_____,『춘우송』, 백민문화출판, 1949.

_____,「북평서 온 영감」,『신동아』, 1936년 2월.

_____,「상해를 떠나며―파랑의 항구에서」,『동아일보』, 1938년 2월 18일~23일.

_____,「상해시절회상기 상·하」,『세대』, 1965년 12월~1966년 1월.

2. 논문·단행본

『上海掌故辭典』, 上海辭書出版社, 1999.

曠新年,『1928: 革命文學』, 山東敎育出版社, 1998.

瞿秋白,「魯迅雜感選集導言」,『魯迅雜感選集』, 靑光書局, 1933[취츄바이,「취츄바이 서언」,『페어플레이는 아직 이르다』, 케이시아카데미, 2003].

魯迅,『魯迅全集』第1卷, 北京: 人民文學出版社, 1996[루쉰전집번역위원회,『루쉰전집2: 외침·방황』, 그린비, 2010].

戴錦華,「重寫紅色經典」,『多邊文化硏究』第二卷, 新世界出版社, 2003.

_____,『隱形書寫』, 江蘇人民出版社, 1999.

馬國亮,『良友憶舊: 一家畫報與一個時代』, 生活・讀書・新知三聯書店, 2002.

方維保,「"大衆文藝"與普羅價値主體確立的矛盾」,『中國現代文學研究叢刊』, 2013年 第9期.

上海猶太研究中心編,『猶太人憶上海』, 新華書店, 1995.

孫石月,『中國近代女子教育史』, 中國和平出版社, 1995.

沈寂,『上海大班: 哈同外傳』, 學林出版社, 2002.

阿里夫 德里克, 王寧等譯,「全球性的形成與急進政見」,『後革命氛圍』, 中國社會科學出版社, 1999.

嚴家炎,『中国現代小説流派史』, 人民文學出版社, 1989.

倪文尖外,「"上海熱"與華人世界的現代化敍事」,『視界』, 第5輯, 2002.

倪偉,「書寫城市」,『讀書』, 2002年 3月.

吳洪成,『中國敎會敎育史』, 西南師範大學出版社, 1998.

王瑤,『中國新文學史稿』, 上海: 上海文藝出版社, 1951.

汪之成,『近代上海俄國僑民生活』, 上海辭書出版社, 2008.

王曉明,『半張臉的神話』, 廣西師範大學出版社, 2003.

熊月之等編,『上海通史』, 第10卷, 上海人民出版社, 1999.

劉建輝,『魔都上海』, 講談社. (劉建輝[2003], 甘慧杰譯,『魔都上海: 日本知識人的 "近代"體驗』, 上海古籍出版社), 2000.

李歐梵, 毛尖譯,『上海摩登: 一種新都市文化在中國, 1930~1945』, 北京大學出版社, 2001.

李楠,『晚清, 民國時期上海小報研究: 一種綜合的文化, 文學考察』, 人民文學出版社, 2005.

李松睿,「"文學"如何想像"革命"」,『現代中文學刊』, 2010年 第1期.

任一鳴,「李初梨, 馮乃超, 成枋吾與革命文學唱導」,『魯迅研究月刊』, 2012年 第8期.

張廣海,「論茅盾與革命文學派圍繞小資産階級問題的論爭」,『浙江大學學報』, 2011年 第11期.

_____,「兩種馬克思主義詮釋模式的遭遇: 解讀創造社和太陽社的"革命文學"論爭」,『中國現代文學叢刊』, 2010年 第3期.

_____,「創造社和太陽社的"革命文學"論爭過程考述」,『社會科學論壇』 2010年 第11期.

張麗軍,「論1920年代中國文學的左翼化」,『文藝理論與批評』 2012年 第1期.

張愛玲,『張愛玲文集』第四卷, 安徽文藝出版社, 1992.

張英進,「三部無聲片中上海現代女性的構形」, 汪暉·余國良編『上海: 城市, 社會與文化』, 香港: 香港中文大學, 1998.

張旭東,「現代性的寓言: 王安憶與上海懷舊」,『中國學術』, 第3輯, 商務印書館, 2000.

張頤武,「全球化與中國想像的轉形」,『批評家茶座』, 第一輯, 山東人民出版社, 2003.

錢理群, 陳平原, 黃子平,『二十世紀中國文學三人談』, 人民文學出版社, 1988.

_____, 溫儒敏, 吳福揮,『中國現代文學三十年』, 北京大學出版社, 1998.

程凱,「"革命文學"歷史系譜的結構與爭奪」,『中國現代文學叢刊』, 2005年 第1期.

鄭樹林編,『文化批評與華語電影』, 廣西師範大學出版社, 2003.

曹霞,「"大衆"與"工農兵"批評話語的生成和流變」,『學術界』, 2012年 第9期.

佐藤卓己,『キングの時代: 國民大衆雜誌の公共性』, 巖波書店, 2002.

中國社會科學院文學研究所現代文學研究室編,『革命文學論爭資料選編(上)』, 知識産權出版社, 2010.

_____,『革命文學論爭資料選編(下)』, 知識産權出版社, 2010.

中國人民政治協商會議上海市委員會文史資料工作委員會編,『解放前上海的學校』, 上海人民出版社, 1988 朱有瓛主編,『中國近代學制史料』第二輯下冊, 華東師範大學出版社, 1989.

陳思和,『中國新文學整體觀』, 上海文藝出版社, 1987.

鄒振環,『晚淸西方地理學在中國』, 上海古籍出版社, 2000.

包亞明外,『上海酒吧: 空間 消費與想像』, 江蘇人民出版社, 2001.

許寶强,『反市場的資本主義』, 中央編譯出版社, 2001.

胡衛淸,『普遍主義的挑戰: 近代中國基督敎敎育硏究(1877~1927)』, 上海人民出版社, 2000.

和田博文 等,『言語都市・上海 1840~1945』, 藤原書店, 1999.

黃子平,「張愛玲作品中的衣飾」,『中國大學學術講演錄 2002』, 廣西師範大學出版社, 2002.

Appadurai, Arjun, *Modernity at Large: Cultural Dimension of Globalization*, University of Minnesota Press, 1996.

Barlow, Tani E. ed., *Formations of Colonial Modernity in East Asia*, Duke University Press, 1997.

_____, "Eugenic Woman, Semi-Colonialism, and Colonial Modernity as Problems for Postcolonial Theory", eds. Ania Loomba, *Postcolonial Studies and Beyond*, Duke University Press, 2005.

_____, "Theorizing Woman: Funü, Guojia, Jiating", eds. Angela Zito, *Body, Subject and Power in China*, The University of Chicago Press, 1994.

_____, "Wanting Some: Natural Science, Social Science, and Colonial Modernity", ed. Mechthild Leutner and Nicola Spakowski, *Women in Republican China*, Lit Verlag, 2004.

_____, *The Question of Women in Chinese Feminism*, Duke University Press, 2004.

Berry, Chris ed., *Chinese Films in Focus: 25 New Takes*, London: BFI Publishing, 2003.

Brooks, Peter, *The Melodramatic Imagination: Balzac, Henry James,*

Melodrama, and the Mode of Excess, Columbia University Press, 1985.

Browne, Nick, *New Chinese Cinemas: Forms, Identities, Politics*, Cambridge University Press, 1994.

Chakrabarty, Dipesh, "Postcoloniality and the Artifice of History: Who Speaks for 'Indian' Pasts?", ed. H. Aram Veeser, *The New Historicism Reader*, Routledge, 1994.

_____, *Provincializing Europe: Postcolonial Thought and Historical Difference*, Princeton University Press, 2007.

Chang, Michael, "The Good, the Bad, and the Beautiful: Movie Actresses and Public Discourse in Shanghai, 1920s~1930s", ed. Yingjin Zhang, *Cinema and Urban Culture in Shanghai, 1922~1943*, Standford University Press, 1999.

Chatterjee, Partha, *The Nation and its Fragments: Colonial and Postcolonial Histories*, Princeton: N.J: Princeton University Press, 1993.

Chesneaux, Jean, *The Chinese Labor Movement, 1919~1927*, Stanford University Press, 1968.

Cooper, Frederick, *Colonialism in Question: Theory, Knowledge, History*, University of California Press, 2005.

Dirlik, Arif, *The Postcolonial Aura: Third World Criticism in the Age of Global Capitalism*, Westview Press, 1998.

Dissanayake, Wimal ed., *Colonialism and Nationalism in Asian Cinema*, Indiana University Press, 1994.

Duara, Prasenjit, "Of Authenticity and Women: Personal Narratives of Middle-Class Women in Modern China", eds. Wen-hsin Yeh, *Becoming Chinese*, University of California Press, 2000.

Eber, Irene ed., *Voices from Shanghai: Jewish Exiles in Wartime China*, University of Chicago Press, 2008.

Edwards, Louise, "Policing the Modern Woman in Republican China", *Modern China*, Vol. 26, No. 2, April 2000.

Gi-wook Shin eds., *Colonial Modernity in Korea*, Harvard University Asia Center, 2001 [신기욱, 『한국의 식민지 근대성』, 마이클 로빈슨 엮음, 도면회 옮김, 삼인, 2006].

Harootunian, Harry, *History's Disquiet: Modernity, Cultural Practice and the Question of Everyday Life*, Columbia University Press, 2002.

Harris, Kristine "The New Woman Incident: Cinema, Scandal, and Spectacle in 1935 Shanghai", Lu, Sheldon Hsiao-peng, *Transnational Chinese Cinemas: Identity, Nationhood, Gender*, University of Hawai'i Press, 1997.

Hershatter, Gail B., *Dangerous Pleasure*, University of California Press, 1997.

Jameson, Fredric, "Modernism and Imperialism", Terry Eagleton, Fredric Jameson, Edward Said, *Nationalism, Colonialism, and Literature*, Unversity of Minnesota Press, 1990.

_____, "Postmodernism and Consumer Society", ed. H. Foster, *Postmodernism Culture*, Pluto Press, 1985.

_____, "Postmodernism, the Cultural Logic of Late Capitalism", *New Left Review*, 146, July-August 1984.

_____, *Marxism and Form: Twentieth-Century Dialectical Theories of Literature*, Princeton: Princeton University Press, 1972.

_____, *The Political Unconscious: Narrative as a Socially Symbolic Act*, Cornell University Press, 1981.

Jones, Andrew F., *Yellow Music: Media Culture and Colonial Modernity* in the Chinese Jazz Age, Duke University Press, 2001.

Kitch, Carolyn L., The Girl on the Magazine Cover: the Origins of Visual Stereotypes in American Mass Media, University of North Carolina Press, 2001.

Laing, Ellen Johnston, Selling Happiness: Calendar Posters and Visual Culture in Early Twentieth Century Shanghai, University of hawaii Press, 2004.

Lee, Leo Ou Fan, Shanghai Modern, Harvard Univesity Press, 1999[『상하이 모던』, 장동천 외 옮김, 고려대학교 출판부, 2007].

Ma, Eric Kit-wai, "Re-advertising Hong Kong: Nostalgia Industry and Popular History", Positions 9:1, 2001.

MaClintock, Anne, Imperial Leather: Race, Gender and Sexuality in the Colonial Contest, Routledge, 1995.

Marchetti, Gina, "Two Stage Sisters: The Blossoming of a Revolutionary Aesthetic", Lu, Sheldon Hsiao-peng, Transnational Chinese Cinemas: Identity, Nationhood, Gender, University of Hawai'i Press, 1997.

McRobbie, Angela, "Young Women and Consumer Culture", Cultural Studies 22: 5, August 2008.

Michael, Kim, "Building Empire's Foundation: Chinese Migrant Laborer in Colonial Korea", 『이동의 아시아―식민, 냉전, 분단체제의 경계들과 민족의 공간들』, 성공회대 동아시아연구소 국제컨퍼런스 자료집, 2012.

Mittler, Barbara "Gendered Advertising in China", European Journal of East Asian Studies 6:1, 2007.

Pang, Laikwan, Building a New China in Cinema: The Chinese Left-wing Cinema Movement 1932~1937, Rowman & Littlefield Publishers, Inc., 2002.

Perry, E. J., Shanghai on Strike: The Politics of Chinese Labor, Stanford

University Press, 1993.

Prasad, M. Madhava, "Melodramatic Polities", *Inter-Asia Cultural Studies* 2:3, 2001.

Ristaino, Marcia, *Port of Last Resort: The Diaspora Communities of Shanghai*, Stanford University Press, 2003.

Robertson, Roland, "Globalization and the Nostalgia Paradigm", *Globalization: Social Theory, and Global Culture*, Sage Publications, 1992.

Rosaldo, Renato, "Imperialist Nostalgia", *Representations*, No. 26, Special Issue: Memory and Counter-Memory, Spring 1989.

Ross, Alex, *Escape to Shanghai: A Jewish Community in China*, Free Press, 1993.

Rothman, William, "The Goddess: Reflections on Melodrama East and West", ed. Wimal Dissanayake, *Melodrama and Asian Cinema*, Cambridge University Press, 1993.

Shu-mei Shih, *The Lure of the Modern: Writing Modernism in Semicolonial China 1917~1937*, University of California Press, 2001.

Singer, Ben, *Melodrama and Modernity: Early Sensational Cinema and Its Contexts*, Columbia University Press, 2001.

The Modern Girl around the World Research Group, *The Modern Girl Around the World: Consumption, Modernity, and Globalization*, Duke University Press, 2008.

Treat, John Whittier, "Yoshimoto Banana Writes Home: Shojo Culture and the Nostalgic Subject", *Journal of Japanese Studies*, Vol. 19 No. 2, Summer, 1993.

Turner, Bryan S., "Nostalgia, Postmodernism and the Critique of Mass Culture", *Theory, Culture & Society*, Vol. 5, No. 2~3, 1988; *Orientalism,*

Postmodernism and Globalism, Routledge, 1994

U, Eddy, "Reification of the Chinese Intellectual: On the Origins of the CCP Concept of Zhishifenzi", *Modern China*, July 2009.

Wakeman, Frederic Jr. eds., *Shanghai Sojourners*, Routledge Curzon, 1995.

Widmer, Ellen eds., *From May Fourth to June Fourth: Fiction and Film in Twentieth-Century China*, Harvard University Press, 1993.

Xiaoming, Chen, "The Mysterious Other", *Boundary* 2, 1997 Fall.

Yau, Esther C. M. ed., *At Full Speed: Hong Kong Cinema in a Borderless World*, University of Minnesota Press, 1998.

Yeh, Wen-hsin, *Shanghai Splendor: Economic Sentiments and The Making of Modern China, 1843~1949*, University of California Press, 2007.

Yoshimoto, Mitsuhiro, "Melodrama, Postmodernism, and Japanese Cinema", ed. Wimal Dissanayake, *Melodrama and Asian Cinema*, Cambridge University Press, 1993.

Yue, Meng, *Shanghai and The Edges of Empires*, University of Minnesota Press, 2007.

Yuejin, Wang, "Melodrama as Historical Understanding : The Making and Unmaking of Communist History", ed. Wimal Dissanayake, *Melodrama and Asian Cinema*, Cambridge University Press, 1993.

Zhang, Yingjin, "Prostitution and Urban Imagination: Negotiating the Public and the Private in Chinese Films of the 1930s", ed. Yingjin Zhang, *Cinema and Urban Culture in Shanghai, 1922~1943*, Stanford University Press, 1999.

Zhang, Yingjin, *The City in Modern Chinese Literature and Film: Configurations of Space, Time and Gender*, Stanford University Press,

1996.

Zheng, Wang, *Women in the Chinese Enlightenment: Oral and Textual Histories*, University of California Press, 1999.

강지희, 「상해와 근대문학의 도시 번역-주요섭의 소설을 중심으로」, 『이화어문 논집』 29, 2011.

강진구, 「주요섭 소설에 재현된 코리안 디아스포라」, 『어문논집』 57, 2014.

고이치, 이와부치·히라타 유키에 외 옮김, 『아시아를 잇는 대중문화』, 또하나 의 문화, 2004.

고재석, 「식민지 지식인의 갈등과 고뇌 그리고 허위의식」, 『우리말글』 47, 2009.

고진, 가라타니, 『일본근대문학의 기원』, 박유하 옮김, 도서출판b, 2010.

_____, 『현대 일본의 비평』, 송태욱 옮김, 소명출판, 2002.

권보드래, 『연애의 시대 : 1920년대 초반의 문화와 유행』, 현실문화연구, 2003.

권유성, 「상해 독립신문 소재 주요한 시에 대한 서지적 고찰」, 『문학과언어』 29, 2007.

김동훈, 허경진, 허휘훈 주편, 『김학철·김광주 외』, 보고사, 2007.

김려실, 「인터/내셔널리즘과 만주」, 『상허학보』 13, 2004.

김소영, 『근대성의 유령들』, 씨앗을 뿌리는 사람들, 2000.

김수림, 「제국과 유럽」, 『상허학보』, 제23집, 2008.

김수연, 「근대국가상상과 신체담론」, 『중국현대문학』 39, 2007.

김수진, 「'신여성', 열려있는 과거, 멎어있는 현재로서의 역사쓰기」, 『여성과사 회』 11, 2000.

_____, 「신여성현상의 세계적 차원과 사회적 차이」, 『한국여성학』 제22권 1호, 2006.

김양수, 「유진오의 「상해의 기억」과 사라져버린 '인터내셔널'의 노래」, 『중국현 대문학』 69, 2014.

김예림, 『1930년대 후반 근대인식의 틀과 미의식』, 소명출판, 2004.

_____, 『국가를 흐르는 삶』, 소명출판, 2015.

김용섭, 「收奪을 위한 測量 - 土地調査」, 『韓國現代史』 4, 신구문화사, 1969.

김정구, 「1930년대 상하이 영화의 근대성 연구 : 여성의 재현양상을 중심으로」, 한국예술종합학교 영상원 석사논문, 2004.

김진송, 『서울에 딴스홀을 허하라 : 현대성의 형성』, 현실문화연구, 1999.

김태승, 「5·4전후의 상해 사회와 사회운동」, 『중국현대사연구』 7집, 1999.

김학균, 「주요섭 초기소설에 나타난 여성의 '서벌터니티' 연구」, 『배달말』 49, 2011.

김혜경·정진성, 「'핵가족'논의와 '식민지적 근대성' : 식민지 시기 새로운 가족개념의 도입」, 『한국사회학』 제35집 4호, 2001.

김호웅, 「1920~30년대 한국문학과 상해」, 『현대문학의 연구』 23집, 2004.

김훈, 『바다의 기별』, 생각의 나무, 2008.

김희곤, 「19세기 말~20세기 전반, 한국인의 눈으로 본 상해」, 『지방사와 지방문화』 9(1), 2006.

나오키, 사카이, 『일본, 영상, 미국』, 최정옥 옮김, 그린비, 2008.

네그리, 안토니오·마이클 하트, 『공통체 : 자본과 국가 너머의 세상』, 정남영·윤영광 옮김, 사월의책, 2014.

다이진화 인터뷰, 「90년대 이후 중국의 문화현실」, 『문화/과학』 37호, 2004년 봄.

다케시, 후지이, 「후쿠모토주의의 형성 : 1926년의 좌익 정치운동」, 『역사연구』 19호, 참고문헌, 2007.

데리다, 자크, 『환대에 대하여』, 남수인 옮김, 동문선, 2004.

데이비드 레빈 외, 『모더니티와 시각의 헤게모니』, 정성철 외 옮김, 시각과 언어, 2004.

두아라, 프라센지트, 『주권과 순수성』, 한석정 옮김, 나남출판, 2008.

딜릭, 아리프, 『전지구적 자본주의에 눈뜨기』, 설준규·정남영 옮김, 창작과비평사, 1998.

루쉰,『루쉰전집』5, 루쉰전집번역위원회 옮김, 그린비, 2014.

모스, 수잔 벅,『발터 벤야민과 아케이드 프로젝트』, 김정아 옮김, 문학동네, 2004.

민정기,「그림으로 '읽는' 근대 중국의 사회와 문화: 點石齋畵報 연구를 위한 서설」,『중국현대문학』28호, 2004.

박상수,「제도화 없는 노동운동」,『국제중국학연구』제50집, 2004.

박상준,「프로문학 연구의 새로운 방향과 의의」,『어문학』102, 2008.

박선영·윤인경,「중학교 가정과 교육의 국제비교연구: 교과과정을 중심으로」,『한국가정과 교육학회지』2권, 1990.

백지운,「코스모폴리타니즘의 동아시아적 문맥」,『중국현대문학』48호, 2009.

벤야민, 발터,『발터 벤야민의 문예이론』, 반성완 옮김, 민음사, 1992.

_____,『발터 벤야민 선집』4, 김영옥, 황현산 옮김, 도서출판 길, 2010.

_____,『아케이드 프로젝트』1, 조형준 옮김, 새물결, 2005.

샤오메이, 천,『악시덴탈리즘』, 정진배 외 옮김, 강, 2001.

서은주,「1930년대 문학에 나타난 '모던상하이'의 표상」,『한국문학이론과 비평』40, 2008.

_____,「만주국 재현 서사의 딜레마, 혹은 해석의 난경」,『한국근대문학연구』22, 2010.

서지영,「소비하는 여성들: 1920~30년대 경성과 욕망의 경제학」,『한국여성학』제26권 1호, 2010.

성근제,「'동북'인가 '만주'인가」,『중국현대문학』제56호, 2011.

손과지,『상해한인사회사: 1910~1945』, 한울, 2001.

손유경,「최근 프로문학연구의 전개양상과 그 전망」,『상허학보』19, 2007.

손지봉,「1920~30년대 한국문학에 나타난 상해의 의미」, 한국정신문화연구원 석사논문, 1988.

송소용, 「서발턴 여성의 억압과 자유: 주요섭 소설 「살인」을 중심으로」, 『한어문교육』 34, 2015.

순야, 요시미, 『박람회: 근대의 시선』, 이태문 옮김, 논형, 2004.

신기욱·마이클 로빈슨 엮음, 『한국의 식민지 근대성』, 도면회 옮김, 삼인, 2006.

신용하, 『일제 식민지정책과 식민지근대화론 비판』, 문학과지성사, 2006.

신용하, 『朝鮮土地調査事業硏究』, 지식산업사, 1982.

_____, 「근대시기 환동해지역 인권의 위상학: 1920년대 프롤레타리아 혁명문학을 중심으로」, 『한국문학이론과 비평』 제58집, 2013.

신형기 외 엮음, 『문학 속의 파시즘』, 삼인, 2001.

신형철, 「이상의 텍스트에 새겨진 1930년대 초 동아시아 정세의 흔적들」, 『인문과학연구소』 45, 2011.

아감벤, 조르조, 『호모 사케르』, 박진우 옮김, 새물결, 2008.

아야, 가와모토, 「한국과 일본의 현모양처 사상」, 심영회 외 엮음, 『모성의 담론과 현실: 어머니의 성, 삶, 정체성』, 나남출판, 1999.

아키라, 이토, 「후쿠모토주의에 대한 비판: 스탈린주의로의 전기」, 『역사연구』 18호, 후지이 다케시 옮김, 2008.

엄영욱, 「창조사, 태양사와 노신 간의 혁명문학논쟁」, 『중국인문과학』 9, 1990.

역사문제연구소 문학사연구모임, 『카프문학운동연구』, 역사비평사, 1994.

영, 로버트, 『포스트식민주의 또는 트리컨티넨탈리즘』, 김택현 옮김, 박종철출판사, 2005.

와츠맨, 주디, 『페미니즘과 기술』, 조주현 옮김, 당대, 2001.

왕치성, 「5 · 4에서 5 · 30까지: 도시 민중운동의 조직동원」, 『중국근현대사연구』 43집, 2009.

왕후이, 『새로운 아시아를 상상한다』, 이욱연 외 옮김, 창비, 2003.

우미영, 「식민지 시대 이주자의 자기 인식과 미국」, 『한국근대문학연구』 17, 2008.

원선호, 「1920년대 중국 지식층의 미국영화 수용과 사회문제 영화」, 연세대학교 사학과 석사논문, 2004.

유선영, 「식민지민 디아스포라의 불가능한 장소성: 이동성의 한 유형으로서 부동성의 존재양식」, 『사회와 역사』 98, 2013.

유인순, 「한국소설 속의 서울 그리고 중국」, 『한중인문학연구』 26, 2009.

유중하, 「혁명문학논쟁의 국제적 성격 고찰을 위한 연구 메모」, 『중국어문학논집』 제1호, 1989.

유지나, 『멜로 드라마란 무엇인가: 「자유부인」에서 「접속」까지』, 민음사, 1999.

윤석진, 『멜로드라마의 근대적 상상력: 멜로드라마, 스캔들 혹은 로맨스』, 푸른사상, 2004.

윤인경, 「미국의 가정과 교육」, 『한국가정과 교육학회지』 6권 1호, 1994.

윤해동 외 엮음, 『근대를 다시 읽는다』(전2권), 역사비평사, 2006.

윤해동, 『식민지 근대의 패러독스』, 휴머니스트, 2007.

_____, 『식민지의 회색지대』, 역사비평사, 2003.

_____, 황병주 엮음, 『식민지 공공성 실체와 은유의 거리』, 책과함께, 2010.

이덕일, 『이회영과 젊은 그들』, 웅진지식하우스, 2001.

이문창, 『해방 공간의 아나키스트』, 이학사, 2008.

이선미, 「'만주체험'과 '만주서사'의 상관성 연구」, 『상허학보』 15, 2005.

이성혁, 「카프에서 후쿠모토주의와 그 전위주의에 대한 연구」, 2009년 기초연구과제결과보고서.

이숙, 「1920~30년대 빈궁문학에 나타난 직업 모티프 연구: 나도향, 주요섭, 최서해, 현진건의 단편소설을 중심으로」, 『현대문학이론연구』 34, 2008.

이승하, 「주요섭 초기작 중 상해무대소설의 의의」, 『Comparative Korean Studies』 17(3), 2009.

이영미, 「중국 상해의 항일운동과 한국의 문학지식인」, 『평화학연구』 13(3), 2012.

이위정, 「동양극장과 근대성의 체험: 대중비극 「사랑에 속고 돈에 울고」와 유토피아적 상상력」, 연세대학교 비교문학협동과정 석사논문, 2005.

이재령, 「일제강점기 재중 한인유학생의 실태와 지적교류: 상해지역을 중심으로」, 『중국근현대사연구』 68, 2015.

이주노, 「혁명문학논쟁의 종식과 좌익작가연맹의 결성」, 『중국현대문학』 4, 1990.

이지원, 「1920~30년대 日帝의 朝鮮文化 支配政策」, 『역사교육』 75집, 2000.

이혜령, 「지식인의 자기정의와 계급: 식민지 시대 지식계급론과 한국 근대소설의 지식인 표상」, 『상허학보』 22집, 2008.

임미용, 「식민지 풍속에 대한 식민지 통치자의 기록」, 『정신문화연구』 제27권 3호, 2004년 가을.

장석흥, 「해방 직후 상해지역의 한인사회와 귀환」, 『한국근현대사연구』 28, 2004.

장영은, 「금지된 표상, 허용된 표상-1930년대 초반 『삼천리』에 나타난 러시아 표상을 중심으로」, 『상허학보』 22, 2008.

전인갑, 「상해사-노동사 연구의 신경향과 전망」, 『중국현대사연구』 제5집, 1998.

정덕희, 「우리나라 초등가정과 교육의 변천에 관한 연구」, 『서울교육대학원논문집』 10권, 1977.

정주아, 「유맹의 서사와 재중 조선인 집단의 자아상」, 『한국현대문학연구』 42, 2014.

정호웅, 「한국 현대소설과 상해」, 『한국언어문화』 36, 2008.

제임슨, 프레드릭, 『보이는 것의 날인』, 남인영 옮김, 한나래, 2003.

조성환, 「한국 근대 지식인의 한국 체험」, 『중국학』 29, 2007.

조세현, 『동아시아 아나키스트의 국제 교류와 연대』, 창비, 2010.

주요섭, 『사랑손님과 어머니』, 장영우 책임편집, 문학과지성사, 2012.

주은우, 『시각과 현대성』, 한나래, 2003.

지현숙, 「남경국민정부(1928~1937)의 국민통합과 여성」, 이화여대 사학과박사학위논문, 2002.

진평원, 『중국소설 서사학』, 이종민 옮김, 살림, 1994.

짐멜, 게오르그 , 「이방인」, 『짐멜의 모더니티 읽기』, 김덕영 외 옮김, 새물결, 2005.

천정환, 『근대의 책읽기: 독자의 탄생과 한국 근대문학』, 푸른역사, 2003.

초우, 레이, 『원시적 열정』, 정재서 옮김, 이산, 2004.

최낙민, 「김광주의 문학작품을 통해 본 해항도시 상해와 한인사회」, 『동북아문화연구』 26, 2011.

최원식, 「프로문학과 프로문학 이후」, 『민족문학사연구』 22호, 2002.

최유학, 「주요섭의 「인력거꾼」과 욱달부의 「薄奠」 비교연구」, 『한중인문학연구』 43, 2014.

최학송, 「주요섭의 베이징 생활과 문학」, 『국어교육』 142, 2013.

_____, 「해방전 주요섭의 삶과 문학」, 『민족문학사연구』 39, 2009.

크라머, 슈테판 『중국영화사』, 황진자 옮김, 이산, 2000.

크래리, 조나단 『관찰자의 기술: 19세기의 시각과 근대성』, 문화과학사, 2001.

토오루, 하쓰다, 『백화점: 도시문화의 근대』, 이태문 옮김, 논형, 2003.

포스터, 핼 엮음, 『시각과 시각성』, 최연희 옮김, 경성대학교출판부, 2004.

표언복, 「일제하 상해 지역 소설 연구」, 『어문연구』 41, 2003.

푸코, 미셸, 『안전, 영도, 인구』, 오트르망 옮김, 난장, 2011.

_____, 『자기의 테크놀로지』, 이희원 옮김, 동문선, 1997.

하상일, 「식민지 시기 상해 이주 조선 문인 연구의 현황과 과제」, 『비평문학』 50, 2013.

_____, 「심훈과 중국」, 『비평문학』 55, 2015.

_____, 「심훈의 중국체류기 시 연구」, 『한민족 문화연구』 51, 2015.

하정일, 「프로문학의 탈식민 기획과 근대극복론」, 『한국근대문학연구』 22, 2010.

한기형, 「서사의 로칼리티, 소실된 동아시아」, 『대동문화연구』 63, 2008.

한옥수, 「일본의 가정과 교육」, 『한국가정과 교육학회지』 6권 1호, 1994.

한점돌, 「주요섭 소설의 계보학적 고찰」, 『국어교육』 103, 2000.

황호덕, 『벌레와 제국』, 새물결, 2011.

히로코, 사카모토, 『중국민족주의의 신화』, 양일모 외 옮김, 지식의풍경, 2004.

발표지면

이 책에 실린 글은 다음 지면에서 발표된 논문을 수정 보완했다.

1부

「상하이 노스탤지어: 중국 대도시문화현상 사례와 관련 담론 분석」,『중국현대
  문학』30, 2004.

「동아시아 식민도시 방법론 연구: 20세기 초 상하이 도시문화성격 논의를 중심
  으로」,『중국문학』72, 2012.

「소가족은 어떻게 형성되었는가: 현대도시 중국의 경우 ── 1920~30년대『부
  녀잡지』에서 전개된 가족논의를 중심으로」,『중국어문학논집』25, 2003.

「'가사' 및 '가정'과목의 탄생: 중국현대여성은 어떻게 형성되었는가」,『중국학
  연구』29, 2004.

2부

「화보잡지와 시각성:『양우』(良友)를 통해서 본 내셔널리즘과 식민주의의 문
제」,『중국학연구』40, 2007.

「광고와 식민주의:『부녀잡지』를 통해 본 도시의 일상과 문화」,『중국현대문학』 61, 2012.

「좌익영화의 멜로드라마 정치: 1930년대 상하이 대중문화 형질」,『중국현대문학』 33, 2005.

「혁명, 노동, 지식: 1920년대 상하이의 혁명문학논쟁 재론」,『사이間SAI』 16, 2014.

3부

「1920년대 상하이의 조선인 작가 연구: 월경(越境)의 감각과 경험의 재구성, 주요섭의 경우」,『중국어문학논집』 98, 2016.

「1930년대 조선인 작가가 발견한 어떤 월경의 감각: 김광주의 상하이 시절 텍스트를 중심으로」,『중국어문학논집』 83, 2013.

상하이의 낮과 밤: 현대성의 문화와 일상, 대중문화

발행일 초판1쇄 2020년 7월 3일 | **지은이** 박자영

펴낸곳 (주)그린비출판사 | **펴낸이** 유재건 | **주소** 서울시 마포구 와우산로 180, 4층

주간 임유진 | **편집** 신효섭, 홍민기 | **디자인** 권희원

마케팅 유하나 | **경영관리** 유수진 | **물류유통** 유재영

전화 02-702-2717 | **팩스** 02-703-0272 | **이메일** editor@greenbee.co.kr | **신고번호** 제2017-000094호

ISBN 978-89-7682-625-1 03300

이 도서의 국립중앙도서관 출판예정도서목록(CIP)은 서지정보유통지원시스템(http://seoji.nl.go.kr)과 국가자료종합목록
구축시스템(http://kolis-net.nl.go.kr)에서 이용하실 수 있습니다.(CIP제어번호: CIP2020026426)

철학과 예술이 있는 삶 **그린비출판사**